Der Erste Weltkrieg

Der Erste Weltkrieg

Mit über 1000 zum Großteil noch nie veröffentlichten Fotos

VERLEGT BEI
KAISER

Titel des italienischen Originals: »Storia illustrata della Prima Guerra Mondiale«
Einzig berechtigte Übertragung aus dem Italienischen:
Mag. Linda Pölzler und Mag. Norbert Jakober
Fachlich redigiert: Hans Kaiser

Autoren: Antonella Astorri und Patrizia Salvadori
Grafische Gestaltung: Daniele Forconi
Karten und Diagramme: Sergio Biagi
Bildnachweis: S. 82 unten: © Olympia-Publifoto
S. 45 unten; S. 58 oben; S. 68 (Nr. 5); S. 100 unten; S. 101 unten;
S. 143 rechts; S. 149 oben; S. 149 unten; S. 155 links; Kollektion Decio Romano

Deutsche Erstausgabe

Neuauflage: 2003
E-Mail: office@kaiserverlag.com
Homepage: www.kaiserverlag.com

Einbandgestaltung: Volkmar Reiter
Satz: Context Type & Sign Pink, St. Veit/Glan
Gesamtherstellung: Gorenjski Tisk, Kranj – Slowenien

Inhaltsverzeichnis

Der Erste Weltkrieg

Am Rande des Abgrunds

Am 28. Juni 1914 wurden der österreichisch-ungarische Thronfolger Erzherzog Franz Ferdinand von Habsburg und seine Gemahlin Sophie von einem nationalistischen Serben in Sarajevo, der Hauptstadt Bosnien-Herzegowinas, ermordet – einer Provinz, die Österreich-Ungarn erst kurz zuvor annektiert hatte. Dieses Ereignis, das schließlich zum Ausbruch des Ersten Weltkriegs führte, war an sich nicht gravierender als andere Attentate auf Mitglieder der europäischen Herrscherhäuser seit dem Ende des 19. Jahrhunderts. Wien beschuldigte jedoch Serbien, das zu dieser Zeit eine vehemente antiösterreichische Propaganda innerhalb der slawischen Bevölkerung in der Donaumonarchie betrieb, für das Attentat verantwortlich zu sein. Diese Anschuldigung war jedoch eher ein Vorwand, fand doch der Mordanschlag innerhalb des österreichischen Hoheitsgebietes statt, und alle Beteiligten waren Angehörige der Monarchie. Der Beweis, dass Serbien tatsächlich an dem Attentat beteiligt war, lag erst nach Kriegsende vor. Doch es war für Österreich die Gelegenheit, eine politische oder militärische Lösung des

GROSSE MANÖVER
(vorhergehende Seite)
Für diese jungen deutschen Offiziere ist der Krieg noch ein willkommenes Abenteuer.

SARAJEVO 1914
Erzherzog Franz Ferdinand beim Empfang in Sarajevo am 18. Juni. Rechts: Porträt des habsburgischen Thronfolgers, der ein Verfechter des österreichischen Engagements auf dem Balkan war.

serbischen Problems herbeizuführen. Die k. u. k. Monarchie wollte ein für alle Mal mit dem aufrührerischen serbischen Staat aufräumen, der die Einheit des Reiches an seiner Ostgrenze bedrohte. Während Österreich noch mit dem entscheidenden Schritt zum Krieg zögerte, konnte es das verbündete Deutsche Reich kaum erwarten, sich in das Abenteuer Krieg zu stürzen.

Und so ließ sich Österreich-Ungarn unter dem greisen Kaiser Franz Joseph von Deutschlands jungem Kaiser Wilhelm II. dazu mitreißen, es auf eine Kraftprobe ankommen zu lassen. Nach kurzem Zögern verkündete Wien am 23. Juli 1914 ein Ultimatum an Serbien, das für einen souveränen Staat unannehmbare Bedingungen enthielt. Man verlangte von Serbien die Auflösung aller politischen und patriotischen Organisationen, das Verbot jeder Form von antiösterreichischer Propaganda sowie die Teilnahme von österreichischen Beamten an den Ermittlungen in Serbien, um die Schuldigen an der Ermordung des Thronfolgers zu finden. Durch die Unterstützung Russlands bestärkt, lehnte Serbien einige Forderungen des Ultimatums ab und ordnete die Generalmobilmachung an. Von Deutschland gedrängt, reagierte Österreich-Ungarn am 28. Juli mit der Kriegserklärung. In der Folge ergriffen auch Deutschland sowie auf der Gegenseite Russland, England und Frankreich Partei, sodass innerhalb weniger Tage ganz Europa in einen Krieg schlitterte.

EIN KRIEG VON UNGEAHNTEM AUSMASS

Dieser durch das Attentat von Sarajevo ausgelöste Konflikt nahm nie dagewesene Ausmaße an und zog etwa 20 Länder in einen Krieg hinein, in dem insgesamt 70 Millionen Soldaten kämpften und neun Millionen auf dem »Felde der Ehre« fielen sowie eine Million Todesopfer unter der Zivilbevölkerung zu beklagen waren. Verglichen mit den kriegerischen Auseinandersetzungen des 19. Jahrhunderts nahm der Erste Weltkrieg ungeheure Dimensionen an. Diesmal war nicht nur eine kleine Minderheit der Bevölkerung aktiv an den Kämpfen beteiligt; zwischen 1914 und 1918 mussten die Krieg füh-

DER ZAR REAGIERT
Die Mobilmachung der russischen Armee ist die erste Reaktion auf das österreichisch-ungarische Ultimatum an Serbien, das infolge des Attentats von Sarajevo gestellt wurde. Bereits am 29. Juli 1914 befiehlt der Zar die Teilmobilmachung.

DER LETZTE AKT
Erzherzog Franz Ferdinand und seine Gemahlin Sophie auf dem Weg zum offenen Wagen, in dem sie ihre Fahrt in Sarajevo fortsetzen wollen.

DAS ATTENTAT
Diese Abbildung, wie sie in einer zeitgenössischen Zeitung veröffentlicht wurde, zeigt den Hergang des Attentats. Zu diesem Zeitpunkt konnte noch niemand ahnen, welch gewaltige Konsequenzen dieser Anschlag haben sollte.

renden Staaten erstmals alle wehrtauglichen Männer zum Kriegsdienst einziehen. Das enorme Anwachsen der Armeen brachte den Militärs zunehmende politische Bedeutung und führte zu grundlegenden Veränderungen in den sozialen und wirtschaftlichen Strukturen. Der Fortschritt, der in der ausgehenden *Belle Epoque* so gefeiert worden war, brachte Technologien von enormer Zerstörungskraft hervor; die kriegerischen Auseinandersetzungen wurden nun auch in der Luft und unter Wasser ausgetragen. Erstmals wurden Panzer eingesetzt, aber auch mit Dampf angetriebene Schlachtschiffe, schwere Geschütze und Giftgas kamen zum Einsatz, während die Eisenbahn immer größere Truppenkontingente an die Fronten transportierte.
Am Ende des Krieges hatte sich die Struktur vieler Staaten grundlegend gewandelt. In Ländern, die noch zu Kriegsbeginn überwiegend landwirtschaftlich geprägt waren, entwickelte sich eine von der Kriegsmaschinerie dominierte Industrie. Gravierende Veränderungen fanden auch in den verschiedenen Institutionen der Länder statt, und in vielen Fällen kam es zu einer Schwächung des sozialen Zusammenhalts innerhalb der Gesellschaft. Monarchien wurden zu Republiken, in Russland fand eine bolschewikische Revolution statt, und einige supranationale Reiche verschwanden von der Landkarte Europas. In jenen Ländern, wo die nationale Einigung noch nicht so lange zurücklag, kamen Bewegungen auf, die den Grundstein für die späteren reaktionären Regimes legten – der Faschismus in Italien und der Nationalsozialismus in Deutschland. Außerdem gewannen neue gesellschaftliche Themen an Gewicht, wie etwa der Kampf der Frauen um die Gleichberechtigung.
Doch der »Große Krieg«, wie er damals genannt wurde, führte nicht zu einer dauerhaften Lösung der Konflikte und Gegensätze, sodass Europa schon kurze Zeit später einen neuerlichen, noch schrecklicheren Krieg erlebte.

DIE GROSSE ILLUSION

Während der Kriegsjahre und vor allem nach der Niederlage der Mittelmächte unternahmen die siegreichen

TRAUER IN TRIEST
August 1914: Die Offiziere dieses österreichischen Regiments tragen Trauerschleifen aus Anlass des Todes von Franz Ferdinand. Die Särge des Erzherzogs und seiner Gemahlin kamen am 2. Juli an Bord der Viribus Unitis *in Triest an, von wo sie in einem Trauerzug nach Wien überstellt wurden.*

AUF NACH ASIEN
Die Idee einer kolonialen »Mission« Europas schlug sich sogar in Kinderbüchern nieder, wie dieses Beispiel aus Frankreich zeigt.

ERINNERUNGEN AN DIE KOLONIALZEIT
Rechts einige Erinnerungsstücke aus dem Burenkrieg: ein Tropenhelm, ein Kompass sowie eine Tabaksdose mit dem Bildnis der englischen Königin Viktoria.

Alliierten alles, um das Deutsche Reich, das ihnen durch seine Aufrüstung und seine imperialistische Weltpolitik schon lange ein Dorn im Auge war, die alleinige Schuld am Ausbruch des Krieges zuzuschieben. Heute geht man nicht mehr davon aus, dass es einen einzigen Aggressorstaat gab. Vielmehr hat man erkannt, dass der Keim des Konfliktes bereits im Laufe der letzten, durchaus friedlichen Jahrzehnte des 19. Jahrhunderts und den ersten Jahren des 20. Jahrhunderts zu wachsen begonnen hatte. Die Ursache für den Krieg bestand wohl aus einer ganzen Reihe von wirtschaftlichen und politischen Faktoren, die zum Teil eng miteinander verwoben waren.
Zwischen 1908 und 1914 gab es eine ganze Reihe von Ereignissen, die für Spannungen sorgten, u. a. die Annexion Bosnien-Herzegowinas durch Österreich-Ungarn, die zwei Balkankriege, in denen es um die Aneignung gewisser Teile des Osmanischen Reiches ging, das Wettrüsten zwischen englischer und deutscher Kriegsflotte sowie die zweite Marokkokrise zwischen Frankreich und Deutschland. Keiner dieser Konflikte war für sich genommen so schwerwiegend, dass er nicht in Konferenzen hätte beigelegt werden können, wie dies nach den verheerenden napoleonischen Kriegen im 19. Jahrhundert viele Male geschehen war. Damals drehte sich die Politik aller Staaten vor allem um die Beibehaltung des Gleichgewichts. Zu Beginn des 20. Jahrhunderts lebte man zwar in der ständigen Angst, dass die Nachbarstaaten allzu stark werden könnten, doch vor einem Krieg fürchtete sich niemand. Alle waren bereit, sich in den lange unterdrückten Wettstreit um die weltpolitische Vorherrschaft zu stürzen.
In den Reden der Staatsmänner konnte man eine gewisse Bereitschaft zum Krieg erkennen. Häufig wurde dabei die darwinsche Theorie von der natürlichen Auslese als Rechtfertigung ins Treffen geführt, die man als *Sozialdarwinismus* auf die Staatspolitik übertrug. Die verschiedensten gesellschaftlichen Kräfte hofften Vorteile aus einem möglichen Krieg zu ziehen – die Industriellen, die sich durch den Krieg fette Geschäftsgewinne erwarteten, die Oberschicht, die im Krieg ein Gegenmit-

DER HAMBURGER HAFEN
Zur Jahrhundertwende ist Hamburg der wichtigste Hafen Deutschlands und weist ein ständig wachsendes Handelsvolumen auf. Dieser Hafen ist ein Sinnbild für die dynamische Wirtschaftsentwicklung Deutschlands.
1913 hat die deutsche Handelsflotte bereits einen Anteil von elf Prozent am weltweiten Seehandel.

DIE WELT VOR DEM ERSTEN WELTKRIEG

Schon lange vor 1914 waren die politischen Verhältnisse in Europa ständigen Spannungen ausgesetzt. Die wachsende Rivalität zwischen Großbritannien und Deutschland um die Seevorherrschaft bedrohte die wirtschaftliche und militärische Vorrangstellung Großbritanniens, die für lange Zeit ein Stabilitätsfaktor gewesen war. Besonders die Kolonien waren zu einer Streitfrage geworden, in der nun die Interessen der europäischen Mächte offen aufeinander prallten. Dies galt etwa für Afghanistan, wo Großbritannien und Russland um die Vorherrschaft kämpften, oder auch für Afrika, wo sich zu den alteingesessenen Kolonialmächten England und Frankreich nun auch Neuankömmlinge wie Deutschland und Italien gesellten. Machtkämpfe gab es auch auf dem Balkan, wo das zerfallende Osmanische Reich ein Machtvakuum hinterließ. Vor diesem Hintergrund regten sich nun die Forderungen der christlichen Völker im Osmanischen Reich nach Unabhängigkeit. In dieser Situation war es der russische Zar, der als Schutzpatron der Christen auftrat. Gleichzeitig setzten sich die Serben an die Spitze der nach Unabhängigkeit strebenden slawischen Völker und versuchten ihren Einflussbereich bis zur Adria auszudehnen – ein Gebiet, mit dem auch Italien liebäugelte. Währenddessen rangen Russland und Österreich um die Vorherrschaft auf dem Balkan – und Bulgarien, Griechenland sowie Montenegro strebten nach Vergrößerung ihrer Territorien. Das Gleichgewicht in Europa wurde durch eine ganze Reihe von Faktoren empfindlich gestört, wie etwa den wachsenden Nationalismus, der sich u. a. in Frankreich, Deutschland, aber auch in den slawischen Nationen bemerkbar machte, außerdem durch die Gegensätze zwischen den ethnischen Gruppen in Österreich-Ungarn und das Aufeinanderprallen der gesellschaftlichen Klassen in Russland, Großbritannien und Frankreich.
Die wachsende Unsicherheit fand ihren Ausdruck in einem Wettrüsten und der Bildung von Bündnisblöcken: 1882 wurde der *Dreibund* zwischen Deutschland, Österreich-Ungarn und Italien geschlossen, und 1904 unterzeichneten Großbritannien und Frankreich die *Entente cordiale,* die 1907 durch den Beitritt Russlands zur *Tripelentente* erweitert wurde.

Unten: Englische Soldaten des 66. Infanterieregiments im Einsatz in Afghanistan (Druck aus dem 19. Jahrhundert).

DAS JUBILÄUM FRANZ JOSEPHS
1908 wurde diese Briefmarke zur Feier der 60-jährigen Regentschaft Franz Josephs von der kaiserlich-königlichen österreichischen Post herausgegeben.

DER VIELVÖLKERSTAAT
Rumänen, Ungarn, Slowaken und Deutsche, auf diesem Öldruck in trauter Eintracht, sollen den multiethnischen Charakter des Habsburgerreiches darstellen.

tel zum Klassenkampf sah, die Militärs und auch die politischen Parteien.
Im Grunde ahnte jedoch niemand, welch ungeheure Konsequenzen dieser Krieg für die beteiligten Länder haben würde. Er war nicht nur viel zerstörerischer als alle kriegerischen Auseinandersetzungen zuvor, sondern es war aufgrund der verstärkten Verteidigungskapazitäten gegen feindliche Angriffe viel schwieriger, eine einigermaßen rasche Entscheidung auf dem Schlachtfeld herbeizuführen. Viele Regierungen und Herrscher Europas erlagen damals der tragischen Illusion, dass der Krieg, den niemand hatte verhindern wollen, nur von kurzer Dauer sein würde. Man rechnete mit wenigen Wochen, maximal einigen Monaten und war der Überzeugung, dass dies der letzte und entscheidende Krieg sein würde.

DIE LANGE REGENTSCHAFT KAISER FRANZ JOSEPHS

Während der ersten Hälfte der langen Regentschaft Franz Josephs hatten die Niederlagen Österreichs gegen Frankreich (1859) und Preußen (1866) alle Hoffnungen auf eine Vorherrschaft der Habsburger auf deutschsprachigem Gebiet zerstört und bedeuteten das Ende ihres Einflusses in Italien. Der Schwerpunkt des Reiches verlagerte sich nach Osten, wo jedoch das Problem des Zusammenlebens der verschiedenen Ethnien und Kulturen in einem Staatsgefüge immer brisanter wurde. Der wachsende Nationalismus, vor allem der Ungarn, stellte eine immer größere Bedrohung für die Strukturen des Staates dar. In dem Bestreben, den Staat zu reformieren, entschloss sich Franz Joseph 1867 zu einem Kompromiss, dem so genannten »Ausgleich«, und gewährte Ungarn einen besonderen Status in der Monarchie. Die Einheit mit Österreich blieb durch die Person des Souveräns erhalten, der gleichzeitig Kaiser von Österreich und König von Ungarn war. Damit wurde die Vorherrschaft der Magyaren neben den Deutsch-

DAS KOSMOPOLITISCHE WIEN
Der Prater mit seinem 70 m hohen Riesenrad war für die Wiener stets ein beliebtes sonntägliches Ausflugsziel. Zur Jahrhundertwende war Wien bereits ein kultureller, intellektueller und gesellschaftlicher Mittelpunkt ersten Ranges.

SISI UND RUDOLF
Das Familienleben Kaiser Franz Josephs war von einer Reihe unglücklicher Ereignisse überschattet: Seine Gemahlin Elisabeth (Mitte) wurde 1898 von einem Anarchisten erstochen, und sein Sohn Rudolf (im Bild links mit Wilhelm II.) beging 1889 in Mayerling Selbstmord.

KARLSPLATZ
Die U-Bahn-Station Karlsplatz wurde im Stil der Wiener Sezession von Otto Wagner entworfen.

österreichern gegenüber den anderen Völkern, besonders den Slawen, bestätigt, welche die bevölkerungsreichste Gruppe der Donaumonarchie bildeten. Dieser Ausgleich mit seinem Österreich-Ungarn-Dualismus konnte jedoch das wirtschaftliche Ungleichgewicht zwischen den westlichen und östlichen Regionen nicht beseitigen. Während sich im Westen ein städtisches Proletariat bildete, das sich in der sozialistischen Bewegung organisierte, blieb der Osten landwirtschaftlich dominiert und von den traditionellen Strukturen des Landadels geprägt, der in seinem verkrusteten System unfähig war, sich der Modernisierung zu öffnen.
Der Ausgleich vermochte die Probleme des Vielvölkerstaates jedoch nicht zu lösen – im Gegenteil, sie wurden in einer Zeit des wachsenden Nationalismus nur noch verschärft und riefen Ressentiments auf Seiten der von dieser Reform ausgeschlossenen Volksgruppen hervor, nämlich der Tschechen, Slowaken und Kroaten, die ihrerseits eine bedeutendere Rolle in der Monarchie anstrebten. Die kleineren Volksgruppen, wie die der Italiener und Serben, waren hingegen für eine Loslösung von der habsburgischen Herrschaft.
Gleichzeitig kam innerhalb der dominierenden deutschen Volksgruppe der deutsch-nationale Gedanke immer mehr zum Tragen.
Das Aufeinanderprallen der Nationalitäten fand seinen Niederschlag im Wiener Parlament und lähmte die politische Entscheidungsfindung. Die Einführung des allgemeinen Wahlrechts für Männer (1907) brachte dem österreichischen Parlament eine slawische Mehrheit, die jedoch untereinander zu uneinig war, um eine einheitliche Politik zu vertreten. Ab 1909 wurde das Land durch kaiserliche Verordnungen regiert. Währenddessen mündete die privilegierte Stellung Ungarns in eine regelrechte Verfolgung der ethnischen Minderheiten.
In der Außenpolitik spielte Österreich-Ungarn ab dem Berliner Kongress 1878 eine immer aktivere Rolle auf dem Balkan, nachdem ihm die Verwaltung Bosnien-Herzegowinas – einer türkischen Provinz mit mehrheitlich serbischer Bevölkerung – zuerkannt wurde.

PROTAGONISTEN

FRANZ JOSEPH

wurde 1830 in Wien geboren und erhielt eine strenge und religiös geprägte Erziehung. Er absolvierte seinen Militärdienst in Italien während der Märzrevolution von 1848 und wurde im selben Jahr zum Kaiser ernannt, nachdem sein Onkel Ferdinand abgedankt hatte und sein Vater, Erzherzog Franz Karl, auf den Thron verzichtete. Geprägt durch seine militärische Erziehung, bemühte er sich um eine Wiederherstellung der kaiserlichen Autorität auf zentralistischer Basis. Doch die militärischen Niederlagen gegen Frankreich 1859 und Preußen 1866 bremsten Österreichs Machtansprüche. 1867 wurde sein Bruder Maximilian in Mexiko erschossen – doch es sollten noch weitere Tragödien auf den Kaiser zukommen, die seinen ohnehin schon ernsten Charakter weiter verdüsterten. Sein Sohn Rudolf beging 1889 in Mayerling Selbstmord; seine

Gemahlin Elisabeth, die zu jener Zeit bereits dem Leben am Hof und ihrem Ehemann den Rücken gekehrt hatte, wurde 1898 in Genf ermordet. Sein Bruder Franz Ferdinand fiel 1914 in Sarajevo einem Attentat zum Opfer. Als der Erste Weltkrieg ausbrach, war Franz Joseph ein müder Greis, der in einer bereits untergegangenen Welt lebte. Die Kriegführung überließ er anderen. Franz Joseph starb 1916 kurz vor dem Zusammenbruch seines Reiches.

DAS ATTENTAT VON SARAJEVO

Sarajevo, am 28. Juni 1914 um 10 Uhr vormittags: Der offene Wagen mit Erzherzog Franz Ferdinand und seiner Gemahlin Sophie fährt die breite Straße des Appelkais entlang, der zu beiden Seiten von Schaulustigen gesäumt ist. Der habsburgische Thronfolger ist gekommen, um die Bande mit dem 1908 annektierten Bosnien-Herzegowina, einer mehrheitlich von Serben bewohnten Provinz, zu verstärken. Plötzlich wird eine Bombe gegen den Wagen des Erzherzogspaares geschleudert. Der Sprengkörper explodiert jedoch erst unter einem Geleitwagen, und Sophie kommt mit einem Kratzer davon. Der Attentäter, ein Student namens Nedjelko Cabrinovic, wird verhaftet. Der Thronfolger bleibt unversehrt. Soll der Erzherzog nach diesem fehlgeschlagenen Attentat nun nach Wien zurückkehren? Das wäre wohl nahe liegend. Doch Franz Ferdinand lässt sich – ganz der konsequente Habsburger – nicht von seinem Vorhaben abbringen. Das Tagesprogramm geht weiter: Besuch des Rathauses, Besuch bei den Verwundeten des Anschlags, eine weitere Fahrt über den Appelkai – und schließlich das fatale zweite Attentat: Die Revolverschüsse von Gavrilo Princip töten den Erzherzog und seine Gemahlin auf der Stelle. Die Attentäter – eine Gruppe von sieben oder acht Männern – sind serbisch-bosnische Österreicher. Man vermutet jedoch sofort eine direkte Beteiligung Serbiens an der Organisation des Komplotts. Und tatsächlich sollte sich als Drahtzieher des Attentats ein gewisser »Apis« alias Dragutin Dimitrijevic herausstellen, der Chef des serbischen Geheimdienstes und fanatischer Nationalist. Als Ausführende des Attentats stellten sich einige Mitglieder der Geheimorganisation *Schwarze Hand* heraus, die es sich zur Aufgabe gemacht hatte, mit allen Mitteln ein »Großserbisches Reich« zu errichten, das alle südslawischen Völker vereinen sollte. »Apis« hatte übrigens schon in einigen anderen Geheimaktionen die Fäden gezogen, wie etwa beim Mordanschlag auf den serbischen König Milan Obrenovic (1903).

Das Attentat auf den Thronfolger sollte die Monarchie empfindlich treffen und damit die – realen oder symbolischen – Bande, die die verschiedenen Teile des Riesenreiches zusammenhielten, schwächen. Franz Ferdinand war im Übrigen viel offener für Reformen als der Kaiser, wenngleich auch er entschieden gegen die nationalistischen Strömungen war, die die Einheit des habsburgischen Reiches bedrohten. Mit seinem Vorhaben, anstelle des Dualismus einen Trialismus einzuführen, d. h. einen Staatenbund der österreichischen, ungarischen und südslawischen Volksgruppen, hätte es Franz Ferdinand gelingen können, die vom Reich wegstrebenden Slawen wieder zur Treue zur Monarchie zu bewegen. Wahrscheinlich war gerade das der Grund, warum ihn die serbischen Nationalisten beseitigen wollten.

Princip, der zu einer Haftstrafe von 20 Jahren verurteilt wurde, starb 1918 an Knochentuberkulose. Oberst Dimitrijevic, der Drahtzieher der Verschwörung gegen den König von Serbien, Peter Karagjeorgjevic, wurde 1917 in Saloniki von einem Militärgericht zum Tod durch Erschießen verurteilt.

Oben: Die Verhaftung Gavrilo Princips nach dem Attentat in Sarajevo. Links: Erzherzog Franz Ferdinand mit seiner Gemahlin Sophie Chotek von Chotkowa und Wognin und den Kindern Ernst, Sophie und Maximilian.

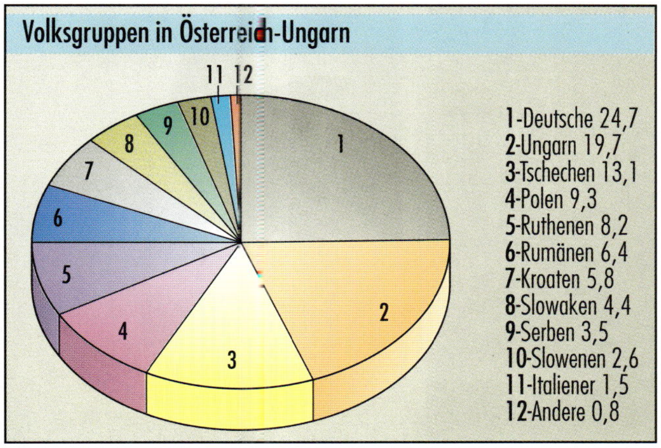

DIE WAFFE DES TERRORISMUS
Die Ermordung des serbischen Königs Alexander Obrenovic und seiner Gemahlin in einer Darstellung, wie sie in einer zeitgenössischen Zeitung veröffentlicht wurde. Der Königsmord, der sich vor allem gegen die österreichisch-ungarische Monarchie richtete, wurde von dem serbischen Geheimbund Schwarze Hand *ausgeführt, der Anfang des Jahrhunderts den Balkan destabilisierte.*

Diese Aktivität war einerseits eine Folge des Machtverlusts in Italien und Deutschland, andererseits ein Anzeichen für die fortschreitende Anpassung der österreichischen Außenpolitik an jene Deutschlands, mit dem man seit 1882 zusammen mit Italien im *Dreibund* vereint war.
Bis Anfang des 20. Jahrhunderts war Österreich-Ungarns Einfluss auf dem Balkan rein wirtschaftlicher Art. 1908 kam es jedoch, gleichzeitig mit der Revolution der *Jungtürken* innerhalb des Osmanischen Reiches, zur Annexion von Bosnien-Herzegowina. Hinter diesem Entschluss standen einerseits Revanchegelüste der österreichischen Militärs sowie andererseits das Bestreben der deutschen Diplomatie, den russischen Einfluss auf dem Balkan einzudämmen. Dieses Manöver verschlechterte die Beziehungen zwischen Slawen und Deutschösterreichern innerhalb des Kaiserreiches dramatisch. Außerdem riskierte man eine Brüskierung Serbiens, des russischen Zaren, der sich als Schutzherr aller orthodoxen Serben auf dem Balkan sah, sowie auch Italiens, das die Adriapolitik Wiens nicht billigen konnte.
Serbien, das eine vehemente antiösterreichische Propaganda betrieb, wurde zum Ausgangspunkt von politischen Bestrebungen, die die Befreiung der slawischen Bevölkerung in Bosnien zum Ziel hatten. Aus den Balkankriegen von 1912/13 ging Serbien militärisch gestärkt hervor, aber bei den nachfolgenden Friedensverhandlungen erreichte Österreich-Ungarn mit der Bildung Albaniens, dass dem feindlichen Nachbarn der durch den Krieg gewonnene Zugang zur Adria entzogen wurde. Die Beziehungen zwischen den beiden Nationen verschärften sich zusehends. Der ständig wachsende Nationalismus in Serbien verstärkte den Eindruck, dass eine direkte Konfrontation zwischen Belgrad und Wien nur noch eine Frage der Zeit war.

EIN TREFFEN AUF HÖCHSTER EBENE
Wilhelm II., König von Preußen und Kaiser von Deutschland, steigt aus dem kaiserlichen Zug und wird am Wiener Bahnhof vom Kaiser von Österreich und König von Ungarn, Franz Joseph, empfangen. 1866 hatte Preußen die Hoffnungen Österreich-Ungarns auf eine Vorherrschaft innerhalb der deutschen Völkergemeinschaft für immer zerstört – doch die Annäherung zwischen Wien und Berlin wurde seit damals ständig vorangetrieben.

DIE DEUTSCHE EINIGUNG
Die Proklamation des Deutschen Reiches 1871 im Spiegelsaal von Versailles signalisiert den Triumph von Bismarcks Politik.

VON TIRPIZ
Der Plan, der zwischen 1898 und 1900 vom deutschen Admiral Alfred von Tirpiz entworfen wurde, war die Grundlage der ehrgeizigen Aufrüstung der deutschen Kriegsflotte.

DER TRAUM VOM GROSSEN DEUTSCHEN REICH

Das Deutsche Reich, das sich 1914 auf den Krieg einlässt, ist ein noch sehr junger, aber mächtiger und machtbewusster Staat. Erst 1871 kam es zur Einigung der 25 deutschen Einzelstaaten zu einem Bundesstaat, an dessen Spitze der König von Preußen, Wilhelm II., stand, der 1888 den deutschen Kaiserthron bestieg.

In den ersten zwanzig Jahren seines Bestehens wurde dieses Reich vom Urheber der Einigung, Otto von Bismarck, als Reichskanzler regiert. Er war auch der Vater des Sieges über Frankreich 1870, in dessen Folge Elsass und Lothringen annektiert wurden. Bismarck zielte vor allem auf die Stärkung des noch jungen Staates ab. Dies äußerte sich im Wesentlichen an seinen Bestrebungen zur Zentralisierung des Staates und einem langen, letzten Endes vergeblichen Kampf gegen die Autonomie der katholischen Kirche und das Aufkeimen der sozialistischen Bewegung. Die öffentliche Meinung versuchte er mit einem ehrgeizigen Programm von sozialen Reformen für sich zu gewinnen. In der Außenpolitik verfolgte Bismarck zwei Ziele: die Sicherheit des Staates zu garantieren – ein Ansinnen, das er vor allem durch eine Isolation Frankreichs, das Revanchegedanken hegte, zu erreichen suchte – und Deutschland als ein in sich geschlossenes Reich zu präsentieren, das eine militärische und industrielle Großmacht darstellte.

Der Berliner Kongress 1878, der nach dem Ende des Russisch-Türkischen Krieges abgehalten wurde, bekräftigte die gewichtige Rolle, die das Deutsche Reich auf dem internationalen Parkett spielte. Mit dem Eintreten für die besiegten Türken sowie die Einflussnahme bei der Aufteilung der Balkangebiete erwarb sich Deutschland die Anerkennung von Wien und Istanbul.

1882 wurde schließlich der *Dreibund* geschlossen, der Deutschland mit Österreich und Italien verband. Im so genannten »Rückversicherungsvertrag«, den Deutschland 1887 mit Russland abschloss, garantierten einander die beiden Großmächte, sich im Kriegsfall neutral zu verhalten.

DER BOXERAUFSTAND

Die Niederwerfung des Boxeraufstandes war einer der seltenen Momente der Einigkeit zwischen den Großmächten. Zu Beginn des Jahrhunderts bildete sich in China ein Geheimbund, der sich mit seiner nationalistischen und ausländerfeindlichen Haltung gegen jeden westlichen Einfluss stellte. Sein Name lautete übersetzt so viel wie »Bewegung für Recht und Einigkeit«, doch durch einen Übersetzungsfehler wurde in der westlichen Welt so viel wie »Faustkämpfer für Recht und Einigkeit«. Aus diesem Grund nannte man die Anhänger des Bundes im Westen nur »die Boxer«. Sie bekämpften auch mit Gewalt alles Westliche, überfielen Missionshäuser und Gesandtschaften und zerstörten Telefonleitungen und Eisenbahnnetze. Die chinesische Regierung nahm gegenüber den Boxern keine eindeutige Haltung ein.

Im Sommer 1900 nahm ein internationales Expeditionskorps, an dem Japan, Russland, England, die USA, Frankreich, Österreich, Italien und Deutschland beteiligt waren, Tientsin und Peking ein. Der Vertrag von Peking (1901) sorgte für einen verstärkten westlichen Einfluss in China.

Diese französische Illustration stellt die Aufteilung Chinas dar.

DER DEUTSCHE SOZIALISMUS
»Proletarier aller Länder, vereinigt euch« – Der letzte Satz des Kommunistischen Manifests *ziert diese Fahne der deutschen Arbeiterschaft.*
Vor dem Ausbruch des Krieges hatte Deutschland die stärkste sozialistische Partei in ganz Europa. Die Abbildung nebenan zeigt ein Plakat von 1914, auf dem für das Frauenwahlrecht eingetreten wird.

Das komplexe Geflecht von internationalen Beziehungen, das Bismarck mit seinen diplomatischen Bemühungen schuf, begann sich jedoch rasch aufzulösen, als 1888 Wilhelm II. den deutschen Kaiserthron bestieg. Der noch nicht einmal 30-jährige Wilhelm, ein ehrgeiziger und impulsiver Mann, wurde zum Fürsprecher der imperialistischen Bestrebungen, die sich sowohl in intellektuellen Kreisen als auch unter den Offizieren des Heeres durchsetzten. So nahm die Idee der deutschen Vorherrschaft in Mitteleuropa immer deutlicher Gestalt an; dieses Deutsche Reich sollte alle Völker deutscher Sprache vereinigen und so – ausgehend von den Theorien Darwins – die Überlegenheit der arischen Rasse zum Ausdruck bringen.
Die neue Außenpolitik, die der junge Kaiser vorantrieb, nachdem er den lästigen Bismarck entlassen hatte, stieß immer wieder andere Nationen vor den Kopf: So nahm es etwa Russland mit Befremden auf, dass der Rückversicherungsvertrag nicht verlängert wurde, Deutschland auf dem Balkan kräftig mitmischte und außerdem im Krieg von 1905 Japan unterstützte. Frankreich wiederum betrachtete es als Affront, dass der Kaiser 1905 Marokko sowie den Sultan in Damaskus besuchte. Gegen Großbritannien schließlich richtete sich die Solidarisierung Deutschlands mit den Buren in Südafrika, und vor allem das ehrgeizige Projekt, eine Kriegsflotte zu schaffen, die im Stande sein sollte, die englische Vorherrschaft zur See zu brechen.
Der waghalsige Imperialismus, den Wilhelm II. betrieb, musste die übrigen europäischen Großmächte zwangsläufig beunruhigen; Bismarcks Bemühungen, jede Annäherung zwischen Frankreich, Russland und England zu verhindern, wurden durch diese provokative Politik zunichte gemacht. 1911 beorderte die Regierung in Berlin das Kanonenboot *Panther* in die marokkanischen Gewässer und setzte damit ein Warnsignal an Frankreich, seinen Druck auf Marokko aufzugeben. Die Krise, in deren Verlauf die Engländer ihre Flotte zur Unterstützung der französischen Interessen in Alarmbereitschaft versetzten, wurde schließlich beigelegt:

DAS NEUE DEUTSCHLAND
Militärparade zu Ehren von Kaiser Wilhelm II. (1905). Das Deutschland des jungen Kaisers ist eine wirtschaftliche und militärische Großmacht. Die ständigen militärischen und diplomatischen Provokationen haben den Zweck, die europäische Ordnung in Frage zu stellen.

ITALIENISCHER WALZER
1904 kommt der französische Präsident Laubet zu einem offiziellen Staatsbesuch nach Rom. Diese in Frankreich gedruckte Ansichtskarte würdigte dieses Ereignis, welches bewies, dass Italien sich auch außerhalb des Dreibundes mit Österreich und Deutschland den einen oder anderen Walzer auf dem internationalen Parkett erlaubte.

Deutschland begnügte sich mit einem kleinen Teil des Kongo und ließ die Franzosen in Marokko gewähren. Doch diese Episode war einer jener vielen Schritte, die schließlich zum Krieg führen sollten.
In wirtschaftlicher Hinsicht brachte das Wilhelminische Zeitalter für das Deutsche Reich eine beachtliche industrielle Entwicklung mit sich, die durch einen rigiden Protektionismus begünstigt wurde. Es kam zur Bildung von riesigen Kartellen, insbesondere in den Bereichen Kohle und Metall verarbeitende Industrie. Zum Wettrüsten kam es vor allem auf Drängen der militärischen Kreise, die sich vorwiegend aus dem Land- und Militäradel rekrutierten, welcher die Basis der deutschkonservativen Partei bildete.
Obwohl die wirtschaftliche Bedeutung des Landadels kontinuierlich zurückging, gewann diese Schicht an politischem Einfluss, was auf ihre Präsenz in der Armee zurückzuführen war. Während der Amtszeit der verschiedenen Reichskanzler – von Bismarck über Caprivi, Hohenlohe bis hin zu Bülow und seit 1909 Bethmann-Hollweg – konnten die Militärs stets ihren politischen Einfluss geltend machen. Ihr Ziel war es, alle auf Veränderung bedachten parlamentarischen Kräfte zu bekämpfen und einen Block der Landbesitzer und Industriellen zu schaffen. Dennoch war im deutschen Parlament die stärkste sozialistische Partei ganz Europas vertreten.
Tatsache ist, dass die deutsche Sozialdemokratie, die seit den Zeiten Bismarcks im parlamentarischen Geschehen Deutschlands mitmischte, seine revolutionären Positionen aufgegeben hatte und stattdessen darauf abzielte, ganz einfach die Situation der deutschen Arbeiterschaft zu verbessern. Als die Sozialisten 1912 mit 34 Prozent der Stimmen sogar die relative Mehrheit im Parlament erreichten, begann eine problematische Zusammenarbeit mit den Liberalen und der katholischen Zentrumspartei. Ein Jahr später verlangten die Militärs vom Parlament mehr Geld, was durch die Einführung einer direkten Steuer ermöglicht werden sollte. Die Sozialde-

PROTAGONISTEN

WILHELM II.

Geboren wurde der spätere deutsche Kaiser 1859. Er genoss eine kalvinistische Erziehung und studierte öffentliches Recht an der Universität Bonn; militärische Disziplin erfuhr er in Potsdam. Seine Behinderung am Arm, die von der Kinderlähmung herrührte, hinterließ auch in seinem Charakter tiefe Spuren. Er bestieg den Thron 1888 und war von Anfang an ein glühender Verfechter eines autoritären Regimes sowie von militärischer Stärke, einschließlich einer Kriegsflotte. Aufgrund seiner Auffassung von königlicher Autorität als von Gott verliehener Macht kam es zu Differenzen mit Bismarck, der schließlich 1890 zurücktreten musste. Der Kaiser kümmerte sich persönlich um die Außenpolitik: Das Ergebnis war die politische Isolierung Deutschlands gegenüber England und Russland. Während des Krieges beschränkten sich seine militärischen Entscheidungen auf die Ernennung der Oberbefehlshaber, denen er – wie im Fall von Ludendorff – großen politischen Spielraum ließ. In der Stunde von Deutschlands militärischem Zusammenbruch war seine Abdankung die Vorbedingung für den Waffenstillstand. Im November 1918 zog er sich ins Exil nach Doorm in Holland zurück, wo er 1941 starb.

STIMMRECHT FÜR DIE FRAUEN
Trotz des Engagements der Suffragetten waren in Frankreich die Frauen noch weit von der Gleichberechtigung entfernt.

ACTION FRANÇAISE
Charles Maurras führte die Action française *an, eine Bewegung, die ab 1898 in Frankreich die radikale Rechte vereinte.*

mokraten trugen dem wachsenden Nationalismus Rechnung, und da sie gegen indirekte Steuern waren, die alle Schichten in gleichem Maße getroffen hätten, bewilligten sie die Ausgaben und beteiligten sich so an der Machtpolitik.

REVANCHISMUS UND DRITTE REPUBLIK

Als Frankreich 1914 in den Krieg eintrat, war das Land in der Phase der Dritten Republik – dem am längsten andauernden politischen System seit der Revolution. Sie war 1870 ins Leben gerufen worden, nachdem Napoleon III. infolge seiner militärischen Niederlage gegen Preußen abgedankt hatte. Die Dritte Republik litt zunächst stark unter den Folgen der Schmach, die mit der militärischen Niederlage und dem Verlust von Elsass-Lothringen verbunden war. In der Folge gelang Frankreich zwar erneut der Aufstieg zur europäischen Großmacht, was aber den Ruf nach einer stärkeren internationalen Präsenz nicht verstummen ließ. Insbesondere der Revanchismus gegenüber dem mächtigen deutschen Nachbarn war damals weit verbreitet.

Frankreich betrieb eine ausgedehnte Kolonialpolitik, insbesondere in Afrika und Indochina. Und gerade in diesem Bereich sollte es zu einem Wiederaufflammen des alten Konfliktes mit Deutschland kommen. Während der beiden Marokkokrisen der Jahre 1905 und 1911 ging es zwischen den beiden europäischen Nationen um die Vorherrschaft im Maghreb. Frankreich stützte sich in dieser Situation auf Allianzen mit anderen Großmächten: Vergessen war die Rivalität mit Großbritannien, die 1898 an den Rand eines Krieges geführt hatte; schon 1904 schloss man die *Entente cordiale* mit London, in die drei Jahre später auch Russland mit einbezogen wurde (*Tripelentente,* 1907).

Das Frankreich der Jahrhundertwende war in seinem politischen und sozialen Gefüge zerrissen. Rund um den Gedanken des Revanchismus bildete sich eine

INDOCHINA
Französische Soldaten und Zivilisten gehen bei Ban-Chai in Laos an Land. Das Bild muss zwischen 1902 und 1905 aufgenommen worden sein. Frankreich setzte sich in den Achtzigerjahren des 19. Jahrhunderts im Golf von Tongking fest und arbeitete sich sowohl wirtschaftlich als auch militärisch entlang des Mekong weiter vor.

DIE AUFTEILUNG AFRIKAS

Ende des 19. bzw. zu Beginn des 20. Jahrhunderts stand der afrikanische Kontinent im Mittelpunkt von Auseinandersetzungen, die zwischen den Kolonialmächten ausgetragen wurden.
Den Briten schwebte die Bildung einer Südafrikanischen Union vor, die alle Völker des südlichen Afrika umfassen sollte. Dem widersetzten sich jedoch die Buren, ein holländisches Kolonialvolk, das den Oranje-Freistaat und die Republik Transvaal geschaffen hatte. Die britischen Pläne wurden in den letzten Jahrzehnten des 19. Jahrhunderts durch die Aktivitäten des Großunternehmers Cecil Rhodes vorangetrieben, der den britischen Herrschaftsbereich um jene fruchtbaren Gebiete erweiterte, die später den Staat Rhodesien bildeten, sodass die beiden Burenstaaten eingeschlossen waren. Die imperialistische Politik von Rhodes, der 1890 Ministerpräsident der Kapkolonie wurde, führte zunächst zu einem Angriff auf Transvaal, den die Buren abwehren konnten, ehe schließlich 1899 Paulus Krüger, der Präsident von Transvaal, den Engländern den Krieg erklärte.
In dieser Auseinandersetzung hatten zunächst die Buren die Oberhand. In der Folge schickten die Engländer jedoch massive Verstärkung, was ihnen schließlich unter

großen Verlusten (22.000 Gefallene) den Sieg brachte; die Buren sahen sich gezwungen, am 31. Mai 1902 den Kampf aufzugeben. Der Burenkrieg führte in England zu einer Welle des Nationalismus, während er in Frankreich und Deutschland große Empörung hervorrief. Transvaal und der Oranje-Freistaat wurden schließlich mit den britischen Besitzungen vereinigt, woraus 1910 die Südafrikanische Union hervorging. Abgesehen von einigen Gebieten, wie etwa Abessinien unter Negus Menelik, stand der gesamte afrikanische Kontinent unter europäischer Vorherrschaft, wobei Großbritannien und Frankreich über den größten Anteil verfügten.
Großbritannien war vor allem in Ägypten und Südafrika vertreten, während Frankreich die Vorherrschaft in der Mittelmeerregion (Marokko und Algerien) innehatte. Das Vorhaben der Franzosen, die Länder vom Atlantik bis zum Roten Meer in einem kontinuierlichen Gürtel zu vereinigen, stieß 1898 auf heftigen Widerstand der Briten, die ihrerseits planten, Ägypten mit der Kapkolonie zu verbinden. Schließlich kam es in Faschoda im Sudan zum Aufeinanderprallen der beiden Lager, wo gerade noch ein Krieg vermieden werden konnte. Daneben besaßen auch einige andere europäische Länder kleinere Kolonien in Afrika: So war Belgien im Kongo vertreten, Deutschland in Togo, Kamerun, Tansania und Südwestafrika, Portugal in Angola und Moçambique sowie Italien in Libyen und Somalia.

Oben: Dieser Druck aus Le Petit Journal *stellt die Grenzziehung zwischen Kongo und Kamerun dar, die von französischen und deutschen Unterhändlern vorgenommen wurde.*
Unten: Cecil Rhodes, hier in Zivil, der eine wesentliche Rolle in der kolonialen Ausdehnung Großbritanniens in Afrika spielte.

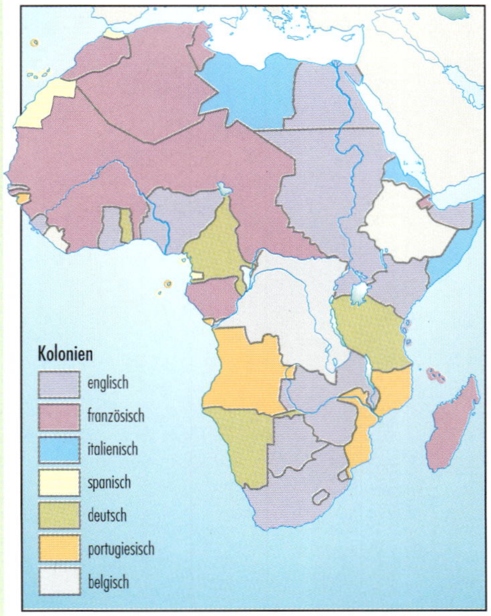

DIE AFFÄRE DREYFUS
Am 5. Januar 1895 wurde der jüdische Hauptmann Alfred Dreyfus wegen angeblicher Spionage verurteilt – ein Vorfall, der u. a. auch im Petit Journal *(links) aufgegriffen wurde. Der Fall Dreyfus spaltete die französische Öffentlichkeit. Erst 1906 wurde der unschuldige Dreyfus schließlich rehabilitiert.*

starke politische Rechte heraus, die die Unterstützung der Militärs sowie der reicheren Schichten genoss. Diese nationalistisch und monarchistisch gesinnten Kreise, die auch von einem gewissen Antisemitismus geprägt waren, standen in Konfrontation zur Arbeiterbewegung und dem Bürgertum. Frankreichs Linke hingegen nahm eine betont antiklerikale Haltung ein, die schließlich auch zur strikten Trennung von Kirche und Staat führte (1905). Dadurch wurden in diesem Land mit seiner fest verwurzelten katholischen Tradition die Beziehungen zu den höchsten Würdenträgern der Kirche einer argen Zerreißprobe unterzogen, die schließlich zum Bruch mit Papst Pius X. führte. Die Weltausstellung 1889 in Paris, aus deren Anlass der Eiffelturm erbaut wurde, brachte dem Land großes internationales Ansehen. Doch in den letzten Jahren des Jahrhunderts litt das Klima im Land an der politischen Instabilität, an den Finanzskandalen, am Erstarken der Rechten bis hin zu dem fehlgeschlagenen Staatsstreich von General Boulanger 1889 sowie an der wachsenden Unzufriedenheit der Arbeiterklasse. Die beiden politischen Lager organisierten sich: So riefen die Sozialisten 1895 die *Conféderation générale du travail* (CGT) ins Leben, während die Rechten sich 1898 in der *Action française* von Charles Maurras vereinigten.

Die schwerste Krise, von der die Republik in jenen Tagen heimgesucht wurde, war die »Affäre Dreyfus«. Die ungerechtfertigte Verurteilung eines jüdischen Offiziers wegen angeblichen Hochverrats rief einen großen Teil der Intellektuellen auf den Plan, die Dreyfus für unschuldig hielten. Das Land war in dieser Frage regelrecht gespalten, und es drohte eine Zeit lang sogar der Bürgerkrieg. An diesem Problem traten wieder einmal die zwei Seelen Frankreichs hervor – die fortschrittliche, demokratische auf der einen Seite, und die militaristische, katholische, reaktionäre auf der anderen.

EXPO 1889
Diese Abbildung zeigt die Bauarbeiten am Eiffelturm, dem Symbol der Weltausstellung 1889 in Paris. Die Hauptstadt des wiedererstarkten Frankreich bildet die ideale Bühne, um den technischen, wissenschaftlichen und wirtschaftlichen Fortschritt des ausklingenden Jahrhunderts zu feiern.

VIKTORIA
Königin Viktoria auf einem elfenbeinernen Thron, der ihr 1867 von einem Radscha zum Geschenk gemacht wurde. Damals wurde Viktoria zur Kaiserin von Indien ernannt.

EDWARD VII.
Die Herrschaft von Edward VII. (1901-1910) fällt mit dem Höhepunkt der Belle Epoque *zusammen, deren Träume in den Gräueln des Krieges zerrannen, der über Europa hereinbrechen sollte.*

Beim Eintritt ins 20. Jahrhundert wurde das Land von einer Linkskoalition regiert. Das industrielle Wachstum und die zunehmenden sozialen Spannungen schlugen sich zwischen 1904 und 1909 in einer wahren Streikwelle nieder. Dadurch kamen immer mehr Gegensätze innerhalb der Koalitionsregierung zu Tage, die zwar weitreichende Maßnahmen in der Sozialgesetzgebung beschloss, die aber – zuerst unter Georges Clemenceau und später unter Aristide Briand – nicht zögerte, die Arbeiterunruhen niederzuschlagen, und zwar um den Preis eines Bruchs zwischen den Koalitionspartnern. Diese Differenzen innerhalb der Linken öffneten den Weg zur Bildung einer konservativen Regierung unter Raymond Poincaré (1913). In der Folge wurden die revanchistischen und antideutschen Töne in Frankreich wieder lauter, und das Land bereitete sich zweifellos auf einen Krieg vor – eine Haltung, die lediglich von den Sozialisten unter Jean Jaurès bekämpft wurde.

Der Krieg vermochte das Land zu einen: In der *Union sacrée*, einer Koalitionsregierung auf breiter Basis, versammelten sich nun die Feinde von gestern angesichts der drohenden Gefahr von außen – Gegner und Befürworter von Dreyfus, Anhänger der Trennung von Staat und Kirche sowie Katholiken, Bonapartisten und Republikaner. In diesem neuen Klima war kein Platz für eine Opposition oder für jene, die für eine Aussöhnung eintraten. Am 31. Juli 1914, wenige Stunden vor der Mobilmachung, wurde Jean Jaurès im *Café Croissant* in der Rue Montmartre von einem Nationalisten erschossen. Wenige Tage zuvor hatte die *Action française* Jaurès als Freund Deutschlands verunglimpft und damit das Todesurteil über jenen Mann gesprochen, der immer noch daran glaubte, dass der Krieg vermieden werden könne, dass die *Sozialistische Internationale* ihn verhindern würde und dass die Republik den Frieden bewahren könne.

DAS ERBE VON KÖNIGIN VIKTORIA

Großbritannien, der Sieger der napoleonischen Kriege, konnte sich im 19. Jahrhundert sowohl auf seine militä-

DERBY
Interessierte Zuschauer in Epson beim »Derby«, einem Rennen der dreijährigen Pferde. Damals, 1907, stellte die englische Gesellschaft ein Vorbild an Eleganz und Kultur dar, dem man in ganz Europa nacheiferte. Doch unter der glanzvollen Oberfläche der Belle Epoque *brodelten bereits tief greifende soziale Spannungen.*

WINSTON CHURCHILL
Zur Zeit des Burenkriegs war Winston Churchill ein aufstrebender junger Mann. Von 1908 bis 1915 war er zuerst Handelsminister, dann Innenminister und schließlich Erster Lord der Admiralität.

EXPERIMENTE
Der Burenkrieg war auch Schauplatz von militärischen Experimenten; ein Beispiel dafür ist der Fesselballon zur Beobachtung, wie er auf dem Bild links zu sehen ist.

rische als auch seine wirtschaftliche Stärke stützen. In diesem Sinne verfolgten die Briten auf dem Kontinent eine Politik des Gleichgewichts, um zu verhindern, dass eine der Mächte sich gegen die anderen durchsetzen könne. Was die internationalen Beziehungen betrifft, so trachtete man danach, sich nicht zu viel mit europäischen Fragen auseinander zu setzen und sein Hauptaugenmerk auf die Kolonialpolitik zu richten.

Die zweite Hälfte der langen Regentschaft von Königin Viktoria (1837-1901) stellte den Höhepunkt von Englands imperialer Macht dar. Unter der Führung des Konservativen Benjamin Disraeli, eines großen Verfechters der imperialistischen Politik, übernahm die Regierung 1876 selbst die Aufgaben der Ostindischen Handelsgesellschaft und proklamierte Königin Viktoria zur Kaiserin von Indien. In Afrika wurde durch die bewaffneten Auseinandersetzungen mit den Mahdisten und Zulu der Traum eines zusammenhängenden Herrschaftsgebietes von Ägypten bis zum Kap verwirklicht. Mit der Kontrolle über den Suezkanal sowie über Malta und Gibraltar beherrschte England praktisch den Seeweg nach Indien über das Mittelmeer und das Rote Meer. Unterstützt wurde Englands aggressive Kolonialpolitik durch eine Denkweise, die von der »Bürde der Weißen« ausging, wie es der Schriftsteller Rudyard Kipling nannte. Gemeint war damit eine Mission zur Zivilisierung, zu der vor allem auch das englische Volk berufen sei.

Im Zuge dieser imperialistischen Politik traten jedoch auch Englands Schwächen zu Tage, und es kam gerade auf diesem Gebiet zu ernsten Spannungen mit den anderen europäischen Mächten. Mit der Faschodakrise 1898 geriet man in Afrika an den Rand eines Krieges gegen Frankreich, das auf eine weitere Expansion im Sudan verzichten musste. Der Krieg gegen die Burenrepublik Transvaal unter Präsident Paulus Krüger (1899-1902) brachte

DIE DOCKS DER TITANIC
Die Docks des Hafens von Belfast in Irland, wo zu Beginn des 20. Jahrhunderts die imposante, letztlich aber tragisch endende Titanic *gebaut wurde. Insgesamt waren 11.000 Arbeiter in der Werft beschäftigt. Die englische Schiffsbauindustrie war wirtschaftlich von größter Bedeutung, sie stand aber auch im Mittelpunkt starker sozialer Spannungen.*

EMPIRE DAY
Eine Schar von Kindern feiert 1900 den Empire Day, *einen Festtag des Britischen Reiches.*

DER JUNGE GEORGE V.
George, Herzog von York, 1877 an Bord der königlichen Jacht Osborne. *Nach dem Tod seines älteren Bruders bestieg George 1910 den Königsthron.*

England zwar die Vorherrschaft über ganz Südafrika, doch der mit großen Opfern erkaufte Sieg machte deutlich, dass die britische Armee dringend reformiert werden musste. Es trat aber auch zu Tage, wie isoliert das Land auf der internationalen Bühne bereits war.
Es kam immer wieder zu Spannungen mit Russland, insbesondere aufgrund des russischen Drucks auf die Dardanellen und auf Afghanistan. Die schärfsten Gegensätze in den Jahren vor 1914 bestanden jedoch eindeutig zum Deutschen Reich. Mit wachsender Besorgnis verfolgte man Deutschlands expandierenden Außenhandel, insbesondere nachdem man gegen Ende des 19. Jahrhunderts eine schwere Wirtschaftskrise *(Great Depression)* hatte durchmachen müssen. Diese Krise, die die bestehenden sozialen Spannungen verstärkte, wurde zum Teil auch durch die zunehmende Konkurrenz ausgelöst, denen die englischen Produkte im internationalen Wettbewerb ausgesetzt waren.
Zunächst versuchte London die Situation durch eine Annäherung an das Deutsche Reich zu verbessern. So plante der für die Kolonien zuständige Minister Joseph Chamberlain zwischen 1898 und 1901 sogar eine Allianz mit Deutschland. Doch alle Versuche, sich zu einigen, schlugen fehl, während andererseits immer neue Spannungen zwischen den beiden Staaten auftraten. Schuld daran war einerseits das Wettrüsten im Bereich der Kriegsflotten, aber auch die starke militärische und wirtschaftliche Präsenz Deutschlands im Osmanischen Reich. London sah sich schließlich gezwungen, seine

EIN SIEG DER BUREN
Das 2. Bataillon der Royal Dublin Fusiliers besteigt am 15. November 1899 einen gepanzerten Zug, um zu einer Aufklärungsfahrt aufzubrechen. Wenige Stunden später sollte der Zug von den Buren angegriffen und zum Entgleisen gebracht werden. Unter den Gefangenen befand sich auch der junge Winston Churchill. Der Burenkrieg ließ die schweren Mängel der englischen Armee zu Tage treten.

DER TOD ALEXANDERS II.
Am 1. März 1881 erreicht der Terrorismus im Namen des Volkes in Russland seinen Höhepunkt: Zwei Bomben werden auf die Kutsche des Zaren geworfen, die Alexander II. töten. Sein Neffe Nikolaus, der spätere Zar Nikolaus II., war damals erst 13 Jahre alt.

selbst gewählte internationale Isolierung aufzugeben und eine neue Bündnispolitk auf dem Kontinent zu betreiben. So wurde zunächst 1904 die *Entente cordiale* mit Frankreich geschlossen, die die gegenseitige Anerkennung der afrikanischen Kolonien mit sich brachte. Nachdem man sich auch mit Russland über die jeweiligen Interessen in Persien einigen konnte, kam es zwischen den drei Ländern zum Abschluss der *Tripelentente,* mit der man nicht zuletzt auch Deutschland und Österreich-Ungarn etwas entgegensetzen wollte.
Die Lektion, die man im Burenkrieg gelernt hatte, führte zu einem Überdenken der gesamten Kolonialpolitik. Man begann in einigen Kolonien eine gewisse Selbstverwaltung einzuführen, indem man ihnen den Status eines »Dominion« verlieh – ein Weg, der in Australien (1901), Neuseeland (1907) und der Südafrikanischen Union (1910) eingeschlagen wurde. Offen war jedoch immer noch die äußerst heikle Irlandfrage. Die Insel war im 17. Jahrhundert besetzt worden, doch es bestand seit damals eine tiefe Kluft zwischen der einheimischen katholischen Bevölkerung und den protestantischen britischen Zuwanderern. Schon im 19. Jahrhundert machten sich immer wieder separatistische Bewegungen bemerkbar, die ab 1906 in zum Teil schwere Unruhen mündeten. Gleichzeitig scheiterte in England der Versuch, ein Gesetz zur Selbstverwaltung Irlands durchzubringen *(Home Rule).* Gegen eine solche Entwicklung waren die protestantischen Extremisten, aber auch die Konservativen und die Armee, während der irisch-nationalen Partei *Sinn Fein* dieser Vorschlag zu wenig weit ging.
Was die Innenpolitik betrifft, so spielten sich in England vor dem Weltkrieg tief greifende gesellschaftliche Prozesse ab. Nach der Reform des Wahlrechts, die Ende des 19. Jahrhunderts unternommen wurde und die das allgemeine Wahlrecht für die männliche Bevölkerung brachte, gab es unter der Regierung des Liberalen Asquith (1908–1916) bedeutende Fortschritte auf dem Gebiet der gewerkschaftlichen Rechte, der Versicherung für Arbeiter und der Pensionen. Dennoch waren die sozialen Spannungen mitunter recht heftig; als Folge da-

PROTAGONISTEN

GEORGE V.
Geboren wurde George 1865 in London als zweiter Sohn König Edwards VII. – damals auch Prinz von Wales. Er war außerdem ein Neffe von Königin Viktoria. Ab dem zwölften Lebensjahr erhielt er eine militärische Ausbildung und wurde Kommandant der königlichen Marine. Durch den Tod seines älteren Bruders Albert (1892) wurde George Thronerbe. 1893 heiratete er Maria, die Tochter des Herzogs von Teck, die ihm eine Tochter und fünf Söhne schenken sollte, darunter die beiden späteren Könige Edward VIII. und George VI. 1910 wurde George zum König gekrönt – zu einem Zeitpunkt, in dem das Land eine schwere innenpolitische Krise durchmachte. In dieser Situation sorgte George für einen Ausgleich zwischen den Streitparteien. Während

des Krieges (1917), verzichtete er auf die Titel, die das englische Königshaus mit dem deutschen verbanden (Sachsen-Coburg-Gotha) und nahm den Namen Windsor an. Durch sein Verhalten in den Kriegsjahren gewann er selbst und die Monarchie an Ansehen. George starb 1936.

RASPUTIN
1905 trat der Mönch Grigorij Rasputin, der von sich behauptete, Wunder wirken zu können, in Kontakt mit dem Hof des Zaren. Von da an übte er vor allem auf die Zarin einen immer größeren Einfluss aus.

SCHLAFWAGEN
Der Moskauer Sitz der Internationalen Schlafwagengesellschaft zu Beginn des Jahrhunderts.

von wurde 1906 die *Labour Party* ins Leben gerufen, die die Arbeiterschaft um sich scharte. Zwischen 1910 und 1912 wurde das Land von einer ganzen Serie von Streiks erschüttert. 1911 wurde der politische Einfluss der Lords durch den *Parliamentary Act* erheblich eingeschränkt, der das Vetorecht des Oberhauses abschaffte. Der Kampf um das Wahlrecht der Frauen wurde mit zunehmender Intensität von den so genannten *Suffragetten* geführt. In dieser Zeit übernahm König George V. (1910-1936) die Rolle eines Vermittlers zwischen den verschiedenen gesellschaftlichen Interessengruppen.

DIE HERRSCHAFT DER ROMANOW

Zu Beginn des 20. Jahrhunderts bestand eine tiefe Kluft zwischen dem riesigen multinationalen russischen Reich und dem liberalen Europa – auch wenn sich Russland mit zwei großen europäischen Mächten, nämlich Frankreich und England, verbündet hatte. Das autokratische Regime der Zaren, seit 1613 in der Hand des Hauses Romanow, wurde bisweilen durch härteste Unterdrückung jedweder Opposition am Leben erhalten. Es gab schon unter Zar Alexander III. (1881-1894) religiöse Verfolgung sowie den Zwang für alle Untertanen, die russische Sprache und Kultur als die ihre anzunehmen. Dazu gesellte sich in der Folge die Unterdrückung der liberalen Tendenzen, die sich im Bürgertum manifestierten, sowie der Unmutsäußerungen der verarmten Landbevölkerung. Um von der Unzufriedenheit unter dem Volk abzulenken, kam den Zaren der Antisemitismus gerade recht; so kam es in den jüdischen Stadtvierteln immer wieder zu teils blutigen Pogromen.

Wenngleich damals die große Mehrheit der Bevölkerung immer noch von der Landwirtschaft lebte, kam es doch durch die zunehmende Industrialisierung des ausklingenden 19. Jahrhunderts in manchen Gebieten des Landes zu tief greifenden Veränderungen im sozialen Gefüge. Die Entstehung eines schlecht bezahlten Industrieproletariats in den Städten begünstigte die Verbreitung von anarchistischen Ideen und sozialistischem Gedankengut. 1898 wurde die marxistisch ausgerichtete

DER RUSSISCH-JAPANISCHE KRIEG
Nikolaus II. nimmt den russischen Truppen in der Mandschurei die Parade ab. Die Niederlagen von 1904/05, die die russische Armee sowohl zur See als auch zu Lande gegen das kleine, aber sehr kampfstarke Japan erleidet, ließen die ganze Brüchigkeit des Zarenreiches zu Tage treten.

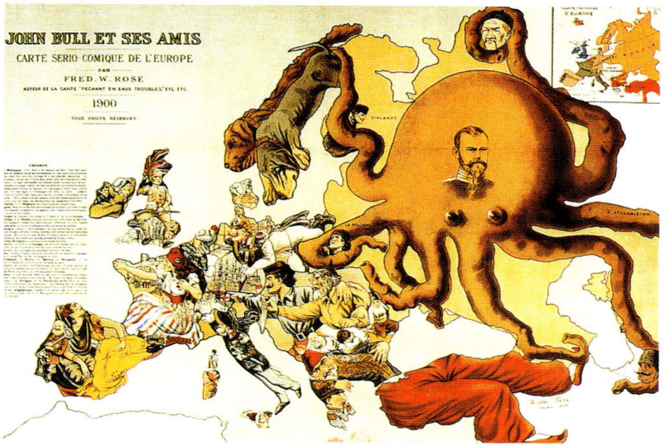

DER RUSSISCHE KRAKE
Auf dieser sinnbildlichen Karte Europas, die 1900 in Frankreich veröffentlicht wurde, streckt der russische Krake seine Fangarme aus, um Finnland, Polen und Persien zu erdrücken.

Sozialdemokratische Arbeiterpartei Russlands ins Leben gerufen. Ihre Anhänger wurden vom Regime verfolgt, ihre Führer, unter ihnen Lenin, landeten im Gefängnis oder flüchteten ins Exil, von wo sie weiterhin den Widerstand gegen die Herrschenden organisierten.
So wurde 1903 im Londoner Exil der zweite Parteitag der Sozialdemokraten abgehalten, die sich damals in zwei Richtungen aufspalteten: Die Mehrheit versammelte sich im radikalen Flügel der *Bolschewiki* unter Lenin, die die Partei als eine politische Avantgarde von Berufsrevolutionären betrachteten, deren Aufgabe es war, die Massen zur Übernahme der Macht zu führen. Die in der Minderheit befindlichen *Menschewiki* traten für eine offenere Organisationsform ein. Sie vertraten die Ansicht, dass die politischen Ziele schrittweise durch eine breite Massenbewegung erreicht werden sollten.

Unter Zar Nikolaus II. (1894-1917) spitzte sich die Situation im Land immer mehr zu. Auf die immer häufiger auftretenden Streiks und Unruhen wurde seitens der Herrschenden mit immer härteren Repressionen reagiert, was jedoch die sozialen Konflikte nur noch weiter anheizte und das Regime destabilisierte.
1905 war es jedoch ein Krieg an den östlichen Grenzen des riesigen russischen Reiches, der die Herrschaft des Zaren ins Wanken brachte: Die Niederlagen, die Russland bei Mukden, Port Arthur und Tsushima in der Auseinandersetzung mit Japan erlitt, führten überall im Land zu Volkserhebungen. Darin äußerte sich wieder einmal der Wunsch des liberalen Bürgertums nach mehr politischem Einfluss, aber auch das revolutionäre Bestreben der bolschewikischen Fraktion der Sozialdemokratischen Partei bzw. die Forderungen von Arbeitern und Bauern nach besseren Lebensbedingungen. Die erste russische Revolution ereignete sich am 22. Januar 1905, als die Palastwache des Zaren eine friedliche Demonstration zum »Winterpalast«, der Residenz des

PROTAGONISTEN

NIKOLAUS II.

Der Sohn Alexanders III. wurde 1868 geboren. Obwohl er sich ganz und gar nicht zur Macht hingezogen fühlte, wurde er 1894 Zar. Sein Familienleben war stark von der Bluterkrankheit des Thronerben Alexej beeinträchtigt. Seine Gemahlin Alice nahm die Dienste des Wundertäters Rasputin in Anspruch, was Kritik von Seiten der herrschenden Schicht hervorrief. Es mangelte ihm an Entschlusskraft, seine Macht auch einzusetzen, war aber nicht bereit, Reformvorschläge zu fördern. In der Außenpolitik war er für eine Beibehaltung des Gleichgewichts: 1907 schloss er die *Tripelentente*, doch die Balkanfrage und die Unterstützung Serbiens beeinträchtigten das Verhältnis zu Österreich-Ungarn. Während des Krieges stellte sich der Entschluss, die persönliche Führung der Armee zu übernehmen, als folgenschwerer Fehler heraus: Die Monarchie wurde von da an in engem Zusammenhang mit dem Krieg und der militärischen Niederlage gesehen. Nach der Revolution von 1917 dankte Nikolaus zu Gunsten seines Bruders Michael ab.
Er wurde von den Bolschewiken nach Jekaterinburg gebracht, wo er 1918 zusammen mit seiner Familie vom dortigen Sowjet umgebracht wurde – aus Angst, die Konterrevolutionäre könnten ihn befreien.

POTEMKIN
Am 28. Juni 1905 weigern sich die Matrosen des Panzerkreuzers Potemkin, *der nebenan auf einem Druck und einem Foto dargestellt ist, verdorbene Nahrung zu sich zu nehmen, worauf die Seeleute von Odessa gemeinsam meutern.*

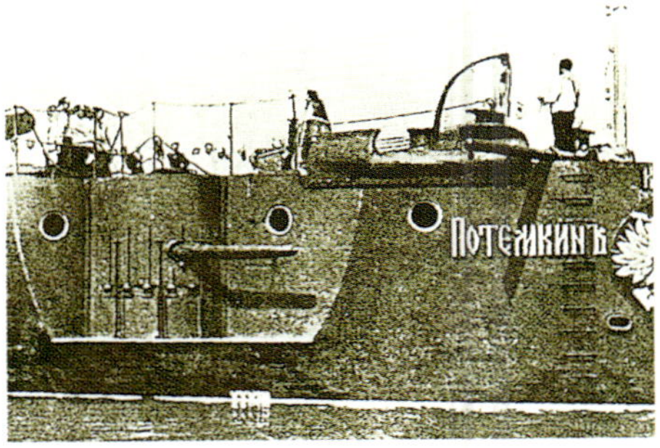

Zaren in St. Petersburg, gewaltsam und blutig beendete. Berühmt wurde auch die Meuterei auf dem Panzerkreuzer *Potemkin,* die von dem genialen sowjetischen Regisseur Sergej Eisenstein filmisch verewigt wurde.
Im Oktober desselben Jahres sah sich Nikolaus II. gezwungen, dem Volk die Respektierung bestimmter Grundrechte sowie die Einrichtung einer gesetzgebenden Versammlung, der *Duma,* zuzugestehen. Dieser Schritt zerriss die ohnehin brüchige Allianz zwischen Liberalen und Revolutionären und vertiefte die Kluft zwischen Bolschewiki und Menschewiki. Im Dezember wurden eine Reihe von bewaffneten Aufständen der Arbeiterräte, der so genannten *Sowjets,* in Moskau, Rostow und Batumi blutig niedergeschlagen. Damals zeigte sich, dass die Voraussetzungen, die laut Lenin für eine Revolution herrschen mussten, noch nicht bestanden; die Unzufriedenheit in weiten Teilen der Bevölkerung hatte vor allem wirtschaftliche Ursachen und Ziele und war noch von keinerlei revolutionärem Willen geprägt.
Doch das Experiment eines lebendigen Parlamentarismus sollte fehlschlagen: Zwischen 1905 und 1907 löste der Zar die Duma zweimal auf, ehe schließlich ein drittes, vom konservativen Block dominiertes Parlament zusammentrat. Zur gleichen Zeit unternahm Ministerpräsident Stolypin noch einen Versuch, die Monarchie zu retten. Eine tief greifende Agrarreform sollte die jahrhundertealten ländlichen Strukturen auflösen, welche auf Kollektiveigentum beruhten, und stattdessen eine Klasse von Landbesitzern schaffen, die die Monarchie stützen sollten. Ein großer Teil der verarmten Landbevölkerung hingegen sollte in der ständig wachsenden Industrie unterkommen, die sich mit Hilfe von ausländischem Kapital entwickelte. Zwei Voraussetzungen waren für das Gelingen von Stolypins Plans notwendig: einerseits die innere Ordnung, die in der Folge durch härteste Repressionen aufrechterhalten werden sollte, und andererseits etwa zehn Jahre Zeit, um die sanften Veränderungen durchzuführen. Doch es war letztlich keine der beiden Voraussetzungen gege-

DER RUSSISCH-JAPANISCHE KRIEG

Zu Beginn des Jahrhunderts nutzte Russland den Zusammenbruch des Chinesischen Reiches aus und begann sich zur Mandschurei hin auszubreiten, wo es mit Port Arthur einen Zugang zum Pazifik gab, der ganzjährig eisfrei war.
Der schwelende Konflikt zwischen Russland und Japan um die Vorherrschaft in Nordchina verschärfte sich zunehmend, bis die Japaner – von England unterstützt – 1904 mit ihrer modernen Kriegsflotte einen Überraschungsangriff auf die russischen Schiffe in Port Arthur unternahmen. Der Krieg gegen Russland war für Japan der Gipfel eines langen Modernisierungsprozesses, der 1870 begonnen hatte, als das Kaisertum wiederer-

DIE MISSION VON DER GOLTZ'

Colmar von der Goltz (Bild links) war einer der deutschen militärischen Berater, die 1914 in die Türkei eingeladen wurden, um bei der Neuorganisation der Armee mitzuhelfen. Er starb 1916, möglicherweise an der Cholera. Es gab aber auch Vermutungen, dass er von Türken in Bagdad vergiftet wurde.

ben: Am 14. September 1911 tötete der revolutionäre Sozialist Bagrow in einem Kiewer Theater mit einem Pistolenschuss Ministerpräsident Stolypin, den gefürchtetsten Mann der Monarchie. Drei Jahre später antwortete Russland auf die Kriegserklärung Österreich-Ungarns gegen Serbien mit der allgemeinen Mobilmachung. »Wenn wir den Krieg gewinnen, können wir die sozialistische Bewegung mit Sicherheit stoppen ... Aber wenn wir verlieren, wird es einen gesellschaftlichen Umbruch von enormen Ausmaßen geben.« So drückte es 1914 Innenminister Durnovo aus, als der Zar ihn um seine Meinung über einen eventuellen Kriegseintritt Russlands befragte. Und der Krieg sollte für das zaristische Russland tatsächlich fatale Folgen haben.

DER KRANKE MANN AM BOSPORUS

Während des gesamten 19. Jahrhunderts blickten die europäischen Mächte mit einiger Besorgnis auf das Osmanische Reich, weil man fürchtete, dass Russland allzu großen Vorteil aus der Schwäche des »kranken Mannes am Bosporus« ziehen könnte; dabei ragen vor allem zwei Ereignisse hervor: einerseits der griechische Aufstand von 1820, der zur Unabhängigkeit führte, andererseits der Krimkrieg (1854), als Frankreich und Großbritannien sich auf die Seite der Türken stellten.
Auf dem Berliner Kongress 1878 wurden durch Bismarcks Vermittlung die militärischen Erfolge des zaristischen Heeres zunichte gemacht, das noch zuvor für die Befreiung seiner slawischen Brudervölker gekämpft hatte. Es lag im Interesse der westlichen Mächte, ein tragfähiges Gleichgewicht auf dem Balkan herzustellen. Man wollte Rumänien, Serbien und Montenegro als unabhängige Staaten verankern und das allzu Russland-freundliche Fürstentum Bulgarien etwas einschränken. Österreich hingegen wurde mit der Kontrolle über Bosnien-Herzegowina als antirussisches Bollwerk gestärkt, während man Großbritannien die Verwaltung der Insel Zypern übertrug. Diese Lösungen stießen Russland vor den Kopf,

richtet und das alte Feudalsystem sowie die Samurai-Privilegien abgeschafft wurden. 1889 genehmigte Kaiser Mutsuhito eine Verfassung nach deutschem Vorbild, die jedoch die Bürgerrechte nur einem Prozent der Bevölkerung gewährte. Fast die Hälfte der Staatsausgaben flossen in den Ausbau des Heeres, das sich beim Einmarsch in Korea (1896) sowie im Krieg gegen Russland zu bewähren hatte. Zu den größten Triumphen der japanischen Armee gehörten die Belagerung von Port Arthur, die Landschlacht von Mukden sowie die Vernichtung der russischen Ostseeflotte in der Tsushima-Straße. Diese militärischen Erfolge sorgten auch in Europa für einiges Aufsehen. Mit dem Frieden von Portsmouth vom 5. September 1905, der unter Vermittlung des amerikanischen Präsidenten Roosevelt ausgehandelt wurde, musste Russland die japanische Präsenz in Korea anerkennen und Japan die Hälfte der Halbinsel Sachalin, die Halbinsel Liaotung sowie den südlichen Teil der Eisenbahnlinie in der Mandschurei überlassen. Das Ende des Krieges zeigte die Schwächen des Zarenreiches auf und ebnete der weiteren Ausdehnung Japans den Weg, sodass das Land in den Rang einer Großmacht aufstieg.

Die Abbildung nebenan zeigt den japanischen Admiral Togo, den Triumphator von Tsushima. Das Bild links zeigt die russischen Befestigungen bei Mukden.

INDUSTRIE UND MACHTPOLITIK
Eine türkische Kanonengießerei unter deutscher Aufsicht.

ENVER PASCHA
Wilhelm II. mit dem türkischen Kriegsminister Enver Pascha. Durch die Allianz mit Istanbul konnte Deutschland ins Auge fassen, die Engländer in ihrer Kontrolle über den Suezkanal zu verdrängen.

ohne jedoch die Schwäche des Osmanischen Reiches zu beseitigen; so erhob sich 1896 Kreta gegen die Türken und verkündete in der Folge die Vereinigung mit Griechenland. Nach dem Berliner Kongress begann Deutschland zunehmend, England als Schutzmacht der Türken abzulösen. 1883 besuchte der deutsche General Colmar von der Goltz mit einer militärischen Delegation Istanbul, und 1903 wurde eine deutsche Gesellschaft mit dem Bau der Bagdadbahn betraut.

Zu Beginn des 20. Jahrhunderts trat die nationalistische Bewegung der *Jungtürken* immer mehr in den Vordergrund, deren Ziel es war, eine demokratische Erneuerung des Reiches durchzuführen und es gleichzeitig vom Westen unabhängig zu machen. Von der Armee unterstützt, gelang es den Jungtürken 1908, Sultan Abdul-Hamid II. zum Abdanken zu zwingen und ihn durch den praktisch machtlosen Mohammed V. zu ersetzen. Die Pläne einer konstitutionellen Reform wurden indes weiter verfolgt – sie mündeten jedoch zunehmend in einen rigiden staatlichen Zentralismus und einen übertriebenen Nationalismus in der Außenpolitik.

Der Kampf um die verschiedenen Gebiete, die zuvor türkisch dominiert waren, ging jedoch weiter: 1908 annektierte Österreich Bosnien-Herzegowina, während Italien 1911/12 Libyen und die Inseln des Dodekanes an sich riss. Im Mittleren Osten hütete sich die Entente davor, irgendeine Änderung des Status quo zu begünstigen, um die Kontrolle über den Suezkanal und den erdölreichen Schatt el-Arab, den Unterlauf von Euphrat und Tigris, nicht zu gefährden. Auf dem Balkan jedoch kam es durch die russische und die österreichische Einflussnahme immer wieder zu ernsten Spannungen. 1912 gelang es den Balkanstaaten Serbien, Griechenland, Bulgarien und Montenegro, den Türken Makedonien zu entreißen, die damit auch die Vorherrschaft über die Ägäis verloren.

Auf diese militärischen Niederlagen rea-

DAS GOLDENE HORN
Die Brücke über das Goldene Horn verbindet die beiden Teile von Istanbul – den byzantinischen, später türkischen, mit der Hagia Sophia, und den modernen Teil, wo die Botschaften zu Hause sind und der Orientexpress endet. In jenen Tagen war Istanbul das Zentrum der diplomatischen Bemühungen, die die europäischen Großmächte um den »kranken Mann am Bosporus« unternahmen.

UMBERTO I.
Die Ermordung König Umbertos I., der am 29. Juli in Monza durch Pistolenschüsse des Anarchisten Gaetano Bresci zu Tode kam, symbolisierte den Zustand des politischen Lebens im Italien des anbrechenden Jahrhunderts.

TURIN 1911
Dieses Plakat wirbt für die Internationale Ausstellung in Turin 1911. Italien bemühte sich, mit dem übrigen Europa Schritt zu halten.

gierten die Jungtürken mit einem verstärkten türkischen Nationalismus. Sie verabschiedeten sich von der Idee eines multi-ethnischen Reiches und setzten sich stattdessen für die Einheit aller Türkvölker ein. Die Regierung unter Enver Pascha, der als General am Krieg in Libyen gegen die Italiener teilgenommen hatte und später Kriegsminister war, suchte einen Sündenbock im Inneren und fand ihn in der armenischen Minderheit, die dafür büßen musste, dass sie den pantürkischen Bestrebungen im Wege stand.

Enver Pascha strebte nach neuer militärischer Stärke und fand dabei im wilhelminischen Deutschland einen starken Verbündeten. 1913 traf General Liman von Sanders an der Spitze einer militärischen Delegation in Istanbul ein; seine Aufgabe war es, die türkische Armee zu modernisieren und neu zu organisieren.

DER STEINIGE WEG ITALIENS

Als der Krieg in Europa ausbrach, stand Italien vor der Frage, ob es aktiv eingreifen oder neutral bleiben solle. Italien war damals als souveräner Staat noch sehr jung und strebte danach, seinen Platz unter den europäischen Großmächten einzunehmen. Doch es war in vielerlei Hinsicht noch ziemlich rückständig – insbesondere im Süden und im ländlichen Raum. Trotz all der Probleme kann man jedoch sagen, dass sich in den Jahren von der Einigung bis zum Ersten Weltkrieg die moderne Gesellschaft zu entwickeln begann. Das Land erlebte damals die erste wirkliche industrielle Revolution, in deren Folge sich die Arbeiterschaft zu organisieren begann. Das Volk begann aktiv am politischen Leben teilzunehmen – und zwar einerseits über die 1892 gegründete *Sozialistische Partei* sowie über die katholische Bewegung.

Im Laufe des 19. Jahrhunderts war es nach und nach zur Einigung Italiens gekommen. Nachdem man 1870 Rom eingegliedert hatte, waren noch Trient, Julisch Venetien und Dalmatien in österreichischer Hand. 1876 kam erstmals die politische Linke an die Macht, die sie 20 Jahre lang behalten sollte. Es war dies eine beson-

LIMAN VON SANDERS
General Liman von Sanders trifft mit den übrigen Mitgliedern der deutschen militärischen Delegation in Istanbul ein (1913).
Als Generalinspekteur war von Sanders für die Neuorganisation der türkischen Armee verantwortlich. Er blieb während des gesamten Krieges in der Türkei und übernahm dabei Kommandos im Kaukasus, auf der Halbinsel Gallipoli und schließlich in Palästina.

DIE BALKANFRAGE

Das Bild oben zeigt serbische Linieninfanterie während des Zweiten Balkankrieges (1913).

Als die Ermordung von Erzherzog Franz Ferdinand den Krieg auslöste, waren die Spannungen auf dem Balkan an einem vorläufigen Höhepunkt angelangt. Doch der Balkan war damals bereits seit hundert Jahren ein ständiger Krisenherd und immer wieder Ziel der Expansionsgelüste der europäischen Mächte. Mit seiner Vielfalt an Völkern, Kulturen und Glaubensbekenntnissen machte der Balkan durch den Zusammenbruch des Osmanischen Reiches einen Prozess der Aufsplitterung durch. Im Laufe des 19. Jahrhunderts wurden die nationalen Tendenzen der griechischen, slawischen, bulgarischen und rumänischen Volksgruppen immer stärker, sodass es wiederholt zu lokalen Erhebungen gegen die osmanische Herrschaft kam. Während Griechenland sich bereits in der ersten Hälfte des Jahrhunderts vom Reich loslösen konnte, erlangten Rumänien, Serbien und Montenegro ihre Unabhängigkeit erst durch den Berliner Kongress 1878. Bulgarien wurde damals zum quasi-unabhängigen Fürstentum und 1908 schließlich zum unabhängigen Königreich. Doch das sensible Gleichgewicht, das die Diplomaten in Berlin errichteten, sollte nicht halten – teils wegen des Expansionsdranges der neuen Staaten, teils weil die europäischen Mächte sich selbst ihren Anteil am zerbröckelnden Osmanischen Reich sichern wollten.

1903 betrat der serbisch-nationalistische Geheimbund *Schwarze Hand* die politische Bühne, als man König Alexander Obrenovic und seine Gemahlin Draga ermordete, die man einer Österreich-freundlichen Politik bezichtigte. Daraufhin gelangte der aus dem Exil kommende Peter Karagjeorgjevic auf den Thron. Von da an übernahm Serbien die Führung in einer pansüdslawischen Bewegung, die sich vor allem gegen Österreich richtete und die die Unabhängigkeit Bosniens anstrebte. König Peter I. und sein Regierungschef Nikola Pasic, beide Befürworter eines glühenden Nationalismus, förderten die Aktivitäten der terroristischen Organisationen auf dem Balkan. Während die Spannungen zwischen Serbien und Österreich-Ungarn immer größer wurden, machte sich Russland zur Schutzmacht der orthodoxen slawischen Bevölkerung. 1912 starteten Serbien, Bulgarien, Griechenland und Montenegro einen erfolgreichen Angriff auf das türkische Reich. Im Frieden von London wurde das Fürstentum Albanien ins Leben gerufen. Dadurch konnte Österreich-Ungarn zwar dem serbischen Staat den Zugang zum Meer verwehren, doch die Konflikte blieben ungelöst. So kam es bereits 1913 zu neuen Auseinandersetzungen. Im Zweiten Balkankrieg standen einander Bulgarien auf der einen Seite sowie Serbien, Griechenland, Montenegro, Rumänien und die Türkei auf der anderen gegenüber. Als Bulgarien besiegt war, wurde im Frieden von Bukarest eine neue territoriale Ordnung festgelegt, welche jedoch die Spannungen und Gebietsansprüche ebenfalls nicht beseitigte. Dieser große Konflikt nahm bereits den Krieg vorweg, der bald in noch größerem Maßstab folgen sollte. Die beiden großen Verlierer, nämlich die Türkei und Bulgarien, traten auf Seiten der Mittelmächte in den Krieg ein, während Serbien und Rumänien die Alliierten unterstützten. Die Situation auf dem Balkan blieb jedenfalls weiter hochexplosiv.

DIE NIEDERLAGE VON ADUA
Gegen Ende des 19. Jahrhunderts wurde die koloniale Expansion Italiens jäh gestoppt. Beim Versuch, Äthiopien unter Negus Menelik zu erobern (Bild links), kam es am 1. März 1896 zur Niederlage von Adua (Bild nebenan).

ders schwierige Phase im politischen und gesellschaftlichen Leben Italiens. Die Linke, deren Abgrenzung zur Rechten jedoch immer unschärfer wurde, erwies sich als unfähig, ein wirkungsvolles Regierungsprogramm zu erstellen, und verlegte sich stattdessen auf einen so genannten *Transformismus*, d. h. eine Politik, bei der die Regierung sich auf keine feststehende parlamentarische Mehrheit stützen konnte, sondern wo sich in den einzelnen politischen Fragen jeweils neue Mehrheiten bilden mussten. Auf diese Weise konnten jedoch keine konkreten Schritte zur Bewältigung der großen Probleme unternommen werden – und so war das ausklingende Jahrhundert geprägt von schweren sozialen Krisen und politischen Misserfolgen. Das Abenteuer des Kolonialismus, das man vor allem eingegangen war, um die Unzufriedenheit der Bevölkerung zu besänftigen, führte zu einem bescheidenen Gebietsgewinn am Roten Meer, brachte aber auch die Schmach von Adua (1896) mit sich, wo das italienische Expeditionskorps vom Heer Meneliks geschlagen wurde und Italien die Unabhängigkeit Äthiopiens anerkennen musste. Gegen Ende des Jahrhunderts brachen überall im Land soziale Konflikte aus. So schlug im Mai 1898 General Bava Beccaris die Unruhen in Mailand mit Kanonen nieder. In der Folge wurde das Kriegsrecht ausgerufen, und alle sozialistischen, radikalen und katholischen Bewegungen wurden verboten. Am 29. Juli 1900 starb König Umberto I. durch die Pistolenschüsse des Anarchisten Gaetano Bresci. Auf monarchistischer Seite hatte man ihn stets als den »guten König« bezeichnet, obwohl auch er nicht gezögert hatte, die repressiven Maßnahmen gegen das eigene Volk zu billigen.

Zwischen 1903 und 1912 gelang es Giovanni Giolitti mit seinen verschiedenen Regierungen, das Land zu beruhigen und einen liberalen Reformprozess in Gang zu bringen. Gleichzeitig kam es vor allem im Norden zu einem ungeahnten industriellen Aufschwung, der durch eine Politik des Protektionismus gestützt wurde. Durch die Neutralität der Regierung im Konflikt zwischen Unternehmern und Arbeiterschaft wurde die Entwicklung der

BLENDWERK KOLONIALISMUS
Der Hafen von Massaua 1885: Die Unmengen von Eisenbahnschwellen werden für den Bau einer Eisenbahnlinie in Äthiopien benötigt, die den Nachschub ermöglichen soll. Der Hafen am Roten Meer, der formal unter ägyptischer Herrschaft stand, wurde von Italien im Februar 1885 eingenommen. Es ist dies der Beginn eines Jahrzehnts der kolonialen Expansion, die durch die Niederlage von Adua einen Rückschlag erlitt.

FUTURISTISCHE REVOLUTION
Am 20. Februar 1909 erschien im Figaro *das* Futuristische Manifest, *verfasst von Filippo Tommaso Marinetti (Mitte, zusammen mit Luigi Russolo, Carlo Carrà, Umberto Boccioni und Gino Severini).*

SOZIALISMUS
So sah 1913 das Parteibuch der Sozialistischen Partei Italiens aus.

Gewerkschaften ermöglicht. In dieser Zeit wurde auch das allgemeine Wahlrecht für Männer sowie der staatliche Grundschulunterricht eingeführt. Das wichtigste politische Ziel war es jedoch, sowohl die sozialistische als auch die katholische Opposition zu entschärfen.

Außenpolitisch war Italien seit 1882 im *Dreibund* mit Österreich-Ungarn und Deutschland verbündet. Für den Abschluss dieses Bündnisses waren mehrere Gründe ausschlaggebend: einerseits die Faszination, die von Preußen mit seiner politischen und wirtschaftlichen Effizienz ausging, gepaart mit einer gewissen Dankbarkeit für die Rolle der Deutschen bei der Eingliederung Roms 1870, andererseits aber auch die Spannungen mit Frankreich, das im Mittelmeerraum eine allzu große militärische Aktivität an den Tag legte, wie die Eroberung von Tunis zeigte und darüber hinaus jeden Einfluss Italiens auf dem Balkan zu verhindern trachtete. Dieses aus reiner Selbstverteidigung geschlossene Bündnis ermöglichte es Italien, auch in der Kolonialpolitik eine Rolle zu spielen und im Kampf um bestimmte Teile des Osmanischen Reiches mitzumischen. Nach der französischen Eroberung von Tunis (1881) und den beiden Marokkokrisen (1905 und 1911) nahm die italienische Regierung für sich das Recht in Anspruch, ebenfalls eine aktive Kolonialpolitik zu betreiben; so wurde 1911 Libyen annektiert und im Jahr darauf Rhodos und der Dodekanes besetzt.

Der Eintritt in den Dreibund machte es jedoch unmöglich, mit Österreich über Trient und Triest zu verhandeln, ganz zu schweigen von verschiedenen Gebieten im Adriaraum sowie auf dem Balkan. Auch wenn der *Irredentismus,* d. h. das Problem der unter fremder Herrschaft stehenden italienischen Gebiete, nur eine kleine, wenn auch einflussreiche Minderheit der italienischen Öffentlichkeit bewegte, blieb der Verzicht auf die

KANONEN IN MAILAND
Im Frühling 1898 brachen in ganz Italien Unruhen aus, die durch die Verteuerung der wichtigsten Bedarfsgüter, vor allem von Brot, hervorgerufen wurde. In Mailand wurden die Unruhen vom 6./7. Mai von General Bava Beccaris gewaltsam niedergeschlagen. Mehr als hundert Menschen kamen dabei ums Leben.

TRIPOLIS 1911
Die italienische Nationalflagge über Triopolis: Italien beteiligte sich zum Nachteil des Osmanischen Reiches am kolonialen Wettlauf.

MANHATTAN
1902 wurde der Bau des so genannten Flat Iron *vollendet, eines Kolosses aus Stahl, mit Stein verkleidet, der mit seinen 20 Stockwerken ganze 87 m hoch war.*

beiden Städte doch ein überaus sensibles Thema. So entschloss sich die Regierung unter der Führung des Konservativen Salandra 1914, eine neutrale Haltung einzunehmen, nachdem die Verbündeten ihn nicht in Kenntnis gesetzt hatten, ehe sie ihr Ultimatum gegen Serbien aussprachen. Man hegte die Hoffnung, dass Österreich bereit sein könnte, mit dem Abtreten von Trient und Triest sowie einiger anderer Gebiete zu verhindern, dass Italien auf Seiten der Entente in den Krieg eintrat – doch zur gleichen Zeit begann man auch Verhandlungen mit der anderen Seite, den Entente-Mächten.
Die Debatte um ein mögliches Eingreifen Italiens nahm bald immer größere Ausmaße an. Die Befürworter eines Kriegseintritts Italiens gehörten recht unterschiedlichen Kreisen an; die Front reichte von der nationalistischen Rechten über Republikaner und reformistische Sozialisten, die den Krieg als eine Möglichkeit ansahen, die Völker zu befreien, die immer noch unter österreichischer Herrschaft standen, bis hin zu liberal-konservativen Kreisen, die wiederum überzeugt waren, dass der Kriegseintritt gleichsam eine Vollendung der Einigungsbewegung darstellen würde. Nicht zuletzt war auch ein Teil der Großindustrie für ein Eingreifen Italiens.
Doch auch die Front derer, die für ein neutrales Verhalten eintraten, setzte sich aus unterschiedlichen Kräften zusammen: Anhänger Giolittis argumentierten, dass Italien bei den Friedensverhandlungen nach Beendigung des Krieges seine Ziele ebenso erreichen würde – und noch dazu ohne jedes Blutvergießen. Katholiken wiederum befürchteten, dass es Auswirkungen auf den Heiligen Stuhl haben könnte, wenn man ein Bündnis mit den liberalen Demokratien Europas einginge, wenn das katholische Österreich sich auflöste und der Einfluss der Orthodoxie auf dem Balkan zunähme. Gegen den Krieg waren schließlich auch jene Sozialisten, die ihren pazifistischen Positionen treu blieben.

Doch Österreich-Ungarn ließ nicht mit sich handeln, und so begann der Krieg – zunächst ohne Italien.

BROOKLYN
Der Bahnhof von Brooklyn, New York, mit der gleichnamigen Brücke im Hintergrund (1907). Als die USA etwas mehr als ein Jahrhundert zuvor in die Geschichte eintraten, waren sie ein Agrarland am Rande des Welthandels, dessen pulsierendes Zentrum Europa war. Zu Beginn des 20. Jahrhunderts waren die USA jedoch bereits die größte Industriemacht der Welt.

THEODORE ROOSEVELT
Der Präsident der Jahre 1901-1909, Theodore Roosevelt, setzte den Weg der aktiven Außenpolitik fort, den sein Vorgänger McKinley eingeschlagen hatte. Auf dem Regenschirm rechts, der im Präsidentschaftswahlkampf eingesetzt wurde, sind Roosevelt und McKinley abgebildet.

YELLOW KID
1895 erschien der erste Comic Strip: Yellow Kid *von Richard Outcault.*

EINE NATION IM WACHSEN

»Das 20. Jahrhundert steht vor uns – getränkt vom Schicksal vieler Nationen. Wenn wir bloße Zuseher bleiben und uns mit einer gleichgültigen Ruhe und einem schmählichen Frieden begnügen, wenn wir alle jenen Situationen aus dem Weg gehen, in denen der Mensch alles einsetzen muss, um zu gewinnen, dann werden uns kühnere und stärkere Nationen überflügeln und die Vorherrschaft in der Welt erringen.«

Diese Worte des zukünftigen amerikanischen Präsidenten Theodore Roosevelt – damals Vizepräsident des Republikaners McKinley –, die 1899 gesprochen wurden, zeigten in nie dagewesener Deutlichkeit, dass die Vereinigten Staaten von Amerika dabei waren, ihre traditionelle Politik des Sichbeschränkens auf den eigenen Kontinent aufzugeben. Eine neue Ära brach an – die des selbstbewussten Auftretens der jungen wirtschaftlichen Supermacht auf der Weltbühne.

Nach dem Ende des Bügerkrieges 1865 erlebten die USA einen ungeheuren wirtschaftlichen Aufschwung, der das Land rasch an die Spitze des Weltkapitalismus führte. Zu den großen Stärken des Landes gehörten sein immenser Reichtum an natürlichen Ressourcen, seine Gesellschaftsstruktur, in der es keinerlei Aristokratie gab, die sich – so wie in Europa – hätte hemmend auswirken können, weiters der starke Bevölkerungszuwachs, der großteils auf die Einwanderung aus Europa zurückzuführen war, sowie das kapitalistische Ethos, das im Land vorherrschend war.

Vor allem die nördlichen Bundesstaaten erlebten einen ungeahnten industriellen Aufschwung, während das gesellschaftliche und wirtschaftliche Leben im Süden weiterhin auf dem Großgrundbesitz beruhte. Das Anwachsen der Industrie führte zu großen monopolartigen Konzentrationen und zu protektionistischen Bestrebungen, deren Bannerträger die *Republikanische Partei* war. Sie vertrat vor allem die Interessen der Finanz und der Großunternehmer, während die *Demokraten* sich vor allem aus Großgrundbesitzern, Bauern und Bürgern aus dem Süden rekrutierten.

Geist und Organisationsformen des Kapitalismus wurden zu einem wesentlichen Bestandteil des *American way of life.* Die »Eisenbahnbarone« wie Gould, Vanderbilt und Hill, die »Stahlkönige« wie Carnegie und Morgan sowie die Ölmagnaten wie Rockefeller, der Begründer der *Standard Oil Company,* nützten die Gunst der Stunde und erlangten durch ihre wirtschaftlichen Erfolge enormen gesellschaftlichen und politischen Einfluss. Unter ihrer Leitung wurden die USA zur stärksten Industrienation der Welt. 1914 befand sich ein Drittel des weltweiten Eisenbahnnetzes auf US-amerikanischem

PHILIPPINEN
Die Niederlage Spaniens im Krieg von 1898 brachte die Philippinen in den Einflussbereich der USA. Um die direkte Herrschaft über das Land zu erringen, kam es zur militärischen Intervention gegen die dortige Unabhängigkeitsbewegung unter Emilio Aguinaldo.

DIE LUSITANIA IN NEW YORK
Der englische Luxus-Überseedampfer Lusitania *wurde 1906 vom Stapel gelassen, um die Transatlantikstrecke zu befahren. Bei ihrer Ankunft im Hafen von New York nach ihrer Jungfernfahrt konnte niemand ahnen, welch tragisches Schicksal das Schiff 1915 ereilen sollte.*

Territorium. Gleichzeitig waren bereits zwei Millionen Autos auf amerikanischen Straßen unterwegs.
Es gab zwar auch krasse soziale Unterschiede, doch im Allgemeinen setzte die amerikanische Bevölkerung großes Vertrauen in die Institutionen des eigenen Landes. In den ersten Jahren des neuen Jahrhunderts vertrat Roosevelt einen »demokratischen Kapitalismus«, der die Machtbasis der Trusts zwar nicht bedrohte, aber immerhin der Regierung einen gewissen Spielraum zum Eingreifen ins Wirtschaftsleben verlieh, sodass die Privatunternehmen nicht mehr völlig schrankenlos agieren konnten. Als die Erschließung und Kolonisierung des immensen Territoriums der USA schließlich beendet war, verlor man auch einen wesentlichen Antrieb, der das gesamte Leben des Landes beeinflusst hatte – den Drang, sich den Westen zu erschließen. Gegen Ende des 19. Jahrhunderts kam es zu einer zunehmenden Verquickung der wirtschaftlichen Entwicklung der USA mit den außenpolitischen Interessen des Landes. Es begann eine neue Ära in der Geschichte der USA: Der wachsende Imperialismus wendete sich zunächst nach Lateinamerika, dann nach Asien. Durch den Krieg gegen Spanien 1898 gelangten Guam, Puerto Rico und die Philippinen in den amerikanischen Einflussbereich. 1903 bewirkten die USA die Loslösung Panamas von Kolumbien, und 1912 landeten die Marines in Nicaragua. In den Jahren 1914 und 1916 führte die Armee zwei Strafexpeditionen gegen das Mexiko von Pancho Villa durch.
Zu Beginn des Krieges entschied sich Präsident Woodrow Wilson für eine neutrale Haltung. Die USA sollten seiner Ansicht nach die Rolle eines Vermittlers einnehmen. Bis 1917 blieb das Land offiziell neutral, doch ebenso wie man einst die Grenzen des Territoriums immer weiter nach Westen verschob, so war die junge, dynamische Nation bereits von einer neuen zivilisatorischen Mission beseelt. Dieses Sendungsbewusstsein, gepaart mit handfesten wirtschaftlichen Interessen, trieb das Land schließlich dazu, sich auf die Suche nach neuen Einflussgebieten zu machen.

EINE NEUE WIRTSCHAFTSMACHT
Ernte in einem landwirtschaftlichen Betrieb in den USA (1916). Im Verlauf der vergangenen drei Jahrzehnte hatte das Land seinen Anteil am Welthandel verdoppelt. Vor dem Ausbruch des Krieges waren die USA bereits die zweitstärkste Handelsmacht nach England.

Ausflug nach Paris
Elsaß-Lothringen
Auf Wiedersehn

1914

Die ersten Kriegstage

Seit Jahren schon gab es Spannungen zwischen Österreich-Ungarn und Serbien. Am 28. Juli 1914 erreichten sie einen neuen Höhepunkt mit der Kriegserklärung der Donaumonarchie an Serbien. Die sofortige Mobilmachung Frankreichs und Russlands als direkte Antwort an Österreich-Ungarn zeigte jedoch, dass sich die kriegerischen Auseinandersetzungen keineswegs auf die beiden Staaten beschränken würden, obwohl die europäische Diplomatie selbst in der letzten Juliwoche noch durchaus glaubte und hoffte, diesen Krieg abwenden zu können. Unter den Ministern der Donaumonarchie war der Ungar Tisza der Einzige, der auf die Gefahren eines europaweiten Konfliktes hinwies.

Am 1. August folgte Deutschland mit der Kriegserklärung an Russland, dessen Zar die Mobilmachung anfangs nach wenigen Tagen wieder stoppen wollte. Um einen eventuellen Zweifrontenkrieg zu vermeiden, plante Deutschland, zuerst die Franzosen mit Hilfe des Schlieffen-Plans (nach seinem

ÄHNLICHE REAKTIONEN
In allen Ländern ruft die Kriegsmeldung Jubelstimmung hervor: In Wien (siehe vorhergehende Seite) bekunden Soldaten und Offiziere mit erhobenem Degen ihre Kampfbereitschaft; ähnliche Szenen sieht man auch in Paris (rechts), London und Berlin.

REKRUTIERUNG
Ein Plakat in England (ganz rechts) wirbt um Soldaten.

Erfinder, Graf Alfred von Schlieffen, gestorben 1913) zu schlagen, den es schon seit 1905 bereithielt. Die deutschen Armeen sollten in zwei Flügeln durch Belgien gegen Frankreich marschieren, die Ärmelkanalküste von Dünkirchen bis Le Havre besetzen und schließlich Paris einschließen. Die gesamte Operation sollte nicht mehr als 42 Tage dauern und zu einem siegreichen Abschluss gebracht werden, bevor Russland seine Mobilmachung abgeschlossen haben würde und im Osten zuschlagen konnte. Es ging Schlag auf Schlag: Am 2. August besetzten deutsche Truppen Luxemburg, am 3. August erklärte Deutschland Frankreich den Krieg, und am 4. August, als das neutrale Belgien den deutschen Truppen den Durchmarsch durch sein Land verweigerte, wurde es von den Deutschen überrannt.

KONFRONTATION DER BEIDEN BLÖCKE

Aufgrund der Verletzung der Neutralität Belgiens, die am Ende der ersten Hälfte des 19. Jahrhunderts von allen europäischen Mächten anerkannt war, trat nun auch England in den Krieg ein. Während die militärischen Operationen ihren Lauf nahmen, zogen die beiden Bündnisblöcke immer neue Verbündete mit in den Krieg hinein. Aufgrund der deutschen Konkurrenz auf den chinesischen Handelsmärkten erklärte Japan am 23. August Deutschland den Krieg. Am 1. November trat die Türkei auf der Seite der Mittelmächte in den Krieg ein. Italien erklärte sich vorläufig neutral.

In wenigen Tagen war der durch das Attentat von Sarajevo ausgelöste Krieg zwischen Österreich-Ungarn und Serbien zu einem europäischen Krieg und schließlich, erstmals in der Menschheitsgeschichte, zu einem Weltkrieg geworden. Außerdem traten diesmal auch Staaten in den Krieg ein, in denen ein rasantes Bevölkerungswachstum sowie eine industrielle Revolution stattgefunden hatte. Die anderen Staaten hatten sich bereits seit einiger Zeit auf einen eventuellen europaweiten Krieg vorbereitet, sodass nun das Hauptinteresse der meisten Regierungen in der Aufrüstung ihrer Streitkräfte bestand.

VERABSCHIEDUNG DURCH ZAR NIKOLAUS II.
Auch in Russland wird die Mobilmachung enthusiastisch gefeiert. Für Zar Nikolaus II., der im Bild rechts gerade eine Gruppe von Offizieren an die Front verabschiedet, ist es eine Gelegenheit, das internationale Prestige des Landes zu verbessern und die Balkanfrage ein für alle Mal zu lösen.

PARIS EXPRESS
Ein Zug bringt deutsche Soldaten an die Westfront. Alles jubelt, der Krieg – so meint man – wird von kurzer Dauer sein – eine tragische Illusion, wie sich später herausstellen wird.

Die Armeen präsentierten sich zum Zeitpunkt des Kriegsausbruchs in recht unterschiedlicher Stärke. Deutschland betrachtete seit fast einem Jahrhundert die Kriegführung als einen Bereich, der nicht von Aristokraten, sondern von eigenen Spezialisten betrieben werden müsse. Zwischen 1858 und 1888 steigerte die preußische Armee unter dem Kommando von Helmuth von Moltke die Effizienz des Kriegsapparates erheblich. Dabei kam ihm die preußische Militärtradition sehr zugute, aber auch die Tatsache, dass man über eine überaus große Zahl wehrfähiger Männer verfügte und es sich daher leisten konnte, nur die Besten und Fähigsten auszubilden.

1914 konnte sich der deutsche Generalstab, der jetzt unter dem Kommando des Neffen von Moltkes stand, auf eine moderne Logistik, einen ausgeprägten Gemeinschaftsgeist und eine auch zahlenmäßig überaus starke Armee stützen; so konnte Deutschland bereits in den ersten Kriegstagen eine Armee von etwa fünf Millionen Mann aufbieten, was einerseits auf das enorme Bevölkerungswachstum in den letzten Jahrzehnten und andererseits auf die effizient organisierte allgemeine Wehrpflicht zurückzuführen war. Im Gegensatz dazu hatte das verbündete Österreich-Ungarn eine weit geringere Zahl von Soldaten zur Verfügung.

Doch auch auf Seiten der Entente-Mächte Frankreich, Großbritannien und später der Vereinigten Staaten hatte man bereits ein hohes technisches Niveau erreicht und verfügte somit über hochmodernes Kriegsgerät.

Die Entente-Mächte hatten jedoch mit anderen Problemen zu kämpfen. Frankreich, das in den ersten Kriegsmonaten den Kampf praktisch allein führen musste, konnte sich, was die Stärke seiner Armee betraf, mit Deutschland nicht messen. Es gelang jedoch schließlich mit einem Kraftakt, rund vier Millionen Mann aufzustellen. Großbritannien hielt mit seiner gewaltigen Seeflotte, der *Grand Fleet,* die Vorherrschaft auf den Meeren aufrecht. Was aber das Aufgebot an Soldaten betraf, musste auch dieses Land Ende 1916 die zwangsweise Rekrutierung der männlichen Bevölkerung einführen.

PROTAGONISTEN

HELMUTH VON MOLTKE

Er wurde 1848 geboren, und zwar als Neffe des berühmten preußischen Generalfeldmarschalls von Moltke, dem Hauptverantwortlichen für den Sieg gegen Österreich 1866 und gegen Frankreich 1870. Er wurde 1906 von Kaiser Wilhelm II. zum Chef des Generalstabs der Armee ernannt und bekam 1914, als etwas kränklicher 66-Jähriger, die Aufgabe, den Gefechtsplan seines Vorgängers Schlieffen umzusetzen, der für den Fall eines Zweifrontenkrieges gegen Frankreich und Russland ausgearbeitet worden war. Moltke war jedoch gezwungen, den ursprünglichen Plan abzuändern und sieben Divisionen an die Ostfront zu verlegen, um den Vormarsch der Russen aufzuhalten. So kam es zur Niederlage in der ersten Marneschlacht, für die ihm die Hauptverantwortung zugeschrieben wurde. Er wurde als Generalstabschef von General Erich von Falkenhayn abgelöst. Helmuth von Moltke starb 1916.

BERLIN 1914
»Nur die Feinde des Geistes«, schrieb Thomas Mann, »waren gegen einen Krieg, der Deutschland stärker, stolzer, freier und glücklicher hätte machen sollen.«

Zu Kriegsbeginn beschränkte es sich jedenfalls darauf, ein Kontingent von etwa 100.000 Mann, das so genannte Britische Expeditionsheer *(British Expeditionary Force),* auf den Kontinent zu entsenden. Die militärische Stärke Russlands, dessen Humanressourcen aufgrund der Größe des Landes enorm waren, hatte jedoch unter der schlechten Ausrüstung und der nur langsam in Gang zu bringenden Mobilisierung der Truppen zu leiden.

DER RUF ZU DEN WAFFEN

Der Ruf zu den Waffen wurde in allen Ländern Europas generell sehr positiv aufgenommen. Nicht nur das militaristische Deutschland oder Frankreich, wo die Freiheit des Landes auf dem Spiel stand, sondern auch Großbritannien und seine Dominions reagierten begeistert. Von der Propaganda animiert, meldeten sich immer mehr Freiwillige auch unter den Volksgruppen in Österreich-Ungarn, Kanada, Australien, Indien und sogar im Senegal und in Marokko. Die Beweggründe waren vor allem Pflichtgefühl und Vaterlandsliebe, aber auch die Aussicht auf einen fixen Sold sowie bei dem einen oder anderen wohl auch pure Abenteuerlust.

In Großbritannien, wo der Aufruf zum Eintritt in die Armee vor allem bei der Mittel- und Oberschicht gut ankam, wurden Bataillone nicht selten von so genannten *Pals* (Freunden) gebildet, d. h., ein Bataillon setzte sich aus Männern derselben Gegend, aus Arbeitskollegen oder Absolventen desselben College zusammen.

Zu Beginn des Krieges konnte jedoch niemand das Ausmaß des Verlustes in menschlicher und wirtschaftlicher Hinsicht erahnen, den der Krieg allen involvierten Ländern abverlangen würde. Man gab sich stattdessen der großen Illusion hin, dass der Krieg, der im August 1914 seinen Anfang genommen hatte, nur von kurzer Dauer sein würde. Dass die Soldaten noch vor Weihnachten wieder zu Hause sein würden, galt als sicher.

In beiden Lagern herrschte die gleiche Kriegsbegeisterung. Jubelnd verabschiedete man an den Bahnhöfen die Soldaten, die mit der Bahn direkt an die Front ge-

LONDON 1914
Freiwillige melden sich zum Einsatz an der Front. Da es in Großbritannien keine allgemeine Wehrpflicht gab, war man auf die Anmusterung von Männern auf freiwilliger Basis angewiesen. Es war dies das erste Mal seit der Schlacht von Waterloo 1815, dass Großbritannien auf dem europäischen Festland militärisch eingriff.

W A F F E N

DIE DREADNOUGHT

Als man im 19. Jahrhundert begann, die Kanonen auf Kriegsschiffen, die zuvor in den Bordwänden installiert waren, auf eigene schwenkbare Türme zu verlagern, brachte dies auch einige Probleme mit sich: Da man nämlich Kanonen verschiedenen Kalibers verwendete, war es von entscheidender Bedeutung, stets das passende Geschütz in der gewünschten Richtung einsetzen zu können. Dazu kam, dass stets die richtige Munition am richtigen Ort verfügbar sein musste. Aus diesen Problemen entstand der Ruf nach einem Kriegsschiff mit hoher und vor allem einheitlicher Geschützleistung.
Diese Gedanken fanden vor allem in Großbritannien ihren Niederschlag, wo Admiral John Fisher bereits um 1900 für den Bau eines schnellen Linienschiffes mit einheitlichem Geschützkaliber eintrat. Einige Jahre später entwarf Vittorio Cuniberti, ein italienischer Oberst der technischen Marinetruppen, ein kleines Schlachtschiff in zwei Versionen: ein 8000-Tonnen-Schiff mit acht Geschützen, das eine Geschwindigkeit von 22 Knoten erreichte, sowie ein 17.000-Tonnen-Schiff mit zwölf Geschützen, das die gleiche Höchstfahrt erreichte. Die beiden Projekte wurden zwar als zu kostspielig angesehen, doch Cuniberti erhielt zumindest die Erlaubnis, seine Vorstellungen zu publizieren. Und so erschien in dem britischen Standardwerk über Kriegsschiffe *Jane's fighting ships*, Ausgabe 1903, eine Studie mit dem Titel *Ein ideales Schlachtschiff für die englische Marine*. Mit dieser Veröffentlichung wurde aus der Idee John Fishers, der 1904 zum Ersten Seelord ernannt wurde, ein konkretes Projekt: 1905 begann Fisher mit den Arbeiten an dem neuartigen Schiff, und schon am 10. Februar 1906 war es so weit: Die *Dreadnought* (»Fürchtenichts«) wurde vom Stapel gelassen. Neben ihrer neuartigen Artillerie vom Kaliber 30,5 cm war sie auch das erste Schiff, das von Turbinen angetrieben wurde. Überall auf der Welt nahm man sich das neue Schiff zum Vorbild und nannte daraufhin jedes Schlachtschiff eine *Dreadnought* oder Vor-der-*Dreadnought*. Die deutsche Kriegsmarine reagierte nicht sofort, um die Beziehungen mit England nicht weiter zu belasten und sich die sofortige Erweiterung des Kielkanals zu ersparen. Doch 1907 rüsteten auch die Deutschen ihr erstes Schiff mit einheitlichem Geschützkaliber aus; es entstanden die Klassen »Nassau«, »Helgoland«, »König« und »Kaiser«, gefolgt von »Baden« und »Bayern«, die mit acht 38-cm-Geschützen bestückt waren. England entwickelte daraufhin die *King George V.* sowie die *Iron Duke*, die mit 34,3-cm-Geschützen ausgerüstet waren. Zwischen 1915 und 1917 wurden schließlich zehn Super-Dreadnought in Dienst gestellt, die den Klassen »Warspite« (mit *Valiant, Malaya* und *Barham*) und »Royal Sovereign« (mit *Royal Oak, Resolution, Ramillies* und *Revenge*) angehörten. Diese Schiffe waren mit 38,1-cm-Geschützen bestückt. Durch entsprechende Modernisierungen stützte sich die Royal Navy auch im Zweiten Weltkrieg noch auf diese Schlachtschiffe.

Die Abbildung unten zeigt die Dreadnought, *das weltweit erste Schlachtschiff mit einheitlichem Geschützkaliber, das 1906 vom Stapel lief; die Darstellung oben zeigt das Profil der »Super-Dreadnought«* Malaya.

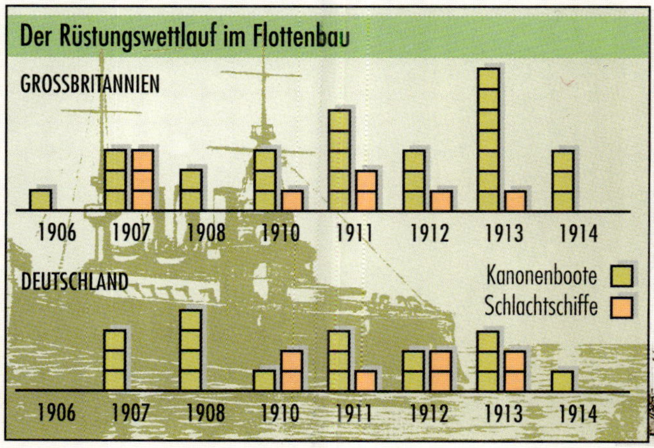

»MIT DEN SERBEN MUSS AUFGERÄUMT WERDEN!«
Dieser Spruch machte vor dem Krieg bei deutschen und österreichischen Militärs die Runde. Für Kaiser Wilhelm II. (im Bild rechts, mit erhobenem Arm) war somit die lang erwartete Gelegenheit zum militärischen Eingreifen gekommen.

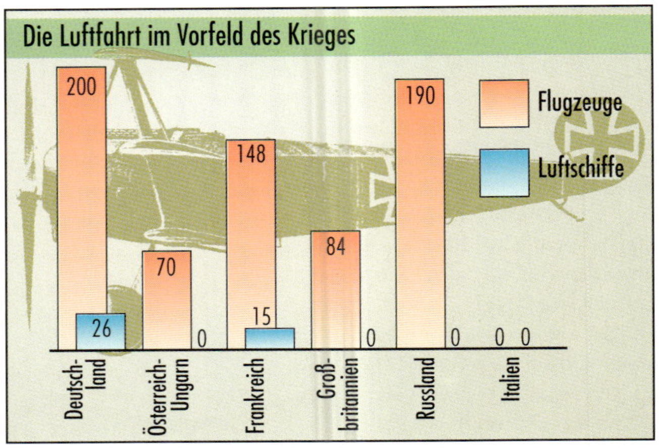

bracht wurden. Durch die Freudenskundgebungen der Bevölkerung, die Versammlungen auf öffentlichen Plätzen und an den Bahnhöfen, bei denen begeistert die Nationalflagge geschwenkt wurde, entstand ein Gefühl der Kameradschaft und Brüderlichkeit, das Gefühl, ein wahrhaft historisches Ereignis mitzuerleben.

DIE NIEDERLAGE DER ARBEITERBEWEGUNG

In dieser Zeit des enthusiastischen Patriotismus stand die internationale Arbeiterbewegung mit ihren Idealen auf verlorenem Posten. Es gelang ihr trotz ihrer pazifistischen und antimilitaristischen Haltung nicht, den Ausbruch des Krieges zu verhindern, aber auch die öffentliche Meinung in den einzelnen Ländern vermochte sie nicht auf ihre Seite zu ziehen.
In allen Ländern Europas überwog die Eintracht gegenüber dem Feind. So stellte man sich in Deutschland gegen die autokratische Herrschaft des russischen Zaren, das revanchistische Frankreich wiederum trat geschlossen gegen seinen Erzfeind Deutschland auf, die Russen waren entschlossen, das Slawentum gegen die deutsche und türkische Bedrohung zu verteidigen, und in Großbritannien herrschte Empörung über die deutsche Aggression gegenüber dem neutralen Belgien.
Überall marschierten schließlich auch die Arbeiter unter der jeweiligen Nationalflagge in den Krieg, vereint in dem Nationalismus, der auf allen Seiten die Oberhand gewonnen hatte.

EINMARSCH IN BELGIEN

Sehr bald schon musste man in Europa erkennen, dass der Krieg sich anders entwickelte als man gedacht hatte. Als die deutschen Truppen in Belgien einmarschierten, sahen sie sich mit einem Widerstand vor allem der Zivilbevölkerung konfrontiert, den man in keiner Weise erwartet hatte.
Anstatt sich aufzulösen, zeigte auch die eher belächelte Armee von König Albert I. unerwartet starke Gegenwehr. General Ludendorff brauchte ganze elf Tage,

MECHELEN
Der alte Marktplatz von Mecheln wurde in ein Lager für die deutschen Truppen umfunktioniert, die auf Brüssel marschierten. Die belgische Hauptstadt fiel erst am 20. August.

ROT UND BLAU
Die rot-blauen Uniformen der Franzosen (rechts) wurden bald durch einheitlich blaue ersetzt, die billiger in der Herstellung waren und überdies eine bessere Tarnung gewährleisteten.

WAFFEN

DAS FLUGZEUG

Der erste, wohl noch etwas wacklige Flug der Brüder Wright fand 1903 statt. Einige Jahre später, 1911, warfen die Italiener in Libyen Handgranaten von einem Flugzeug ab; es war dies wohl die erste Bombardierung aus der Luft. Doch 1914 steckte die Fliegerei immer noch in den Kinderschuhen; sie wurde als eine Art »fliegende Kavallerie« betrachtet, die die Bodentruppen unterstützen sollte. Das Flugzeug wurde folglich zunächst unbewaffnet eingesetzt und übernahm lediglich Aufklärungsaufgaben. Die ersten Versuche, das Flugzeug auch in der Schlacht einzusetzen, sahen so aus, dass mit Pistolen oder Gewehren von Bord aus geschossen wurde. Die Piloten taten ihr Möglichstes, um ins Kriegsgeschehen einzugreifen: So versuchte etwa der russische Pilot Kazakow, mit Hilfe eines Hakens die feindlichen Soldaten gleichsam zu harpunieren. Die Flugzeuge waren nicht selten mit einem Propeller ausgestattet, der als »Treibschraube« hinter dem Piloten angebracht war. Ein Schritt vorwärts in der Verwendung des Flugzeugs als Kriegsgerät war die Montierung von Maschinengewehren.

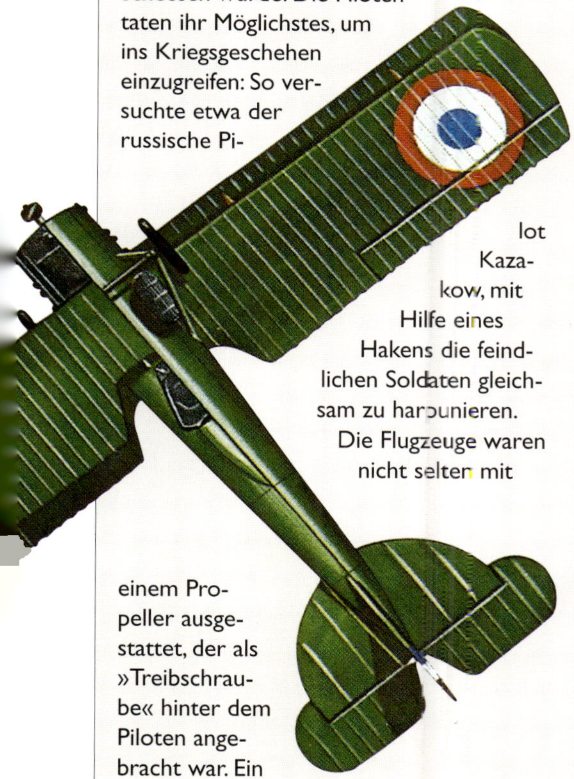

In den zweisitzigen Maschinen kam es dem Beobachter zu, das Maschinengewehr zu bedienen, während in den Einsitzern mit vorn angebrachtem Propeller die Waffe in einem Winkel von 45 Grad über dem Piloten montiert war, damit die Schüsse nicht den Propeller trafen. Im März 1915 stattete der französische Pilot Roland Garros die Propeller seiner Maschine mit Stahlplatten aus, damit er auch voraus feuern konnte und die Schüsse, welche den Propeller trafen, abgelenkt wurden.
Wenige Monate später entwickelten die Ingenieure Heber, Leimberger und Luebbe von der Firma Fokker in Schwerin ein System, mit dem es möglich war, das Maschinengewehrfeuer und die Drehbewegung des Propellers aufeinander abzustimmen. Und so behielt die Fokker E, die eigentlich ein eher durchschnittliches Flugzeug war, dank dieser Feuertechnik den ganzen Winter über die Vorherrschaft in der Luft. Das Pendel der Luftherrschaft schlug bald auf die eine, bald auf die andere Seite aus, je nachdem, wer gerade eine wirkungsvolle Gegenmaßnahme oder ein neues Modell entwickeln konnte. Damals wurden die verschiedensten Flugzeugtypen eingesetzt: Eindecker wie die französische Saulnier N und die deutsche Fokker E, Doppeldecker mit hinten angebrachtem Propeller wie die englische Airco DH und die Royal Aircraft Factory FE, und vor allem solche mit vorn angebrachtem Propeller wie die deutschen Modelle Hannover und Habelstadt CL, die mit ihrem Maschinengewehrfeuer aus geringer Höhe absolut tödlich für jede Infanterie waren; weiters die Typen Albatros, Roland und Fokker, die französischen Modelle Spad, Hanriot und Nieuport und die englischen Typen Avro, Sopwith und Royal Aircraft Factory BE. Sogar Dreidecker (Sopwith und Fokker) waren im Einsatz. Die Italiener hingegen setzten vor allem englische und französische Flugzeuge ein, verfügten aber bald über den hervorragenden dreimotorigen Bomber Caproni sowie die Macchi-Wasserflugzeuge, die vor allem über der Adria zum Einsatz kamen.
Genauso wie der Panzer eröffnete auch der Einsatz von Flugzeugen ganz neue taktische und strategische Möglichkeiten. Bald wurden auch die ersten Langstreckenbomber entwickelt, wahre Giganten der Lüfte, wie die beiden deutschen Modelle Gotha G IV (zweimotorig) und Staaken R VI (viermotorig). Waren es in den Jahren 1915/16 noch die Zeppeline, die Luftangriffe auf London

flogen, so tauchten am 13. Juni 1917 bereits die zweimotorigen Gotha über der englischen Hauptstadt auf. Bei diesem Luftangriff gab es 162 Tote und 400 Verletzte. Während des Zweiten Weltkrieges sollte diese Strategie noch weitaus verheerendere Wirkung zeigen.

Das Bild oben zeigt das französische Fliegerass Georges Guynemer, dem nicht weniger als 54 Abschüsse zugeschrieben werden. Links ist die französische Nieuport Delage 29 zu sehen, die zu spät entwickelt wurde, um noch in den Krieg eingreifen zu können. Ganz oben ist eine deutsche Albatros abgebildet.

KRIEGSARCHIVE: DIE FOTOGRAFIE

Die Fotografie hatte im Krieg schon seit jeher eine nicht unwesentliche Rolle gespielt. Nach ersten Aufnahmen von Schlachtfeldern während des italienischen *Risorgimento* und vor allem während des amerikanischen Bürgerkrieges wurden die militärischen Operationen im Ersten Weltkrieg auf beiden Seiten regelmäßig fotografisch dokumentiert. Die Bilder wurden von der Presse, aber auch zu Propagandazwecken verwendet. **1. LEWIS HINE.** Der Amerikaner Lewis Hine – hier bei der Arbeit in Paris – war einer der berühmtesten Reporter seiner Zeit. **2. WERBUNG.** Eine italienische Anzeige für Fotokameras (1910). **3. AN DER ITALIENISCHEN FRONT** – ein italienischer Militärfotograf. Nach einiger Zeit waren es die Armeen selbst, die eine regelmäßige Fotodokumentation organisierten. **4. DAVID GRIFFITH.** Auch der Film entdeckte den Krieg. Hier der amerikanische Regisseur David W. Griffith bei einem Besuch an der Westfront. **5. KRIEGSSCHULE.** Die Engländer besprechen anhand einer riesigen Fotoleinwand ihre Gefechtstaktik. **6. PIONIER.** Fotoapparat aus dem beginnenden 20. Jahrhundert.

DER BELGISCHE WIDERSTAND
Der hartnäckige Widerstand der Belgier hinderte die Deutschen letztlich daran, den Schlieffen-Plan umzusetzen.
Nebenan: Eine englische Tageszeitung preist den Widerstand der Armee von Albert I. in den höchsten Tönen. Links: Eine deutsche Postkarte feiert den Einmarsch in Antwerpen.

um Lüttich zu besetzen. Erst am 20. August konnte Brüssel eingenommen werden, während sich die Belgier bis zur Hafenstadt Antwerpen zurückzogen, die erst am 9. Oktober in deutsche Hände fiel. Um Belgien zu besiegen, verlegten die Deutschen sich darauf, mit allen Mitteln den Widerstand der Zivilbevölkerung zu brechen. Sie zerstörten zahlreiche Dörfer und verschleppten Zivilisten, und das Land stand bis zum Ende des Krieges unter fremder Herrschaft. In dieser Zeit wurde die bestehende Rechtsprechung außer Kraft gesetzt, viele Fabriken wurden zerstört oder beschlagnahmt, und das Volk hatte unter schwerer Hungersnot zu leiden. König Albert I. ließ jedoch sein Volk nicht im Stich, sondern behielt das Kommando über die Streitkräfte, die im Südwesten des Landes Stellung bezogen hatten. Er wurde zum Symbol jener Werte und Tugenden, für die die Alliierten in den Kampf zogen.
Nachdem die deutschen Truppen bei Mons und Charleroi die Gegenangriffe zurückgeschlagen hatten, die die Franzosen unter General Joffre sowie das Britische Expeditionsheer unter Feldmarschall Sir John French unternommen hatten, mussten sich Briten und Franzosen in den Süden zurückziehen, während die Deutschen in Frankreich einmarschierten. Da sie jedoch auf einige Divisionen verzichten mussten, die an der Ostfront zur Verstärkung gegen die Russen eingesetzt werden sollten, hatten von Moltkes Armeen nicht die nötige Truppenstärke, um den Schlieffen-Plan auszuführen. So beschloss von Moltke, die französische Hauptstadt direkt von Norden und Osten anzugreifen, und nicht – wie ursprünglich geplant – von Süden und Westen.

DIE RETTUNG VON PARIS

Die neue Verteidigungslinie der Franzosen lag nun südlich der Marne und erstreckte sich über ganze 260 km. Sie wurde aus den Truppen gebildet, die zuvor an der Front gestanden hatten. Den Franzosen war nun klar, dass es um nichts weniger als die Rettung ihres Landes ging. Durch den erbitterten Widerstand der Belgier war es ihnen möglich gewesen, sich an der Maas neu zu for-

PROTAGONISTEN

JOHN D. FRENCH
wurde 1852 geboren und begann seine militärische Laufbahn bei der Marine, wo auch sein Vater gedient hatte. Später wechselte er in das Artillerieregiment Suffolk und erhielt schließlich das Kommando über das 19. Husarenregiment. 1899 wurde er nach Südafrika entsandt, wo er als Truppenoffizier der Kavallerie gegen die Buren kämpfte. In der Folge wurde er zum General befördert. Im August 1914 wurde dem mittlerweile bereits 62-Jährigen das Oberkommando für das Britische Expeditionsheer an der Westfront übertragen. French zeigte sich jedoch angesichts mehrfacher schwerwiegender Fehlentscheidungen dieser Aufgabe nicht gewachsen – ein Schicksal, das er mit vielen anderen höheren Offizieren in beiden Lagern teilte. Er unternahm vergebliche und sehr verlustreiche Angriffe auf Ypern, und in der Schlach von Loos, in der die Verluste der Engländer jene der Deutschen bei weitem überstiegen, verspielte er den anfänglichen Vorteil. French wurde im Dezember 1915 versetzt und zum Oberbefehlshaber

der Truppen in Großbritannien ernannt. Zwischen 1918 und 1921 leitete er die Garnisonen in Irland. Am Ende seiner Militärlaufbahn erhielt er den Titel Earl of Ypern. French starb 1925.

SCHLACHTEN

DIE MARNESCHLACHT

Am 3. September 1914 flog der französische Eindecker Blériot von Oberstleutnant Watteau im Aufklärungsflug über die deutschen Linien, die sich etwa 40 km nordöstlich von Paris befanden. Einige Runden genügten Watteau, um sich ein Bild von der Lage zu machen: Die deutsche 1. Armee unter Generaloberst von Kluck hatte östlich von Paris eingeschwenkt, anstatt direkt auf die Stadt loszumarschieren, sodass ihre Flanke ungedeckt blieb.
Schon zu diesem Zeitpunkt war der Schlieffen-Plan, der die Einschließung von Paris vom Meer aus vorsah, im Grunde gescheitert. Die deutschen Truppen hatten zwischen 23. August und 9. September nicht weniger als 340 km zurückgelegt und waren nun zu erschöpft, um den Plan weiter umzusetzen. Außerdem wurden am 25. August zwei Armeekorps an die Ostfront gegen die Russen abkommandiert.
Während man in Berlin alles auf einen raschen Sieg setzte und unaufhörlich Druck auf den Kommandanten der deutschen Streitkräfte, von Moltke, ausübte, entschied dieser, den Schlieffen-Plan fallen zu lassen und die französischen Linien östlich von Paris an einer Schwachstelle zu durchbrechen. Seine Befehle waren jedoch teilweise widersprüchlich und lösten einige Verwirrung aus. Die Armee von Generaloberst von Kluck, die Paris schon relativ nahe war, musste auf einen Angriff auf die französische Hauptstadt verzichten, um den deutschen rechten Flügel zu sichern. Diese Operation war es, die von der französischen Luftaufklärung beobachtet wurde. Der Militärgouverneur von Paris, Gallieni, erkannte sofort die einmalige Chance. Noch bevor General Joffre die entsprechenden Befehle erteilt hatte, befahl Gallieni der gerade erst gebildeten französischen 6. Armee unter General Maunoury, die ungedeckte Flanke von Generaloberst von Kluck anzugreifen. Am 5. September begann die Schlacht an der Marne. Die Franzosen bedienten sich sogar ihrer Pariser Taxis, um möglichst schnell die nötigen Soldaten an die Front zu schaffen. Indessen koordinierte Joffre den Generalangriff. Am 7. September war es den englischen und französischen Truppen gelungen, in eine Lücke der deutschen Verteidigung vorzudringen, die zwischen der 1. und 2. Armee bestand. Am 9. September überquerten die Engländer die Marne in La Ferté mit Unterstützung der französischen 6. Armee im Norden und der 5. Armee im Süden.
In dieser Situation, in der die Schlacht noch keineswegs entschieden war, verlor von Moltke die Nerven und befahl den Rückzug. In Wirklichkeit kamen die alliierten Truppen nur langsam voran und die Deutschen konnten die Stellung im Wesentlichen halten. Vor allem die deutsche 3. Armee hatte einen Vorstoß der Franzosen abgewehrt und ihrerseits den Feind bedroht. Allerdings erwies sich die Kommunikation als sehr schwierig, sodass von Moltke über die wahren Verhältnisse nicht informiert war. Und so fügte er sich in eine Niederlage, die noch keineswegs sicher war. Auf seinen Befehl erfolgte somit der Rückzug aller Streitkräfte. Moltke wurde am 13. September durch General von Falkenhayn abgelöst. Paris war gerettet.

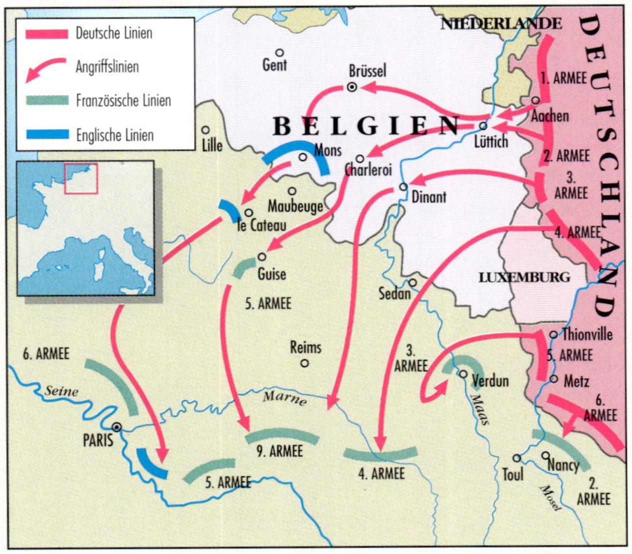

Oben: Der Militärgouverneur von Paris, Joseph-Simon Gallieni (links), und der deutsche Generaloberst Alexander von Kluck. Darunter: Belgische Truppen auf dem Rückzug. Die Maschinengewehre werden von Hunden gezogen. Die im 19. Jahrhundert von fast allen europäischen Armeen verwendeten Uniformen sollten bald durch kostengünstigere und auch eine bessere Tarnung gewährleistendere ersetzt werden.

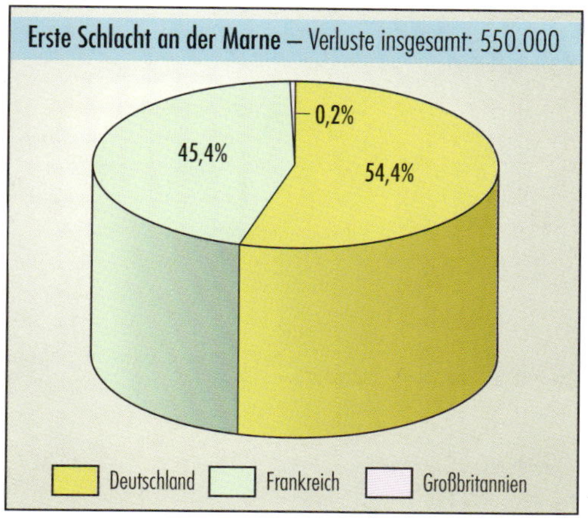

DIE MARNE-SCHLACHT
Die Gegenoffensive der Franzosen an der Marne, mit der sie im September 1914 Paris retten konnten, bestand aus einer Reihe von Angriffen, die die Front und damit auch die Moral der Deutschen erschütterten. Links: Eine Gruppe von deutschen Kriegsgefangenen.

mieren, während die Deutschen durch den langen Marsch erschöpft waren. Ziel der Verteidiger war es, durch einen Angriff von der Flanke den Vormarsch der feindlichen Truppen auf Paris zu stoppen. Die Gegenoffensive des Militärgouverneurs von Paris, General Joseph Gallieni, die von 5. bis 13. September dauerte, war tatsächlich von Erfolg gekrönt.
Nachdem die französische Regierung sich nach Bordeaux geflüchtet hatte, boten die Franzosen all ihre Kräfte auf, um ihre Hauptstadt zu schützen. Mit einer Reihe von erbitterten Gegenangriffen gelang es ihnen, die deutschen Linien endgültig zurückzudrängen.
Aufgrund jener Niederlage, die später als die erste Marneschlacht in die Geschichte eingehen sollte, wurde Moltke an der Spitze des Generalstabs von General von Falkenhayn abgelöst. Obwohl es den deutschen Truppen gelungen war, auf französischen Boden vorzudringen, waren sie mit ihrer Blitzkriegtaktik gescheitert.
Die Häfen an der Atlantikküste blieben in der Hand der Alliierten, sodass diese weiterhin Verstärkung aus Großbritannien erhalten konnten. Das Britische Expeditionsheer war zwar etwas dezimiert worden, erwies sich jedoch als gut ausgebildet und durchschlagskräftig, obwohl die Beziehungen zwischen dem französischen und dem englischen Kommando zu diesem Zeitpunkt nicht gerade als gut zu bezeichnen waren.
Obwohl die Deutschen einige sehr wichtige rohstoffreiche Industriegebiete erobert hatten, waren sie nicht in der Lage, die Offensive im Westen fortzusetzen. Somit fror die Westfront auf einer Linie ein, die sich von der Nordsee bis zur Gebirgskette der Vogesen erstreckte. Die beiden Lager verschanzten sich nur wenige hundert Me-

REKRUTEN
Eine Gruppe von kanadischen Rekruten im Ausbildungscamp. Das britische Expeditionskorps in Frankreich, das zwar zu Beginn des Krieges zahlenmäßig nicht allzu stark war, erwies sich als gut ausgerüstetes, kampftaugliches Heer.

YPERN
Die gescheiterte Offensive in Flandern im Herbst 1914 stellte den letzten Versuch dar, den Bewegungskrieg wieder in Gang zu bringen. Von nun an war man im Stellungskrieg festgefahren.

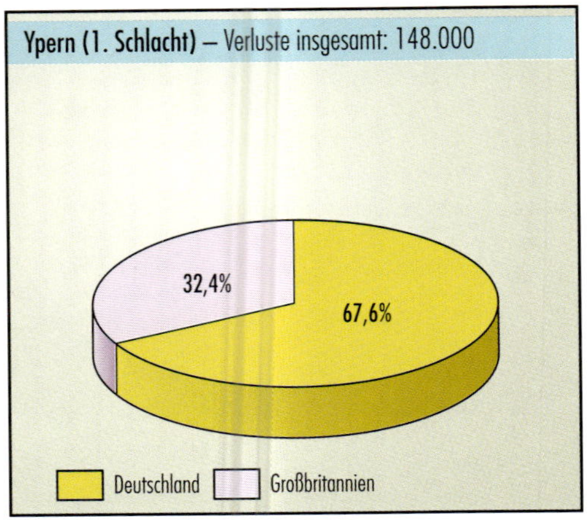

ter voneinander entfernt, entlang einer Linie, die von Ostende über Noyon und Verdun bis Nancy reichte. Abgesehen von einigen wenigen Geländegewinnen verharrte man bis 1918 in diesem Stellungskrieg.
Bevor durch den Wintereinbruch in Europa alle Operationen unmöglich gemacht wurden, versuchten die Deutschen mit Angriffen im Norden, wie etwa der Offensive in Flandern, den Bewegungskrieg wieder aufzunehmen, doch bereits Mitte November mussten diese Aktivitäten eingestellt werden. Inzwischen war schon nach dem ersten Kriegsmonat klar geworden, welch ungeahnte Gräuel dieser Krieg mit sich bringen würde; so hatte etwa die französische Armee schon zu Beginn eine halbe Million Tote und Verwundete zu verzeichnen.

HINDENBURGS TRIUMPH

Dass es den Deutschen nicht gelang, sich in Frankreich durchzusetzen, lag vor allem daran, dass genau das eintrat, was der Schlieffen-Plan zu verhindern trachtete: Mit dem Vordringen der Russen an der Ostfront entstand gleichzeitig eine zweite Front, wodurch Deutschland gezwungen war, Truppen von der Westfront nach Osten zu verlegen.
Auf Ersuchen der Franzosen fielen russische Truppen am 17. August unter Rennenkampf und Samsonow in Ostpreußen ein, sodass die Deutschen unter dem vorsichtig agierenden von Prittwitz sich auf die Verteidigungsstellung an der Weichsel zurückziehen mussten. Die Oberste Heeresleitung in Deutschland hielt von Prittwitz für zu wenig kampffreudig und löste ihn durch die Generäle Hindenburg und Ludendorff ab. Unter ihrer Führung wurde bald eine kühne Gegenoffensive unternommen, und die Bedrohung Berlins konnte durch die Schlacht bei Tannenberg (26. bis 30. August) sowie eine Reihe von darauf folgenden Gefechten, der so genannten Schlacht bei den Masurischen Seen (9. bis 15. September), abgewendet werden. Für die Russen kam dies einer Katastrophe gleich: Rennenkampfs Ar-

MG 08/15
Das MG 08/15 war das am häufigsten eingesetzte deutsche Maschinengewehr im Großen Krieg. Diese wassergekühlte Schusswaffe vom Kaliber 7,92 mm feuerte 400 bis 500 Schuss in der Minute und hatte eine maximale Reichweite von 2000 m.

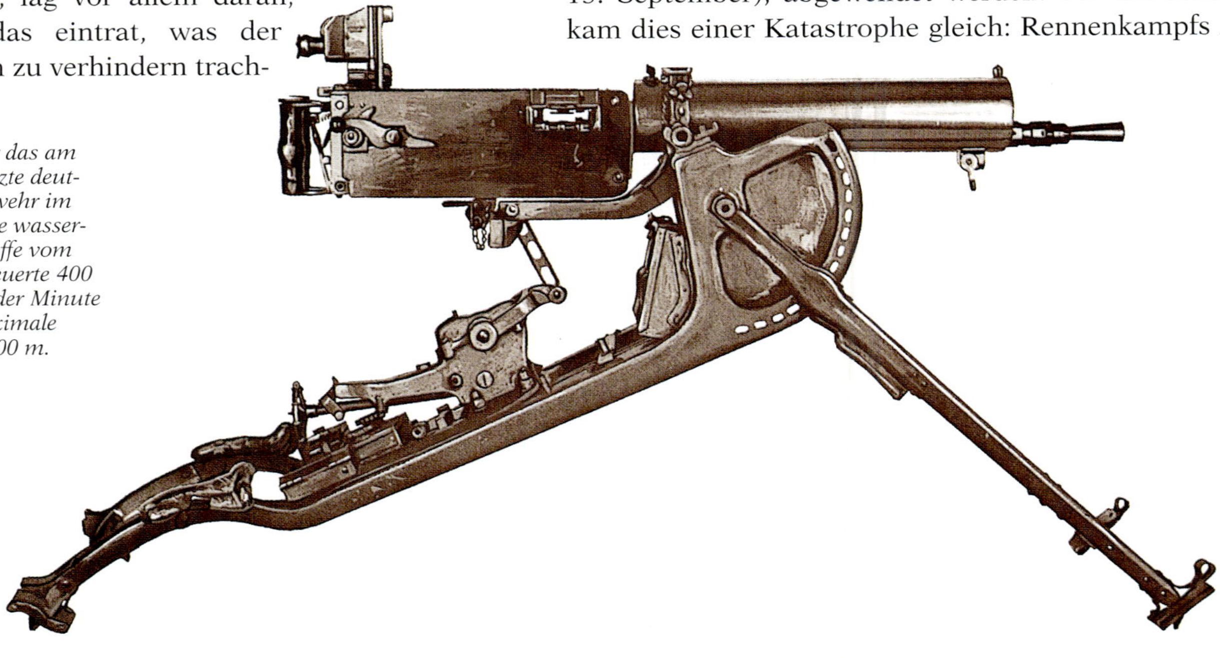

SCHLACHTEN

YPERN

Nachdem das britische Expeditionskorps zwischen 10. und 13. Oktober 1914 nach Flandern verlegt worden war, marschierte es in der Absicht los, die Deutschen abzufangen, die sich nach der Niederlage an der Marne zurückgezogen hatten. Die deutschen Truppen zielten darauf ab, die französischen Häfen an der Kanalküste einzunehmen, um die Verbindung zwischen England und Frankreich zu kontrollieren. Bei diesem Wettlauf zum Meer trafen nun die Briten bei Ypern auf die deutsche 6. Armee unter Kronprinz Ruprecht von Bayern, und so wurde das kleine belgische Städtchen zu einem entscheidenden Schauplatz der Kämpfe an der Westfront. Wenn es den Deutschen gelang, Ypern einzunehmen, würde sich die Küste in unmittelbarer Reichweite befinden. Aus diesem Grund war es für die Alliierten von größter Bedeutung, die Kontrolle über diese Stadt aufrechtzuerhalten. Die Kampfhandlungen begannen am 20. Oktober. Als die Angriffe am 18. November endgültig eingestellt wurden, hatten die Deutschen einen beachtlichen strategischen Vorteil errungen, da sie nun einige wichtige Industriezonen in Frankreich und Belgien besaßen. Doch der Plan der Deutschen, Ypern einzunehmen, war fehlgeschlagen, sodass man sich mit dem Gedanken anfreunden musste, einen langen Abnutzungskrieg zu führen – einen Krieg, der bereits unzählige Opfer gefordert hatte, darunter – so wie in Ypern – auch zahlreiche Studenten und Gymnasiasten. Vor dem Krieg hatten die deutschen Studenten den Militärdienst aufschieben können – bei Kriegsausbruch meldeten sich jedoch viele junge Männer freiwillig und zogen begeistert an die Front. Ohne entsprechende Ausbildung kamen sie gerade in der Schlacht bei Ypern zu Tausenden ums Leben. In einigen Frontabschnitten rund um Ypern herrschte am Weihnachtstag ein inoffizieller Waffenstillstand, bei dem deutsche und britische Soldaten sogar zusammentrafen, um miteinander Fußball zu spielen, Mützen, Abzeichen und Zigaretten zu tauschen und Fotos der Verbrüderung zu machen – ein kurzer Moment der Waffenruhe im Niemandsland, wo sich Deutsche und Engländer bis zum Ende des Krieges gegenüberstehen sollten.

Der Hauptplatz der kleinen belgischen Stadt Ypern, wie er 1918 gegen Ende der vier verheerenden Kriegsjahre aussah.

NIKOLAJ ROMANOW
Großfürst Nikolaj war der Oberbefehlshaber der russischen Armee. Im September 1915 wurde er durch Zar Nikolaus II. ersetzt, der persönlich das Kommando über die Streitkräfte übernahm.

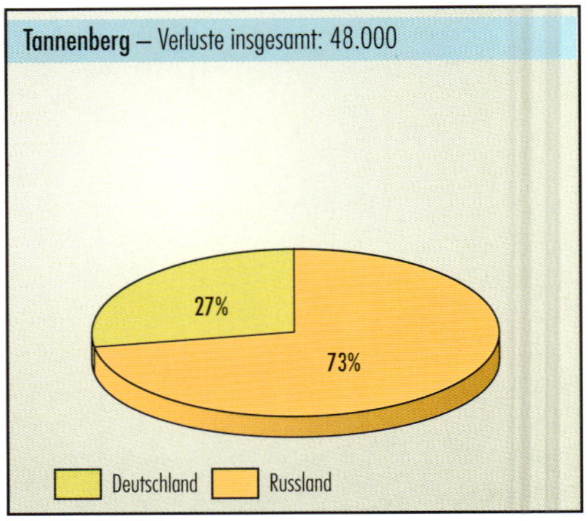

mee war gezwungen, sich bis über die Grenze zurückzuziehen, und die Armee von Samsonow wurde vernichtend geschlagen; dieser nahm sich daraufhin das Leben.

DIE SCHWIERIGE LAGE ÖSTERREICH-UNGARNS

Hindenburg wollte nun den momentanen Erfolg der deutschen Truppen nutzen und schlug daher vor, die ursprünglich defensive Strategie an der Ostfront zu verwerfen und stattdessen in die Offensive zu gehen – ein Plan, mit dem Falkenhayn nicht einverstanden war.
Die russischen Truppen hatten jedoch auch einige Erfolge aufzuweisen – und zwar im Kampf gegen die österreichischen Truppen bei Lemberg (8. bis 11. September), denen sie eine schwere Niederlage zufügten. In der Folge drangen sie vor allem im Süden tief nach Galizien ein. Sie hatten teilweise sogar schon die Karpaten überschritten, sodass sie direkt vor Ungarn standen. Nicht viel besser erging es den österreichischen Streitkräften in ihrem Feldzug gegen Serbien, der Mitte August gestartet worden war. Am 6. November gelang es ihnen zwar, Belgrad einzunehmen, sie mussten die Stadt aber schon vor Weihnachten nach schweren Verlusten wieder aufgeben. Angeführt wurde der serbische Gegenangriff von dem Vojvoden Radomir Putnik, einem Veteranen des Krieges gegen die Türken. Die Offensive von 3. bis 9. Dezember 1914, mit der die feindlichen Truppen aus Belgrad und in der Folge aus ganz Serbien vertrieben werden konnten, machte Putnik zum Volkshelden.
Indessen gelang es auch den Russen, trotz der anfänglichen schweren Niederlagen gegen die Deutschen und der schwierigen Lage in der Heimat, den Feind aufzuhalten. Mit dem Herannahen des Winters kam es schließlich auch an der Ostfront zum Stillstand der Kampfhandlungen.

MG AUF MOTORRAD
Eine russische Spezialität war das auf ein Motorrad montierte Maschinengewehr, das vor allem zur Fliegerabwehr eingesetzt wurde. Man musste ständig improvisieren, um den immer neuen Anforderungen des Krieges gerecht zu werden.
Selbst auf Fahrzeugen wie dem »Dreigespann« hatte die russische Armee ihre Maschinengewehre montiert.

SCHLACHTEN

TANNENBERG

Der dringende Hilferuf Frankreichs, das alle Kräfte aufbieten musste, um Paris zu verteidigen, veranlasste Russland, seine Operationen an der Ostfront zu beschleunigen. Am 17. August 1914 fielen zwei zaristische Armeen, die 1. unter dem Kommando von Rennenkampf und die 2. unter Samsonow, in Ostpreußen ein. In Polen, das als Ausgangspunkt für diesen Angriff diente, waren die Verkehrswege jedoch denkbar schlecht, nachdem man sie absichtlich nicht ausgebaut hatte, um eventuelle Angriffe der Mittelmächte zu verhindern. Als Ironie des Schicksals erwies sich die Tatsache, dass schließlich gerade die schwierigen Verkehrsverbindungen zur Niederlage der Russen führen sollten. Den Russen stand die deutsche 8. Armee gegenüber, die nach dem Ausscheiden von Prittwitz nun unter dem Kommando von Hindenburg stand. Dieser führte nun zusammen mit seinem Stabschef Ludendorff den noch unter Prittwitz ausgearbeiteten Gefechtsplan aus. Es sollte sich als strategische Meisterleistung erweisen, alle Kräfte gegen die 2. Armee zusammenzuziehen und die Russen in eine Falle zu locken. In der Schlacht, die am 26. August 1914 begann, fand sich das Kernstück der russischen 2. Armee bald schon fast vollständig vom Feind eingeschlossen.

Samsonow, ein 54-jähriger Veteran aus dem Russisch-Japanischen Krieg, war mit dem Hauptteil seiner Armee voranmarschiert, ohne darauf zu achten, dass seine Verbindung mit den beiden Flügeln sowie mit der Armee Rennenkampfs aufrecht blieb. Und so marschierten die beiden russischen Armeen in dem Glauben vorwärts, direkt bis Berlin marschieren zu können, und erkannten zu spät, dass sich der Kreis immer enger um sie schloss. Am 30. August konnte Hindenburg den Sieg und die Vernichtung der drei Korps verkünden, die die russische 2. Armee bildeten. Dabei gelangten 100.000 Russen in deutsche Gefangenschaft. Wenige Tage später, vom 9. bis 14. September, konnte die rasch nach Nordosten verlegte deutsche Armee die russische 1. Armee unter Rennenkampf zurückdrängen. Samsonow sollte diese Schlacht nicht überleben: Durch die Niederlage am Boden zerstört, nahm er sich das Leben. Bereits fünf Jahrhunderte zuvor hatte es bei Tannenberg eine Schlacht gegeben, in der König Wladislaw von Polen, unterstützt von russisch-tartarischen Hilfstruppen, das deutsche Ordensheer unter Ulrich von Jungingen besiegt hatte. Nun jedoch wurde Tannenberg zum Symbol der deutschen Wiedereroberung. 1927 wurde dort das sogenannte Tannenbergdenkmal errichtet, das 1945 von den Polen gesprengt wurde. An diesem Ort wurde auch Hindenburg 1934 in einer feierlich schaurigen Zeremonie in Gegenwart des neuen Reichskanzlers Adolf Hitler zu Grabe getragen.

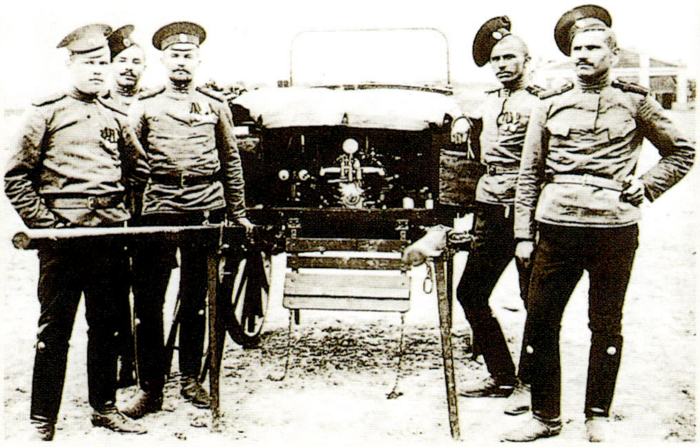

Links: General Alexander Samsonow, Kommandant der russischen 2. Armee. Erschüttert von der vernichtenden Niederlage bei Tannenberg, nahm er sich das Leben. Mitte: Eine Gruppe russischer Soldaten posiert vor einer mobilen Funkstation.

ALBANIEN
Versammlung im Hof einer Kaserne in Albanien. Auf dem Balkan hatten die österreichisch-ungarischen Truppen mehr Mühe als ursprünglich angenommen, um mit dem serbischen Widerstand fertig zu werden.

TÜRKISCHE MASCHINENGEWEHRE
Der Eintritt des Osmanischen Reiches in den Krieg war eine Hiobsbotschaft für die Entente-Mächte, die gehofft hatten, Istanbul aus dem Krieg herauszuhalten.

DAS OSMANISCHE REICH GREIFT EIN

Im Herbst 1914 trat auch das Osmanische Reich auf der Seite der Mittelmächte in den Krieg ein. Dies konnte als bedeutender politischer Erfolge der Deutschen gewertet werden – hatte sich doch Großbritanniens Diplomatie während des ganzen Sommers redlich bemüht, dies zu verhindern und sich zumindest die Neutralität der Türken zu sichern.

Schon im August, als zwei deutsche Panzerkreuzer, die *Goeben* und die *Breslau*, die Dardanellen durchquert hatten, die seit dem Berliner Kongress entmilitarisiert waren, hatte die Türkei gezeigt, auf wen sie als Bündnispartner setzen würde. Laut offizieller Version handelte es sich jedoch um einen von der türkischen Regierung ausgehandelten Kauf als Ersatz für die beiden Schiffe, die man in England in Auftrag gegeben hatte und die wegen der Mobilmachung nicht überstellt worden waren. Im Oktober beschossen die beiden Kreuzer, die nun unter türkischer Flagge fuhren, die russischen Häfen Odessa und Sewastopol. Drei Tage später erklärte Russland dem Osmanischen Reich den Krieg. Die neue Front am Kaukasus sollte den zaristischen Armeen ein langsames, aber unaufhaltsames Vordringen bis an den Oberlauf des Tigris eröffnen.

Von den Entente-Mächten war es vor allem Großbritannien, dem am Zerfall des Osmanischen Reiches gelegen war – vor allem deshalb, weil man die persischen Erdölleitungen nicht verlieren wollte. Im November 1914 annektierte Großbritannien die Insel Zypern, während ein Expeditionskorps von Indien nach Persien vorrückte und Basra einnahm. Im Dezember erklärte England Ägypten zum britischen Protektorat, vor allem, um die Kontrolle über den Suezkanal an sich zu reißen. Die *Grand Fleet* scheiterte jedoch in dem Versuch, die Durchfahrt durch die Dardanellen zu erzwingen und wurde von türkischen Streitkräften zurückgedrängt, die dabei von deutschen U-Booten unterstützt wurden.

DER SEEKRIEG

Mit dem Beginn des Krieges war auch eine Konfronta-

DAS MANÖVER DER BRESLAU
Der Panzerkreuzer Breslau *läuft im August 1914 in den Hafen von Istanbul ein, nachdem er den britischen Schiffen im Mittelmeer entwischt war. Die türkische Regierung hatte die* Breslau *zusammen mit einem weiteren deutschen Schiff, der* Goeben*, erworben und setzte sie in der Folge bei ihren Angriffen auf mehrere russische Häfen im Schwarzen Meer ein.*

PROTAGONISTEN

PAUL L. VON HINDENBURG

wurde 1846 in Posen im Herzen von Preußen als Sohn einer preußischen Offiziers- und Gutsbesitzerfamilie geboren, die auf eine jahrhundertealte militärische Tradition zurückblicken konnte. 1866 wurde er für den Sieg gegen die Österreicher bei Königgrätz mit dem Roten Adler ausgezeichnet. 1870 bekam er das Eiserne Kreuz für den Sieg gegen die Franzosen. Doch seine Karriere war zu diesem Zeitpunkt noch keineswegs außergewöhnlich. Er war nicht besonders vermögend und genoss auch nicht die Sympathie des Hofes. Dass er einmal zu einer der gefeiertsten Symbolfiguren des Landes aufsteigen würde, war damals noch nicht absehbar. 1911 ging er in den Ruhestand, wurde jedoch 1914 reaktiviert, um die Führung über die 8. Armee zu übernehmen, die Preußen verteidigen sollte. An seiner Seite stand Erich Ludendorff als Stabschef. Die Siege bei Tannenberg und den Masurischen Seen waren besondere persönliche Triumphe. Im November erhielt er – nun bereits als Feldmarschall – das Kommando über die gesamte Ostfront und wurde 1916 Chef des Generalstabs des Feldheeres. Hindenburg war nun bei Soldaten und Volk gleichermaßen beliebt und galt als Symbolfigur des Sieges. Es war jedoch sein Stabschef Ludendorff, der die Gefechtspläne entwarf. Mit seiner Hilfe konnte Hindenburg die Ostfront konsolidieren und die so genannte »Hindenburglinie« errichten. Trotz mehrerer erfolgreicher Offensiven konnte er die schlussendliche Niederlage Deutschlands nicht abwenden. 1918 trennten sich die Wege von Hindenburg und seinem Stabschef. Ludendorff trat aus dem Militärdienst aus, und Hindenburg musste den Waffenstillstand hinnehmen.

Nach dem Krieg, zur Zeit der Weimarer Republik, erinnerte man sich des »Helden von Tannenberg« und ernannte ihn 1925 zum Reichspräsidenten – und zwar in dem vergeblichen Versuch, den aufkommenden Nationalsozialismus einzuschränken. Der alte General setzte jedoch schließlich Hitlers Aufstieg zur Macht nichts entgegen.

ERICH LUDENDORFF

wurde 1867 auf Gut Kruszewnia bei Posen geboren. Ludendorff machte seinen Weg dank seiner außergewöhnlichen Intelligenz. Als Schüler von Schlieffen und Moltke arbeitete er von 1903 bis 1913 an der Modernisierung des Heeres. 1914 wurde er zum Oberquartiermeister im Armeeoberkommando ernannt.

Schon zu Beginn des Krieges trat er durch die Planung und Beteiligung an der Besetzung der belgischen Stadt Lüttich hervor. Er war überaus ehrgeizig und – obwohl kein Adeliger – am Hof gern gesehen. Vom Charakter her bildete er die ideale Ergänzung zu dem geduldigen, nachdenklichen Hindenburg, dessen engster Mitarbeiter an der Ostfront er wurde, wo er 1916 zum Generalquartiermeister aufstieg.

Die Großoffensiven 1918, die die Allierten auf eine harte Probe stellten, waren weitgehend auf ihn zurückzuführen. Ludendorff nutzte seine militärische Position, um Einfluss auf die Politik zu nehmen; so bewirkte er den Sturz von Reichskanzler Bethmann-Hollweg, der durch den kriegsfreudigeren Michaelis ersetzt wurde. Ludendorff war außerdem für die Ausrufung des uneingeschränkten U-Boot-Krieges verantwortlich.

Im Oktober 1918 trat Ludendorff, erschüttert von der Niederlage, überstürzt zurück und ging nach Schweden. In die Heimat zurückgekehrt, schloss er sich der extremen, republikfeindlichen Rechten an und spielte eine wichtige Rolle im Putsch von General Kapp 1920 und dem Putsch von Hitler in München (1923). 1925 kandidierte er für die Nationalsozialisten, wo er Hindenburg herausforderte, jedoch nur wenige Stimmen erhielt. Danach unterstützte er Adolf Hitler, zog sich jedoch bald ins Privatleben zurück und starb am 20. Dezember 1937 in München.

Links oben: Die deutschen Generäle Hindenburg und Ludendorff. Oben rechts: Das Eiserne Kreuz, eine hohe Auszeichnung in der deutschen Armee. Unten: Diese imposante Statue wurde in Berlin noch während des Krieges zu Ehren Hindenburgs errichtet.

SCHLACHTEN

CORONEL UND FALKLAND

1914 befand sich das am weitesten von Deutschland entfernte Kreuzergeschwader in den Gewässern Ostasiens, vor Tsingtau. Kommandiert wurde es von Admiral Maximilian von Spee. Sein Geschwader bestand aus den beiden Panzerkreuzern *Scharnhorst* und *Gneisenau* sowie den leichten Kreuzern *Emden, Nürnberg, Dresden* und *Leipzig*. Als der Krieg ausbrach, griff von Spee zunächst Tahiti an, um dann im Oktober in chilenische Gewässer vorzudringen. Währenddessen lag im Hafen von Port Stanley auf den Falklandinseln der britische Konteradmiral Christopher Cradock mit seiner Einheit vor Anker. Obwohl sein Verband dem der Deutschen weit unterlegen war, umschiffte er Kap Hoorn, um von Spee entgegenzutreten. Das Aufeinandertreffen erfolgte am 1. November 1914, südlich der chilenischen Stadt Coronel, im Golf von Arauco. Etwa um 19 Uhr eröffnete die *Scharnhorst* das Feuer, welches von der *Good Hope* unter Cradock erwidert wurde, während die *Monmouth* von der *Gneisenau* angegriffen wurde. Die *Good Hope* wurde schwer getroffen, setzte aber dennoch mit Unterstützung der *Glasgow* den Kampf fort. Die *Scharnhorst* verringerte die Entfernung von 9000 auf 4500 m und verstärkte den Beschuss, sodass die *Good Hope* schließlich kurz nach 20 Uhr unterging. Auch die *Monmouth,* die durch Torpedobeschuss von der *Nürnberg* schwer angeschlagen war, versank gegen 21 Uhr in den Fluten. Bei den Engländern gab es keine Überlebenden, während die Deutschen nur drei Opfer zu beklagen hatten. Die Niederlage Großbritanniens war niederschmetternd – doch Admiral John Fisher bereitete wenig später einen Gegenangriff vor und stellte Vizeadmiral Sturdee drei Einheiten der *Grand Fleet* zur Verfügung, darunter die Schlachtkreuzer *Inflexible* und *Invincible*. Von Spee, dem währenddessen die nötige Verstärkung aus Berlin verweigert worden war, lief am 1. Dezember von Valparaiso aus und steuerte auf den Atlantik zu, um die Engländer abzufangen. Nachdem er Kap Hoorn hinter sich gelassen hatte, nahm er Kurs auf den britischen Stützpunkt von Port Stanley, um diesen unter Beschuss zu nehmen.

Hier stieß er am 8. Dezember auf Sturdees Verband, der sich mit dem von Konteradmiral Stoddart vereinigt hatte. Anstatt den Gegner beim Betanken anzugreifen, suchte von Spee das Weite. Um 10.30 Uhr nahmen die Briten die Verfolgung auf und holten ihn um etwa 13 Uhr ein, da ihre Schiffe um einiges schneller waren. Die *Inflexible* stellte schließlich die *Leipzig,* die, schwer getroffen, aus dem Verband zurückfiel – zusammen mit zwei leichten Kreuzern. Von Spee eilte den Schiffen zu Hilfe und hielt dem feindlichen Beschuss zwei Stunden lang stand – doch schließlich, um 16.17 Uhr, kenterte die *Scharnhorst* und sank zusammen mit ihrem Kommandanten. Die *Gneisenau* versank um 18.02 Uhr in den Fluten und nahm einen der beiden Söhne von Spees mit sich. Wenig später hatten die britischen Schiffe auch die *Leipzig,* auf der nur 18 Seeleute überlebten, sowie die *Nürnberg* besiegt, auf der auch der zweite Sohn von Admiral von Spee sein Leben lassen musste. Mit dem Sieg bei den Falklandinseln, welcher der klugen Strategie Admiral Fishers zu verdanken war, gewann die Royal Navy ihre Seevorherrschaft zurück.

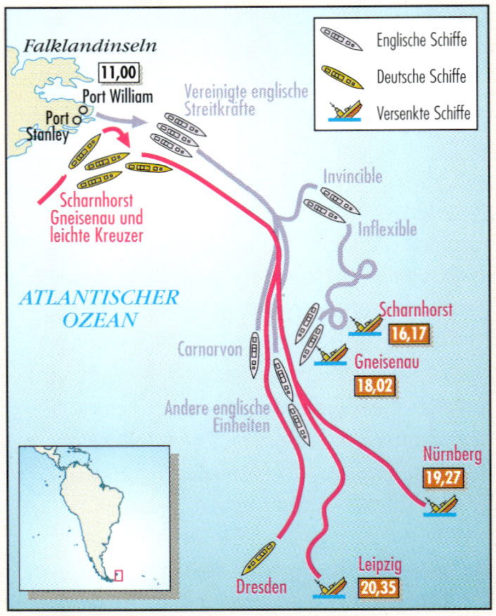

Oben: Kommandant Cradock, der auf der Good Hope *bei Coronel unterging. Unten: Der Panzerkreuzer* Scharnhorst, *das imposante Flaggschiff des deutschen Kreuzergeschwaders, im Pazifik.*

SERBISCHE ARTILLERIE
Im Dezember 1914 gelang es den Serben unter General Putnik, Belgrad zu befreien.

DER BEITRAG DER DOMINIONS
Australische Truppen im Hafen von Melbourne kurz vor dem Aufbruch nach Europa. Großbritannien konnte auf sein riesiges Kolonialreich zurückgreifen, als es galt, Streitkräfte für den Krieg aufzubieten.

tion zur See zwischen Großbritannien und Deutschland unausweichlich geworden. Auf diese Auseinandersetzung hatten beide Lager sich bereits seit Beginn des 20. Jahrhunderts vorbereitet.
Die Kriegführung zur See hatte im Laufe des 19. Jahrhunderts eine rasante Entwicklung erfahren. Man verfügte nun mit dem Unterseeboot über eine neue tödliche Waffe; außerdem hatten große Dampfschiffe, die mit Geschützen von bis zu 15 km Reichweite bestückt waren, die veralteten Segelschiffe aus Holz verdrängt, deren Kanonen nur Ziele aus nächster Nähe beschießen konnten.
In den ersten Kriegsmonaten waren die Meere jedoch nur Schauplatz von eher kleineren Auseinandersetzungen. Die Briten hatten anfangs die Vorherrschaft auf den Meeren inne, während sich die deutsche Flotte zunächst auf Erkundungsfahrten in der Nordsee beschränkte, bevor sie schließlich die Ostküste Englands unter Beschuss nahm.
Am 28. August griffen die Kreuzer eines englischen Geschwaders unter David Beatty einige deutsche Zerstörer in der Bucht von Helgoland an. Die deutsche Hochseeflotte verlor insgesamt sechs Kreuzer.
Das folgenschwerste Aufeinandertreffen fand jedoch nicht in Europa, sondern in südamerikanischen Gewässern statt, und zwar in den Schlachten bei Coronel und den Falklandinseln.
Ende 1914 war die Hoffnung auf einen kurzen Krieg bereits geschwunden, und es schien, als würden die beiden Blöcke in einer Art Pattstellung verharren. Nachdem die deutsche Offensive auf Paris gescheitert war, mussten sich die Mittelmächte auf einen Zweifrontenkrieg einstellen. In Galizien und Serbien wurde die mangelhafte Vorbereitung der österreichisch-ungarischen Armeen offenbar. Zu Weihnachten 1914 hatten die Serben unter General Putnik die Hauptstadt Belgrad bereits wieder in ihrer Hand. Von nun an sollte die Donaumonarchie mehr denn je auf ihren deutschen Bündnispartner angewiesen sein.

IM SCHÜTZENGRABEN
Ein deutscher Schützengraben an der Westfront: Wenige Monate genügten, um die Illusion auf einen raschen Sieg zunichte zu machen. Von nun an sollte der Stellungskrieg mit seinen Schützengräben eines der charakteristischen Merkmale dieses Krieges werden. In diesen Unterständen, die bald schon von einem Provisorium zu einer ständigen Einrichtung wurden, mussten die Soldaten fast vier Jahre verbringen.

BRITONS
"WANTS
YOU"
JOIN YOUR COUNTRY'S ARMY!
GOD SAVE THE KING
Reproduced by permission of LONDON OPINION
L'IDEA NAZIONAL
POSTA

1 9 1 5

Die große Illusion

Sollte Ende 1914 noch irgendjemand gehofft haben, dass der Krieg rasch zu Ende gehen könnte, so wurden diese Erwartungen 1915 mit Sicherheit zunichte gemacht. Keiner der beiden Blöcke war in der Lage, sich durchzusetzen, und jede Offensive kam relativ rasch wieder zum Stillstand. Die Kriegführung war nicht mehr von Angriff und Truppenverschiebung gekennzeichnet, sondern von einem oftmals zermürbenden Halten der Stellungen.
Angesichts des Ausmaßes des Konfliktes sowie der Tatsache, dass ein baldiges Ende nicht abzusehen war, stellte sich auf beiden Seiten ein großes Problem: Die jeweiligen Verbündeten mussten versuchen, zu einer möglichst wirkungsvollen gemeinsamen Linie zu finden. Man kämpfte zwar für die gleiche Sache, verfolgte jedoch darüber hinaus noch eigene Ziele, was den Zusammenhalt innerhalb des Bündnisses schwächte. So machte etwa Österreich-Ungarn kein Hehl daraus, dass man mit der Zusammenarbeit mit dem deutschen Verbündeten nicht zufrieden war, dessen Oberkommando

LA BELLA MORTE
Vorhergehende Seite: Der Tod im Schützengrabenkrieg hatte mit einem »schönen Tod«, wie ihn die Propaganda darstellte, wenig zu tun.

BEOBACHTER
Die Beobachter im Fesselballon wurden oftmals zum Ziel feindlicher Flugzeuge.

KOMMUNIKATION
Dieser deutsche Soldat mit seinem Feldtelefon war für die Nachrichtenübermittlung zuständig.

traditionell sehr autoritär war. So kam es zwischen den beiden Generalstabschefs, nämlich Erich von Falkenhayn auf deutscher Seite und Franz Graf Conrad von Hötzendorf im österreichischen Lager, immer wieder zu Meinungsverschiedenheiten.

NEUER KRIEG, ALTE STRATEGIEN

Ein weiteres Problem, das sich aufgrund der zentralistischen hierarchischen Strukturen ergab, war die schleppende Verbindung zwischen den verschiedenen Hauptquartieren und der Front. Bevor ein Befehl zu den Truppen gelangte, musste er erst umständlich von einer Sprosse der hierarchischen Leiter zur nächsten getragen werden, was nicht selten ein rasches militärisches Reagieren unmöglich machte. Doch diese Ineffizienz in der Verbindung hatte auch technische Gründe. Der gleichzeitige Einsatz von Infanterie, Artillerie und Luftaufklärung hätte nach einem modernen Kommunikationssystem verlangt, das jedoch noch nicht vorhanden war. Da die ersten Exemplare eines Handfunksprechgeräts erst ab 1918 verfügbar waren, musste man sich vor allem auf das Feldtelefon verlassen, dessen Leitungen sehr oft von feindlichen Bomben außer Gefecht gesetzt wurden. Darüber hinaus gab es noch traditionelle Methoden wie den Einsatz von Brieftauben oder von Kurieren, was nicht nur langsam, sondern auch mit großer Unsicherheit behaftet war.

Bei all diesen Problemen kam Truppenverstärkung oft nicht rechtzeitig an die Front, um einen erreichten Durchbruch zu festigen. Und so war es ein durchaus gewohntes

LEBEN IM SCHÜTZENGRABEN
Ein österreichischer Schützengraben an der Ostfront: Die endlos scheinenden Tage sind von den immer gleichen Handgriffen geprägt, wie etwa dem Instandhalten des Gewehres.

W A F F E N

IM SCHÜTZENGRABEN

Mit dem Panzer und später auch dem Flugzeug verfügte man im Laufe dieses Krieges über zusätzliche Möglichkeiten, die die Kavallerie früherer Tage ersetzten. Dennoch war es die Infanterie, die auch in diesem Krieg noch im Mittelpunkt des Geschehens stand. Sie war es auch, die die typischen Waffen dieses Großen Krieges einsetzte: Maschinengewehr, Flammenwerfer und Gas (Senf-, Chlorgas). Vor allem aber war es der Schützengraben, der zum Sinnbild dafür wurde, wie die feindlichen Truppen einander gegenüberstanden, ohne einen entscheidenden Vorteil herausholen zu können. Entwickelt wurde dieses Mittel der Kriegführung bereits im 19. Jahrhundert, wo es auf verschiedenen Schauplätzen vor allem bei Belagerungen zum Tragen kam. Nun wurde es zum wichtigsten Instrument des Stellungskrieges.

Die ersten Schützengräben im Großen Krieg entstanden 1914 bei Ypern, um auf diese Weise die Trichter miteinander zu verbinden, die durch feindliche Granaten entstanden waren. Ein Jahr später war die Frontlinie bereits ein durchgehendes System von Schützengräben, die in zwei oder drei parallelen Linien verliefen, welche miteinander in Verbindung standen. Bisweilen handelte es sich um gut geschützte Unterstände, zumeist aber lediglich um rasch ausgehobene Gräben.

Für gewöhnlich erstreckten sich zwischen den Schützengräben der feindlichen Lager 100 bis 200 m Niemandsland, doch 1917 am Frontabschnitt Vimy waren die Franzosen von den Deutschen nur etwa 30 m voneinander entfernt. Im Osten, wo die Operationen noch am ehesten einem Bewegungskrieg glichen, waren die feindlichen Linien im Schnitt 5 km voneinander getrennt.

Die Soldaten verbrachten die meiste Zeit in den Gräben – und das unter denkbar schlechten hygienischen Bedingungen. Die Engländer beispielsweise hatten die Regelung, dass jeder Soldat vier Tage in der vordersten Linie blieb, worauf er für zwölf Tage den Hilfstruppen zugeteilt wurde. Daraufhin gehörte er für unterschiedlich lange Zeit den Reserveeinheiten an.

Das Leben im Schützengraben war von Müdigkeit und Erschöpfung geprägt. Es war eine äußerst zermürbende Angelegenheit, sich in den gewundenen Gängen zu bewegen, in denen die Soldaten zusammengepfercht waren. Besonders nervenaufreibend müssen auch die langen Stunden des Wartens zwischen den Angriffen gewesen sein – geprägt von der ständigen Angst vor einem vernichtenden Schlag der feindlichen Artillerie oder einem Scharfschützen, während man versuchte, sich von den Schrecken des letzten feindlichen Sturmangriffs zu erholen.

Der Schützengraben wurde zwar immer wieder als Symbol für die Kameradschaft unter den Soldaten verbrämt – doch die Wirklichkeit sah anders aus: Es war dies ein Ort des Bangens und Wartens, bis schließlich der Feind angriff oder man selbst zum Sturm auf die feindlichen Stellungen ansetzte – dem feindlichen Maschinengewehrfeuer entgegen.

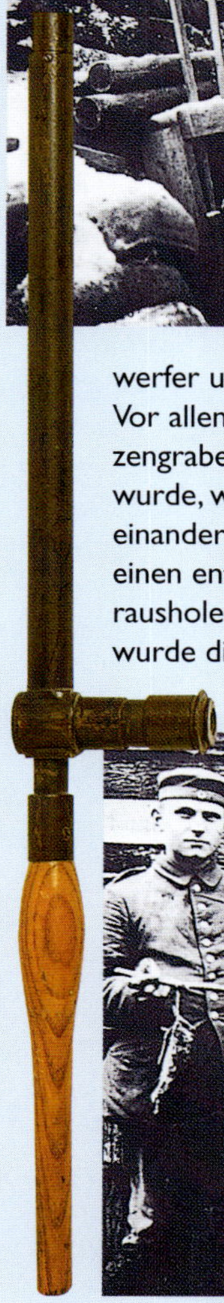

Oben, von links nach rechts: Englische Soldaten in einem Schützengraben in Flandern, im Winter 1917. Daneben ein deutscher Schützengraben, mit Stahlplatten geschützt, in den Argonnen. Die Abbildung links oben zeigt ein Periskop, wie es in englischen Schützengräben verwendet wurde, sowie links das Ergebnis einer Jagd auf Mäuse, die – so wie in diesem deutschen Schützengraben – eine regelrechte Plage darstellten.

Briefe im Krieg

Einer der wenigen frohen Momente im Alltag des Schützengrabens war stets die Ankunft des Feldbriefträgers, der Post von zu Hause brachte. Für die Frauen, die daheim warteten, bedeutete die Ankunft eines Briefes oder einer Karte wiederum die momentane Gewissheit, dass der Ehemann, der Sohn oder der Vater noch lebte. Das Bedürfnis, den Kontakt aufrechtzuerhalten, brachte Hunderttausende Menschen dazu, ihre Gefühle in Worte zu fassen – auch wenn sie vielleicht kaum mit der Feder umgehen konnten oder gar Analphabeten waren.

Außer dem Krieg gab es nur eine Erfahrung, die Männer und Frauen in diesem Maß zum Schreiben veranlasst hat: die Emigration. In solchen Situationen, wo Menschen auseinander gerissen wurden, vermochte allein ein Brief eine Verbindung herzustellen, die das lange Warten ein wenig erträglicher machte. Der, der wegging – sei es als Emigrant oder als Soldat –, verlor nicht allein den Kontakt zu seiner Familie, sondern wurde auch aus seiner gewohnten Umgebung herausgerissen, sodass sein Bedürfnis, den Kontakt mit daheim aufrechtzuerhalten, umso stärker gewesen sein muss. Es war dies ein Weg, seine Identität inmitten all der Menschen zu bewahren, die das gleiche Schicksal zu ertragen hatten. Oft wurden Briefe unmittelbar vor einem Sturmangriff geschrieben. »Ein infernalisches Feuer aus Artillerie und Bomben bricht rund um uns in diesem Augenblick los, wo ich dir schreibe ... Nie zuvor habe ich eine solche Zerstörung gesehen«, schrieb ein italienischer Offizier am 10. Oktober 1916 wenige Stunden, bevor er starb. »Und doch ist meine Seele ruhig – dank deiner Hilfe und der Hilfe Gottes, zu dem du gewiss inbrünstig betest ... Und so werde ich meine Pflicht erfüllen bis zuletzt ...«

Die Militärkommandos waren sich dieses Bedürfnisses wohl bewusst und gestanden deshalb ihren Soldaten das portofreie Abschicken von Karten in die Heimat zu. Da viele der Männer nicht schreiben konnten, wurden oft Karten mit vorgedruckten Grußworten oder Propagandaphrasen verwendet, die der Betreffende nur noch zu unterschreiben brauchte.

Angesichts dieses Briefverkehrs mit der Heimat führten die Militärkommandos jedoch auch ein Netzwerk der Zensur ein – einerseits, um zu verhindern, dass Informationen, die geheim bleiben sollten, nach außen drangen, andererseits aber auch, um der Verbreitung von Gedanken entgegenzutreten, die als unpatriotisch betrachtet wurden. Derartige Mitteilungen machte der Zensor mit einem dicken schwarzen Strich zunichte.

Von oben nach unten: Briefkasten an der Isonzofront; Werbung für eine Feder – ein »ideales Geschenk« für den Soldaten. Auf dem Bild unten wird hinter den österreichischen Linien an der russischen Front die Post sortiert.

DOPPELDECKER
Bei diesem englischen Doppeldecker des Typs De Havilland ist der Propeller hinten angebracht – eine Lösung, die noch einige Jahre beibehalten wurde.

DEUTSCHE KAVALLERIE
Die Kavallerie spielte im Ersten Weltkrieg generell eine sehr eingeschränkte Rolle. Nur im Nahen Osten konnten die Briten ihre Kavallerie mit einigem Erfolg einsetzen.

Bild, dass die Truppen zwar einen Keil in feindliches Gebiet vorantreiben konnten, sich dann jedoch mangels rechtzeitig eintreffener Hilfstruppen einem feindlichen Gegenangriff ausgeliefert sahen, der von drei Seiten erfolgte. Bei Neuve Chapelle, am 10. März 1915, dauerte es fünf Stunden, bis Verstärkung eintraf, was den englischen Vorstoß zum Scheitern brachte. Dasselbe passierte im Mai an der Vimy-Hügelkette, wo die französischen Truppen eine Offensive starteten. Die Kavallerie, das traditionell stärkste militärische Element, um Druck auf den Feind auszuüben, war nicht mehr zeitgemäß, auch wenn es nicht an Gelegenheiten mangelte, sie einzusetzen. Ihr Nachfolger, der Panzerwagen, sollte erst 1916 in Erscheinung treten und hatte vor allem anfangs den Nachteil, sehr langsam und noch dazu unzuverlässig zu sein.

Auf dem Gebiet der Kriegstechnik war es vor allem das Maschinengewehr, das dem Geschehen seinen Stempel aufdrückte. Ursprünglich als ein zusätzliches Hilfsmittel gedacht, wurde es bald zu einem bestimmenden Faktor, der über Erfolg oder Misserfolg entscheiden konnte. Dabei hatte man anfangs noch Vorbehalte gegen den übermäßigen Einsatz dieser Waffe – einerseits, weil man mit der Munition nicht zu verschwenderisch umgehen wollte, und andererseits, weil man fürchtete, die Kampfbereitschaft der Soldaten könnte dadurch nachlassen. Man kann durchaus sagen, dass das Maschinengewehr, die Infanterie und der Schützengraben sich als die wesentlichen Elemente dieses Krieges herausstellten. Die drei waren untrennbar miteinander verbunden und sollten in allen europäischen Völkern zu Symbolen für diesen Krieg werden.

Das Einfrieren des Kriegsgeschehens an langen Frontlinien, die oft mehrere hundert Kilometer lang waren, führte dazu, dass man zur Umsetzung größerer Operationspläne die Eisenbahn als Transportmittel einsetzte, die bis dahin vor allem für Nachschubtransporte von Bedeutung war.

Im Laufe des Krieges gewann die Transportfrage eine immer größere Bedeutung. Das Eisenbahnnetz wurde

PROTAGONISTEN

FRANZ CONRAD VON HÖTZENDORF

Der letzte österreichisch-ungarische Feldmarschall in der Tradition eines Radetzky wurde 1852 in Wien geboren. Conrad von Hötzendorf, ein gebildeter, mehrsprachiger Mann, trat bereits vor 1914 für einen Präventivkrieg gegen die irredentistische Politik Italiens und die serbischen Expansionsbestrebungen ein. Während des Ersten Weltkrieges erarbeitete er die wichtigsten Gefechtspläne der österreichischen Armee. Er war ein hervorragender Stratege, hatte aber mit der unzulänglichen habsburgischen Kriegsmaschinerie ebenso zu kämpfen wie mit der deutschen Obersten Heeresleitung, die nach den Misserfolgen der Donaumonarchie 1914 nicht bereit war, Verstärkung an die Ostfront zu werfen. Nach dem Tod von Kaiser Franz Joseph trat er am 1. März 1917 als Chef des Generalstabs zurück. Hötzendorf starb 1925 in Bad Mergentheim.

WILLIAM ROBERTSON
Sir William Robert Robertson war von 1915 bis 1918 Chef des britischen Generalstabs.

SCHWERE ARTILLERIE
Österreich-ungarische Artilleristen beim Bedienen eines 30,5-cm-Mörsers an der Ostfront.

ständig erweitert, und neue Bahnlinien wurden errichtet, um den Anforderungen in den verschiedenen Kriegsgebieten gerecht zu werden. Auf diese Weise konnte man rasche Truppenverschiebungen von einem Frontabschnitt zum anderen vornehmen (Frankreich), oder Männer und Material von einer Front zur anderen transportieren (Deutschland).
Auf den Schlachtfeldern des Großen Krieges wurden neben den traditionellen Waffen auch einige neue eingesetzt, die das Kriegsgeschehen erheblich beeinflussen sollten, allen voran das Maschinengewehr und das Flugzeug; besonders gefürchtet war auch das Giftgas, das vor allem an der Westfront hie und da eingesetzt wurde. Die Befehlshaber sahen sich gezwungen, sich an diese Situation anzupassen. Es war keineswegs so, dass der Krieg fünf Jahre hindurch in immer den gleichen Bahnen dahinlief und dass ein Frontalangriff auf den anderen folgte. Glich der Krieg 1914 noch den Schlachten des 19. Jahrhunderts, so wurden 1918 bereits Strategien des Zweiten Weltkrieges vorweggenommen; man lernte, die Taktik auf die jeweiligen Waffensysteme abzustimmen. So ließ man oft kleine Einheiten hinter die feindlichen Linien vorstoßen – eine Strategie, die die Deutschen 1917 bei Cambrai und Karfreit und 1918 an der Somme anwandten. Weitere wichtige Elemente waren eine elastische Verteidigung, eine entsprechende Luftunterstützung sowie Artillerie zur Unterstützung der vorstoßenden Truppen.
Doch es sollten drei Kriegsjahre vergehen, ehe man lernte, die neuen Strategien wirkungsvoll einzusetzen. 1915 jedenfalls war an der Westfront eine Pattsituation eingetreten.

GIFTGAS

1915 war kein gutes Jahr für die Entente-Mächte. An der Westfront setzte sich der Stellungskrieg fort, ohne dass die Offensiven der Alliierten (im Februar,

LEICHTER ALS LUFT
Ein Fesselballon bei der Landung. Fesselballone wurden im Ersten Weltkrieg von allen Ländern zur Luftaufklärung eingesetzt. Die Beobachter an Bord mussten nicht nur die eigene Artillerie lenken, sondern auch Fotos von den feindlichen Stellungen bzw. Schützengräben schießen.

PROTAGONISTEN

PAUL VON LETTOW-VORBECK

wurde 1870 in Saarlouis als Sohn eines preußischen Generals geboren und sammelte während seiner Militärlaufbahn vielfältige Erfahrungen auf anderen Kontinenten. Er nahm 1901 an einer von allen europäischen Mächten gemeinsam organisierten Expedition zur Niederschlagung des Boxeraufstandes in China teil und kämpfte anschließend in Südwestafrika gegen die Hottentotten. 1914 erhielt er als 44-Jähriger das Kommando über die Schutztruppe von Deutsch-Ostafrika (Tanganjika). Deutschland besaß bei Kriegsausbruch eine Reihe von Kolonien, die relativ verstreut von Westafrika bis zu den Marianeninseln reichten. Der Pazifik erwies sich wegen der unzureichenden deutschen Seeflotte als unhaltbar, sodass die Neuseeländer Westsamoa, Wilhelmland auf Neuguinea und die Bismarckinseln besetzten. Die Japaner wiederum nahmen vorerst die Carolinen- und die Marianeninseln ein, und später, zwischen September und November 1914, auch den chinesischen Hafen Tsingtao. In Afrika konzentrierte sich das Geschehen nach der britisch-französischen Besetzung Togos auf Südwestafrika, wo den Deutschen der in Südafrika tobende Burenaufstand durchaus nützlich war, aber auch auf Kamerun, wo Major Zimmermann bis Februar 1916 die Stellung hielt. Nur in der Kolonie Tanganjika konnten sich die deutschen Schutztruppen unter Lettow-Vorbeck gegen den Ansturm der Alliierten behaupten. Nachdem die Deutschen den Landeversuch der britisch-französisch-portugiesischen Truppen im Hafen von Tanga abwehren konnten, bekämpften sie die Alliierten mit Hilfe einer Guerillataktik. Mit 15.000 Mann, davon 12.000 Schwarzafrikanern, den so genannten Askaris, wurde eine elastische Verteidigungslinie aufgebaut. Auf diese Weise gelang es den Deutschen sogar nach dem Fall von Daressalam noch, den Alliierten schwere Verluste zuzufügen und sie daran zu hindern, in dieser Region Fuß zu fassen.

Die letzten deutschen Truppen kapitulierten erst am 23. November 1918 im Norden von Rhodesien, zwei Wochen nach dem Ende des Krieges in Europa. Zu diesem Zeitpunkt waren neben Lettow-Vorbeck nur noch 175 Weiße und 1480 Askari übrig geblieben. Aus der Sicht der Alliierten hätte man sich die langwierigen Kämpfe um die deutschen Kolonien in Afrika allerdings ersparen können. Da die Häfen blockiert waren, konnten die deutschen Kolonialtruppen zum allgemeinen Kriegsgeschehen ohnehin kaum etwas beitragen. Die Verluste in Afrika waren jedoch sehr hoch: Zehntausende Soldaten starben an verschiedenen Tropenkrankheiten.

Links: Der Kommandant der deutschen Truppen in Tanganjika, Paul von Lettow-Vorbeck, und die Darstellung eines schwarzen Feldwebels in Ostafrika aus der Zeit vor dem Krieg.
Oben: Ein deutscher Kolonialhelm.

KRIEGSARCHIVE: DAS ROTE KREUZ

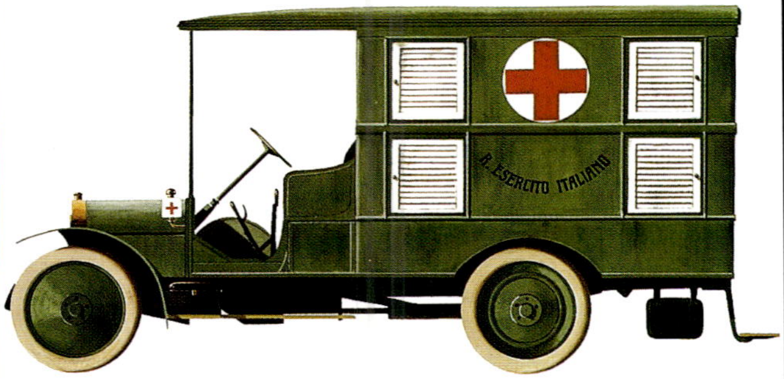

Das Rote Kreuz sollte im Verlauf des Krieges eine immer wichtigere Rolle spielen – insbesondere in der Betreuung bzw. Versorgung der Kriegsgefangenen. Auch in diesem Bereich leisteten die Frauen einen bedeutenden Beitrag: In Italien etwa waren 8500 freiwillige Krankenschwestern an der Front und in den frontnahen Lazaretten im Einsatz. **1. 2. ROTKREUZSAMMLUNG** – Zwei Plakate, ein italienisches und ein österreichisches, werben um Spenden für das Rote Kreuz. **3. AMBULANZ** – Ein für das italienische Heer zum Krankenwagen umfunktioniertes Automobil. **4. ROTKREUZSCHWESTERN** – Einige Rotkreuzschwestern bei einem Übungseinsatz. **5. TAPFERER EINSATZ** – Diese Darstellung erinnert an den unermüdlichen Einsatz der Rotkreuzschwestern. **6. AUSZEICHNUNG** – Ehrung einer britischen Rotkreuzschwester an der Westfront. **7. IM LAZARETT** – Ein deutsches Lazarett aus dem Jahr 1915. **8. SANITÄTSABTEILUNG** – Eine Gruppe von italienischen Sanitätern posiert für dieses Foto mit Gasmasken.

EINE NEUE SCHRECKLICHE WAFFE
Deutsche Soldaten bereiten alles für einen Gasangriff vor. Die Verwendung dieser neuen Waffe löste große Bestürzung aus und wurde häufig auch in Illustrationen dargestellt. Trotz der vielen Proteste wurde jedoch Giftgas bis zum Kriegsende immer wieder eingesetzt.

Mai/Juni und September) oder der Deutschen (im April) nennenswerte Ergebnisse gebracht hätten.
Die bedeutendste Operation war wohl jene, die die Alliierten in der Champagne und im Artois durchführten, wo sie mit sechs Armeekorps die feindlichen Stellungen durchbrachen – doch die Deutschen schafften es bald wieder, mit dem Aufbau neuer Stellungen den Durchbruch zu stoppen.

Am 22. April setzten die Deutschen bei Ypern Chlorgas gegen die algerisch-französischen Truppen ein. Entwickelt hatte das Gas der deutsche Chemiker Fritz Haber. Man hatte es bereits im Januar 1915 an der Ostfront getestet – doch die Kälte hatte die Verdunstung der Kampfstoffmischung beeinträchtigt. Man führte den Stoff in Stahlflaschen mit sich, aus denen das zunächst flüssige, unter Druck verdichtete Chlor schließlich, sobald die Ventile geöffnet wurden, als Gas ausströmte und vom Wind verbreitet wurde. Die chemische Kriegführung sollte das Geschehen an den Fronten auf furchtbare Weise prägen: Die von dem Gasangriff Betroffenen erblindeten und erstickten qualvoll, was auf die gesamte Truppe eine niederschmetternde Wirkung hatte. Engländer und Franzosen verurteilten diese neue Waffe zwar, setzten sie dann aber selbst ein. Im Laufe des Krieges wurden zunehmend neue chemische Kampfstoffe entwickelt. Eines der berüchtigtsten Gase dieser Art war das Senfgas, auch *Yperit* genannt. Zum Schutz gegen diese tödliche Waffe kam schließlich die Gasmaske in Gebrauch, die das in Wasser oder Urin getränkte Tuch ersetzte, wie man es noch in Ypern verwendet hatte.

STREIT UNTER DEN MITTELMÄCHTEN

An der Ostfront wogte das Geschehen zunächst stark hin und her. Auf deutsche Erfolge bei den Masurischen Seen folgte die schwere Niederlage Österreich-

DIE UNSICHTBARE WAFFE
Eine Gruppe deutscher Artilleristen hoch zu Ross: Reiter und Pferde sind mit Gasmasken ausgerüstet. Nach dem Chlorgasangriff am 22. April 1915 bei Ypern wurde die Front zu einem wahren Freiluftlabor, wo die Wirkung neuartiger chemischer Kampfstoffe erprobt wurde.

AUGUST VON MACKENSEN
General von Mackensen, ein Veteran des Französisch-Preußischen Krieges von 1870, war der Urheber jenes Offensivplanes, mit dessen Hilfe im Mai 1915 die russischen Stellungen in Galizien durchbrochen werden konnten.

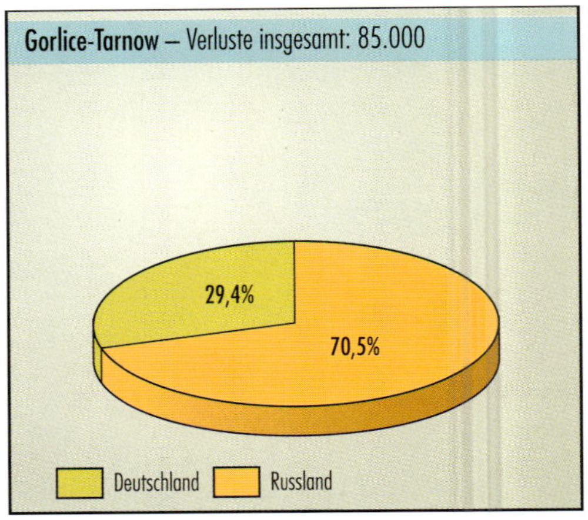

Ungarns in Galizien, wo die Festung Przemysl den Russen in die Hände fiel.
Die Streitkräfte der Mittelmächte litten unter den ständigen Spannungen zwischen dem Generalstab der Deutschen und dem der Österreicher. Einer der Streitpunkte betraf einen möglichen Kriegseintritt Italiens.
Der deutsche Generalstabschef Falkenhayn war der Ansicht, dass Österreich-Ungarn – um eine weitere Ausweitung der Front zu verhindern – Trient und Triest an Italien abtreten sollte. Der Generalstabschef der Österreicher, Conrad von Hötzendorf, hielt ihm entgegen, dass man auf die gleiche Weise an der Westfront Ruhe hätte, wenn die Deutschen Elsass-Lothringen an Frankreich abtreten würden. Conrad von Hötzendorf weigerte sich, der Aufforderung der Deutschen nachzukommen, was aber unangenehme Folgen hatte: Anfang 1915 weigerte sich Falkenhayn, Verstärkungen zu schicken, und zwang dem Verbündeten eine Zusammenarbeit unter Bedingungen auf, die für diesen erniedrigend waren.
Schließlich entschloss sich Deutschland doch noch, Österreich zu Hilfe zu eilen, da ein Kriegseintritt Italiens auf Seiten des Feindes zu befürchten war. Anfang Mai begann eine deutsch-österreichische Offensive am Frontabschnitt zwischen Gorlice und Tarnow.
Im Herbst, als die Fronten sich stabilisierten, zählte man auf russischer Seite 150.000 Tote und über eine Million Verwundete und Gefangene. Die Deutschen hatten Warschau, Wilna und Brest-Litowsk eingenommen. Es war dies zwar ein bedeutender Erfolg, doch ein Sieg war auch an dieser Front nicht in Sicht.

SERBIEN WIRD BESETZT

Nachdem die Türkei in den Krieg eingetreten war, bekam plötzlich Bulgarien für die Kriegsparteien eine besondere strategische Bedeutung. Auf dem diplomatischen Parkett behielten die Mittelmächte die Oberhand und sicherten sich Bulgarien als neuen Verbün-

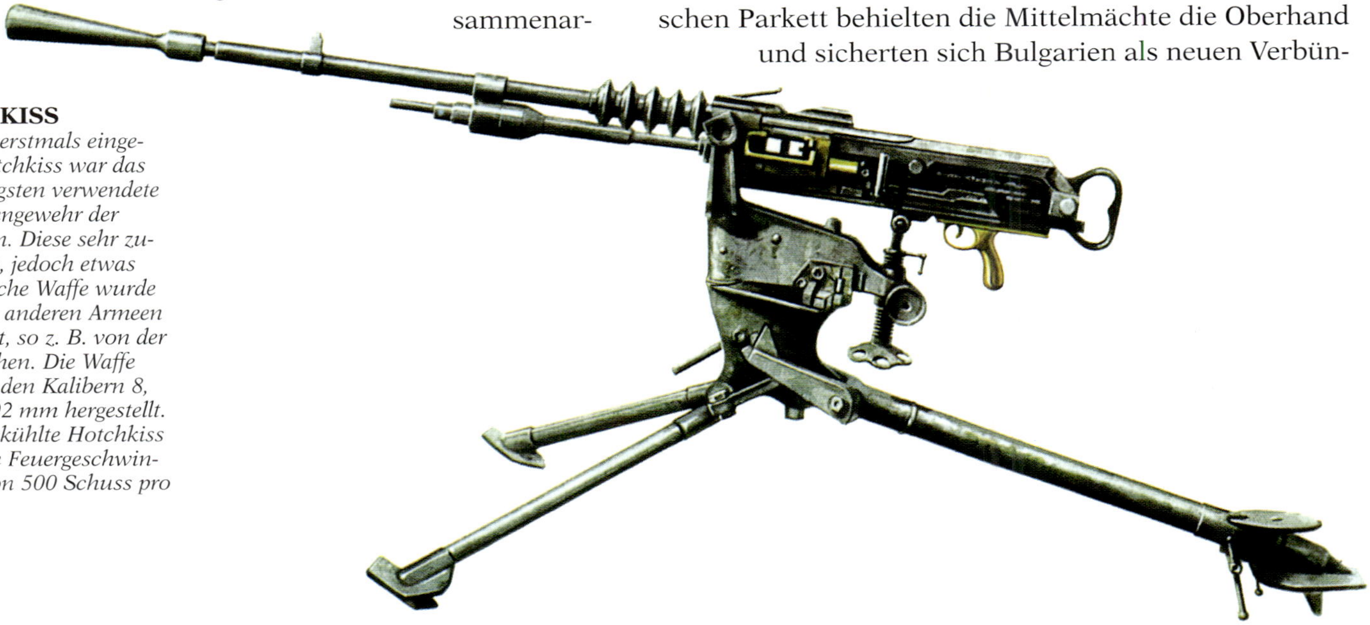

HOTCHKISS
Die 1914 erstmals eingesetzte Hotchkiss war das am häufigsten verwendete Maschinengewehr der Franzosen. Diese sehr zuverlässige, jedoch etwas unhandliche Waffe wurde auch von anderen Armeen verwendet, so z. B. von der italienischen. Die Waffe wurde in den Kalibern 8, 7 und 7,92 mm hergestellt. Die luftgekühlte Hotchkiss hatte eine Feuergeschwindigkeit von 500 Schuss pro Minute.

SCHLACHTEN

GORLICE-TARNOW

Anfang 1915 befand sich die Donaumonarchie in einer äußerst kritischen Lage. Die Russen hatten sich in den Karpaten festgesetzt und drohten in die ungarische Tiefebene einzufallen. Trotz der zahlreichen Probleme, die die russischen Armeen plagten – allen voran Waffen- und Munitionsmangel –, stellten sie für die österreichisch-ungarischen Streitkräfte eine durchaus ernst zu nehmende Gefahr dar. Für die Mittelmächte war es deshalb ein Gebot der Stunde, die russischen Streitkräfte so rasch wie möglich von den Karpaten zu vertreiben. Zu diesem

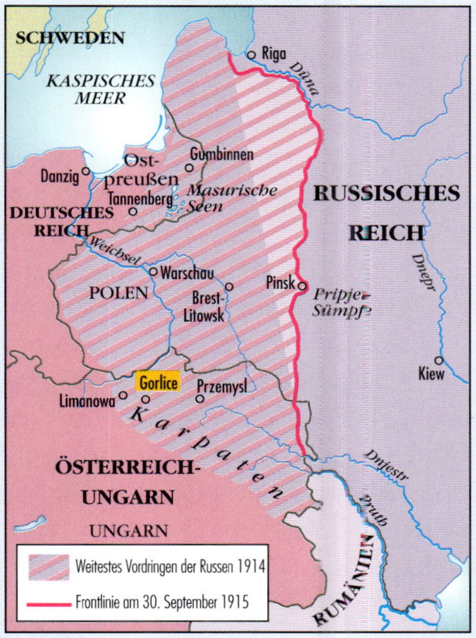

Zweck zogen die Deutschen zwei Gefechtspläne in Betracht. Hindenburg schlug eine Offensive nach Südosten, von Preußen ausgehend in Richtung Polen vor, während Conrad von Hötzendorf sich eher für eine Durchbruchsoperation in Westgalizien aussprach, und zwar entlang der etwa 50 km langen Front zwischen den Orten Gorlice und Tarnow. Schließlich entschied man sich für die österreichische Strategie und plante die neue Offensive für Anfang Mai

Die Aufgabe, den entscheidenden Vorstoß zu führen, wurde der deutschen XI. Armee unter Generaloberst von Mackensen übertragen, der sich bereits in der Schlacht bei Tannenberg bewährt hatte; unterstützt wurden die Deutschen von zwei österreichischen Armeen. Die Offensive wurde am 2. Mai gestartet, und schon am Abend des darauf folgenden Tages hatte die deutsche XI. Armee die erste russische Linie überrannt und in wenigen Stunden 17.000 Gefangene gemacht.

Der Überraschungsangriff war gelungen, und die Verstärkungstruppen konnten rasch nachrücken, um den ersten Erfolg zu sichern. Eine komplette Umzingelung der russischen Streitkräfte scheiterte allerdings an deren zähem Widerstand bei Tarnow und der Tatsache, dass die Russen sich rasch neu formieren konnten. Trotzdem war der Sieg der Deutschen überwältigend. Als die Offensive am 14. Mai beendet war, hatten Mackensens Truppen die Stadt Przemysl zurückerobert und waren 100 km vorgestoßen, wobei Zehntausende Gefangene gemacht wurden. Somit hatten sich die Mittelmächte an der Ostfront einen strategischen Vorteil erkämpft.

Der Mangel an geeigneten Transportwegen stellte sich als das größte Problem für die Truppen an der Ostfront heraus. Oben: Österreichische Truppen beim Bau einer Brücke bei Przemysl. Unten: Mit vereinten Kräften versuchen österreichische Soldaten ein stecken gebliebenes Automobil aus dem Schlamm zu ziehen.

JOHN M. DE ROBECK
Der britische Vizeadmiral John M. De Robeck kommandierte die alliierte Flotte bei Gallipoli. Nachdem der Versuch, die Dardanellen in die Hand zu bekommen, gescheitert war, weigerte sich Robeck, die Operation ohne ausreichende Bodentruppen fortzusetzen.

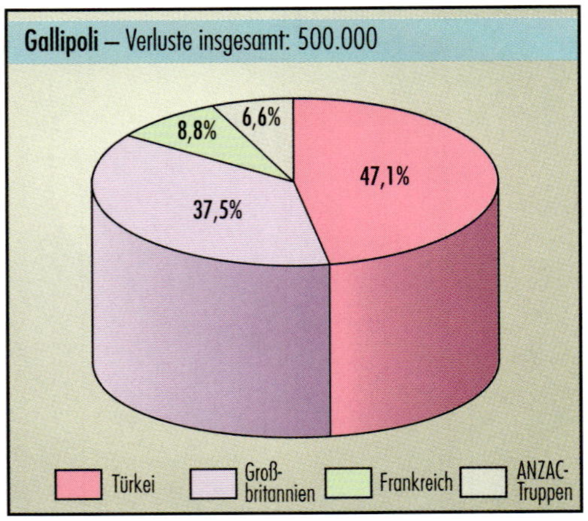

deten, indem sie versprachen, das Land bei seinem Expansionsdrang auf Kosten Serbiens, Griechenlands und Rumäniens zu unterstützen.

Die Mobilisierung Bulgariens bedeutete das Ende des serbischen Widerstands. Belgrad fiel schließlich im Oktober in der österreichisch-deutschen Offensive unter General von Mackensen, während die Reste der serbischen Armee unter General Putnik sich an die albanische Küste zurückzogen, von wo sie von der italienischen Marine nach Korfu gebracht wurden. Nach einer Periode der Neuorganisation brachen die serbischen Truppen nach Saloniki auf, nachdem Griechenland eingewilligt hatte, Truppen der Entente-Mächte landen zu lassen. Mit der Niederlage Serbiens eröffnete sich für die Mittelmächte die Möglichkeit, eine direkte Verbindung zur Türkei herzustellen, das im Kaukasus gegen Russland sowie in Mesopotamien gegen englische Truppen kämpfte.

KRIEGSSCHAUPLATZ DARDANELLEN

Dadurch, dass sich immer neue Fronten bildeten, standen auch die Entente-Mächte bald vor dem Problem, ihre Operationen zu koordinieren und jenes Ziel zu bestimmen, dem jeweils die größte Aufmerksamkeit zuteil werden sollte.

Im Frühling 1915 mussten die Alliierten eine ihrer schwersten Niederlagen während des gesamten Krieges einstecken, als sie versuchten, das Osmanische Reich durch eine groß angelegte Landungsaktion bei den Dardanellen zu überrumpeln. Auf diese Weise, so dachte der Erste Lord der Admiralität, Winston Churchill, sollte Istanbul schließlich fallen.

Doch die türkischen Truppen, angeführt vom deutschen General Liman von Sanders, waren auf die Landung der feindlichen Streitkräfte auf der Halbinsel Gallipoli überraschenderweise bestens vorbereitet. In den Reihen der Türken stand damals auch ein junger Oberst namens Kemal Pascha, der nach dem Krieg Präsident des neuen türkischen Staates werden sollte.

GALLIPOLI
Der britische Panzerkreuzer Canopus *während seines Einsatzes vor Gallipoli. Die Landung der australischen und neuseeländischen Truppen am Frontabschnitt Ari Burnu am 25. April 1915 war schlecht vorbereitet und wurde noch schlechter durchgeführt. Unter dem ständigen Beschuss der Türken, die die Anhöhen beherrschten, hielten die ANZAC-Truppen die Stellung bis zum Jahresende, was militärisch gesehen jedoch völlig unbedeutend war.*

SCHLACHTEN

GALLIPOLI

Der britisch-französische Angriff auf die türkische Halbinsel Gallipoli war eines der ehrgeizigsten Unternehmen der Entente-Mächte während des Krieges, aber gleichzeitig auch eine ihrer größten Niederlagen. Der Plan zu dieser Offensive, der u. a. auch vom Ersten Lord der Admiralität, Winston Churchill, befürwortet wurde, sah die Eroberung der Halbinsel vom Meer aus vor, um die Kontrolle über die Dardanellen zu erhalten. Damit sollte auch Istanbul in die Hand der Alliierten fallen. Wäre das Osmanische Reich erst einmal ausgeschaltet, so könnte man auf sicherem Weg Getreide in den Westen und Kriegsmaterial in den Osten befördern.

Die Operation scheiterte jedoch an einigen Fehleinschätzungen, u. a. der, dass man den Angriff auf die Dardanellen allein mit der Marine bzw. den Marineinfanteristen durchführen könne, ohne Truppen von der Westfront hinzuzuziehen. Am 19. Februar begann der Angriff mit dem Beschuss der Dardanellen-Außenforts, ohne ein Ergebnis zu erzielen. Nach weiteren heftigen Bemühungen unternahm man schließlich am 3. März einen Landungsversuch – die Alliierten mussten sich jedoch unter großen Verlusten wieder zurückziehen. Der am 18. März unternommene Versuch, in die Dardanellen vorzustoßen, endete für die Alliierten mit einer schweren Niederlage; insgesamt sechs Schiffe wurden durch Minen außer Gefecht gesetzt. Während die Alliierten auf Verstärkung warteten, hatten auch die Türken Gelegenheit, ihre Streitkräfte auf der Halbinsel zu verstärken. Am 25. April begann die Landung der alliierten Truppen, der 75.000 Mann starken *Mediterranean Expeditionary Force,* zu der auch die australischen und neuseeländischen Soldaten der ANZAC *(Australian and New Zealand Army Corps)* gehörten. Die Alliierten konnten an mehreren Punkten landen, erlitten dabei jedoch große Verluste und wurden bald vom heftigen Feuer der türkischen Verteidiger gestoppt. Mit großer Hartnäckigkeit versuchte man, die Landungsstellen zu halten – u. a. auch, indem man Schützengräben errichtete. Viele Bootsbesatzungen erlitten jedoch schwere Verluste, noch ehe sie das Land erreicht hatten und den schmalen Sandstreifen bis zu den schützenden Klippen überqueren konnten. Aus dem erhofften schnellen Sieg wurde ein zermürbender Stellungskrieg, in dem ganze Divisionen von australischen und neuseeländischen Soldaten in die Schlacht geworfen wurden, die zuvor eilig in Ägypten ausgebildet worden waren. Im August wurde mit der Landung in der Suvla-Bucht ein letzter Versuch unternommen, die Halbinsel zu erobern, der jedoch ebenfalls keinen Erfolg brachte. Am 19. November wurde die Räumung von Gallipoli beschlossen, die am 18. Dezember als größte amphibische Evakuierungsaktion der Kriegsgeschichte begann. Am 9. Januar verließen schließlich die letzten Soldaten der ANZAC die Dardanellen.

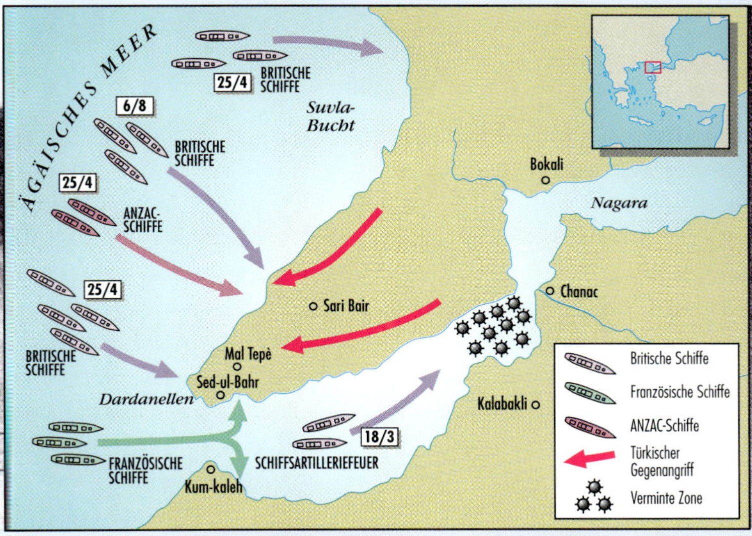

Unten: Landung der alliierten Streitkräfte am Strand von Gallipoli. Oben: Der britische General Sir Ian Hamilton (links) und General Liman von Sanders, der Befehlshaber der türkischen 5. Armee (rechts).

DOGGERBANK
Am 24. Januar 1915 wurde der deutsche Panzerkreuzer Blücher *von den Briten an der Doggerbank in der Nordsee versenkt.*

DER MODERNE KRIEG
In Ermangelung von Sende- und Empfangsapparaten musste man häufig auf das Feldtelefon zurückgreifen, wie das Gerät im Bild rechts, das von der italienischen Armee verwendet wurde.

Der gescheiterte Ansturm auf Istanbul war jedoch nicht die einzige Niederlage, die die Engländer im Nahen Osten einstecken mussten. Die Offensive in Mesopotamien, die im November 1914 mit der Landung bei Kuwait gestartet wurde, um sich die Vormachtstellung am Persischen Golf und damit das Erdöl zu sichern, scheiterte aufgrund des Vorstoßes der indischen Division unter General Townshend entlang des Tigris bis 65 km vor Bagdad. Townshend wurde zurückgedrängt und mit seinen 12.000 Mann in Kut-el-Amara von den Türken eingeschlossen. Alle Versuche, die Belagerung zu durchbrechen, schlugen fehl: General Townshend musste sich schließlich am 29. April 1916 den Türken ergeben, nachdem sich die Engländer, von Hunger und Ruhr gezeichnet, fünf Monate lang verteidigt hatten.

DER KRIEG ZUR SEE

Schon ab 1914 versuchte England seine Vorherrschaft zur See dazu zu nützen, den Feind auch wirtschaftlich zu schwächen, indem man den Nachschub der Mittelmächte blockierte. In der Nordsee, im Ärmelkanal sowie im Mittelmeer wurden alle Schiffe, die Güter nach Deutschland transportierten, auch wenn sie unter neutraler Flagge fuhren, von der englischen Flotte abgefangen und ihre Ladung beschlagnahmt. Deutschland wiederum griff im Seekrieg zur Kaperei: Kleine, schnelle Kreuzer machten Jagd auf Handelsschiffe aus Großbritannien oder deren Dominions, wobei man bisweilen auch weit entfernte Häfen angriff. Die wirkungsvollste Waffe im Guerillakrieg zur See war jedoch das Unterseeboot.

Durch den Einsatz von U-Booten wurde der Krieg noch erbarmungsloser, weil dadurch zwangsläufig auch zivile Schiffe oder solche von neutralen Ländern mit hineingezogen wurden. U-Boote waren außerdem nicht in der Lage, Überlebende von versenkten Schiffen aufzu-

DIE VERGESSENE TRAGÖDIE
Englische Kavallerie unter General Townshend auf dem Weg nach Kut-el-Amara, einer zwischen Basra und Bagdad gelegenen Stadt in Mesopotamien. Nachdem die Briten die Stadt eingenommen hatten, wurden sie jedoch von türkisch-deutschen Streitkräften belagert. Alle Versuche, die Eingeschlossenen zu befreien, scheiterten – und so gerieten 10.000 Briten in türkische Gefangenschaft.

AUF KAPERFAHRT IM KRIEG

Die deutsche Kriegsmarine stützte sich nicht nur auf ihren U-Boot-Krieg sowie auf eine starke Präsenz der Seestreitkräfte in der Nordsee, um die Seeherrschaft der Alliierten zu brechen – sie verlegte sich auch auf die Kaperei. Es waren kleine schnelle Kreuzer, die den Handelsschiffen fern der Heimathäfen auflauerten. Bei diesen Einsätzen von Kreuzern wie der *Emden,* der *Karlsruhe,* der *Dresden* oder der *Königsberg* ging es weniger darum, die Handelsschiffe zu versenken, sondern ganz einfach den Seeverkehr unsicherer zu machen. Doch bereits gegen Ende des zweiten Kriegsjahres hatte die britische Kriegsmarine es geschafft, der Kaperei durch die Deutschen Herr zu werden.

Die beiden herausragenden Kaperschiffe waren die legendären Kreuzer *Königsberg* und *Emden.* Der erste der beiden befand sich bei Kriegsausbruch im Hafen von Daressalam in Ostafrika. Nachdem er den Engländern entwischt war, gelang es ihm, den britischen Dampfer *City of Winchester* abzufangen, doch in der Folge wurde die Kohle knapp, sodass der Kommandant Max Loof den Golf von Aden nicht erreichen konnte. Die *Königsberg* zog sich deshalb in das große Flussdelta des Rufiji zurück, von wo aus sie Madagaskar sowie die französischen Besitzungen ins Visier nehmen konnte. Am 20. September 1914 gelang es Loof, den alten britischen Kreuzer *Pegasus* zu versenken. Es sollten Monate vergehen, bis die Briten den deutschen Kreuzer außer Gefecht setzen konnten; zwei Küstenpanzerschiffe waren es, die die *Königsberg* am 11. Juli nach einem mehrstündigen Gefecht schließlich versenkten. Es gelang den deutschen Seeleuten jedoch, die Hauptgeschütze an Land zu schaffen und sie auf behelfsmäßige Lafetten zu montieren, um sich damit den Schutztruppen von Lettow-Vorbeck anzuschließen und in Afrika weiterzukämpfen. Nur 15 der 350 Mann sollten den Krieg überleben.

Etwas glücklicher verlief das Schicksal der *Emden* unter Kommandant Karl von Müller. Vizeadmiral Graf von Spee hatte das Schiff in den Indischen Ozean entsandt, wo es in zwölf Wochen nicht weniger als 16 Schiffe von insgesamt 71.000 Tonnen kaperte. Darüber hinaus wurden auch der russische Kreuzer *Schemtschug* sowie der französische Zerstörer *Mousquet* zu Opfern der *Emden,* als sie im Hafen von Penang überrascht wurden. Den Berichten zufolge war Kommandant von Müller ein überaus ritterlicher Mann: Die einzigen zivilen Opfer seiner Einsätze waren einige Seeleute, die beim Angriff auf Madras ums Leben kamen. Vom Kreuzer *Sidney* gejagt, lief die *Emden* am 9. November 1915 vor den Cocos-Inseln auf ein Korallenriff auf. Von Müller wurde gefangen genommen und blieb bis 1918 in Gefangenschaft. Er starb 1923, nachdem er den Orden *Pour le Mérite,* die höchste militärische Auszeichnung Deutschlands, erhalten hatte.

Oben: Das Kreuzergeschwader Graf von Spees im Pazifik. Links: Karl von Müller, Kommandant der Emden; *Mitte: Die Flagge der deutschen Kriegsmarine.*

DER INTERVENTIONISMUS IN ITALIEN

Seit Sommer 1914, als der Krieg ausbrach, gewannen die italienischen *Interventisten,* die eine Kriegsbeteiligung Italiens befürworteten, immer mehr an Gewicht. An der Kampagne für die Teilnahme des Landes am Krieg nahmen verschiedene Gruppen teil: Industrielle, Künstler und Intellektuelle (die Futuristen), weiters Irredentisten wie Cesare Battisti, der für den Anschluss Südtirols an Italien kämpfte, aber auch jene 4000 Freiwilligen, die sich Peppino Garibaldi, dem Enkel des Helden der italienischen Einigungsbewegung, angeschlossen hatten, um in den Argonnen an der Seite der Franzosen zu kämpfen. Neben rechtsliberalen und nationalistischen Kreisen unterstützte sogar eine Gruppe von revolutionären Sozialisten – der Parteilinie zum Trotz – das Eingreifen Italiens in den Krieg.

Zu diesen gehörte auch der Chefredakteur des sozialistischen Parteiorgans *Avanti,* Benito Mussolini, der sich in seinen Kolumnen für das Eingreifen Italiens auf Seiten der Entente aussprach und es als große Chance für das Proletariat ansah, die reaktionären Mittelmächte zu stürzen, was ein erster Schritt hin zur Revolution sein sollte. Als Mussolini aus seiner Partei, der PSI, ausgeschlossen wurde, veröffentlichte er seine Appelle in der von ihm gegründeten Zeitung *Il Popolo d'Italia,* die vor allem von der Schwerindustrie sowie von französischen Geldgebern finanziert wurde, denen daran lag, die Kampagne für den Kriegseintritt Italiens zu fördern.

Generell bekehrte sich fast die gesamte italienische Presse recht rasch zum *Interventionismus,* vor allem die konservativen und national-liberalen Blätter, die gegen den Verfechter des Neutralitätsgedankens, Giolitti, auftraten. Immer entschiedener in diese Richtung arbeitete die angesehene Zeitung *Corriere della Sera* unter der Leitung von Luigi Albertini, während ihr Konkurrenzblatt *La Stampa* die entgegengesetzte Linie vertrat. Zu den interventionistisch gesinnten Zeitungen gehörten u. a. auch *Gazzetta del Popolo, Gazzettino, Il Messaggero* oder *Giornale d'Italia.* Während manche Zeitungen den Kriegseintritt als Fortsetzung des Einigungsprozesses *(Risorgimento)* ansahen, standen hinter einem Großteil der interventionistischen Presse die Interessen der Großindustrie, insbesondere des Rüstungssektors.

»Wir wollen kein Museum, keine Herberge oder Sommerfrische, kein Ort für frisch Vermählte sein. Wir wollen kein beliebter Marktplatz sein, an dem gekauft, verkauft und getauscht wird.« Von 12. bis 20. Mai zog Gabriele D'Annunzio die Menschen in Rom in seinen Bann, als er mit diesen und ähnlichen stolzen Worten vor eine riesige Menge trat. Die »strahlenden Maitage«, wie die Nationalisten jene Kundgebungen später nennen sollten, sowie die gewaltige Propaganda, welche schließlich zum Kriegseintritt führte, stellten eine schwere Niederlage für die gesamte politische Klasse Italiens dar. In einem Artikel mit dem Titel *Nieder mit dem Parlament!,* der am 11. Mai 1915 veröffentlicht wurde, sprach sich Mussolini als Gesundungsmaßnahme für das Land offen für die Erschießung bzw. Inhaftierung gewisser Abgeordneter und Exminister aus – ein deutlicher Hinweis, wie umstritten die Politiker damals bereits waren.

L'IDEA NAZIONALE
SECONDA EDIZIONE
Sua Maestà il Re non ha accettato le dimissioni del Ministero
La guerra nazionale è decisa ed imminente
Trieste si solleva gridando: "Morte all'Imperatore!,,

Links: Gabriele D'Annunzio, hier um 1910 in Rom, einer der glühendsten Befürworter des italienischen Interventionismus. *Oben: Die Entente versucht den italienischen Soldaten, der an die Neutralität gefesselt ist, mit Geschenken (Triest und andere Gebiete) zum Kriegseintritt zu verführen. Als diese Karikatur 1915 veröffentlicht wurde, sollte die Neutralität nicht mehr lange halten, wie auch die Schlagzeile des interventionistischen Blattes* L'Idea Nazionale *erkennen lässt (Der Krieg ist beschlossene Sache. Triest ruft: »Tod dem Kaiser!«).*

DAS SCHICKSAL DER LUSITANIA
Die Versenkung des Luxusliners Lusitania *– hier auf einer zeitgenössischen Darstellung – kostete 128 amerikanischen Staatsbürgern das Leben und führte zu heftigen Protesten des amerikanischen Präsidenten Woodrow Wilson (links). Doch bis 1917 hielten sich die USA aus diesem Krieg heraus.*

nehmen, die somit ihrem Schicksal überlassen wurden. Im Februar 1915 startete Deutschland als Reaktion auf die englische Blockade seinen ausgedehnten U-Boot-Krieg. Bald schon wurden die deutschen Unterseeboote zu einer Bedrohung für die gesamte Schifffahrt im Atlantik. Der amerikanische Präsident Woodrow Wilson erklärte, dass Deutschland »streng zur Rechenschaft gezogen« werde, falls sich im Zuge des Seekrieges auch Bürger seines Landes unter den Opfern befinden sollten. Am 7. Mai fanden bei der Versenkung des englischen Luxusliners *Lusitania* vor der irischen Küste 1198 Passagiere den Tod, darunter 291 Frauen und 94 Kinder. Unter den Opfern waren auch 128 amerikanische Staatsbürger. Das Schiff war von zwei Torpedos des deutschen U-Bootes *U 20* unter Kommandant Schwieger getroffen worden. Drei Monate zuvor hatte Deutschland diesen Meeresabschnitt zum Kriegsgebiet erklärt. Außerdem hatte die *Lusitania* amerikanisches Kriegsmaterial für die Alliierten an Bord gehabt. Dieser Vorfall sollte schwerwiegende Folgen nach sich ziehen: Innerhalb der amerikanischen Öffentlichkeit begannen sich nämlich immer mehr Stimmen für einen Kriegseintritt der USA auszusprechen.

ITALIENS INNERE ZERRISSENHEIT

Das positivste Ereignis, das die Alliierten 1915 zu verzeichnen hatten, war wohl der Kriegseintritt Italiens. Am 3. August 1914 hatte Italien seine Neutralität erklärt, nachdem man sich darauf berufen hatte, dass Österreich-Ungarn gegen das mit dem *Dreibund* geschlossene Übereinkommen verstieß, welches zwingend vorsah, dass die Unterzeichnerstaaten einander konsultierten, ehe sie irgendwelche kriegerischen Handlungen unternahmen. Von diesem Zeitpunkt an begannen sich beide Kriegsblöcke auf diplomatischer Ebene nachhaltig um Italien zu bemühen.

Auf Seiten der Mittelmächte bemühte sich Deutschland um eine Übereinkunft, doch Österreich-Ungarn weigerte sich, jenes Zugeständnis zu machen, das allein vermocht hätte, Italien aus dem Konflikt herauszuhalten:

DER UNSICHTBARE FEIND
Überwasserschiffe, Torpedo- und U-Boote in trauter Eintracht vor Anker in einer deutschen Militärbasis. Die deutsche Kriegsmarine setzte ihre U-Boote auch im Mittelmeer ein, wo sie vom Stützpunkt Cattaro aus operierten.

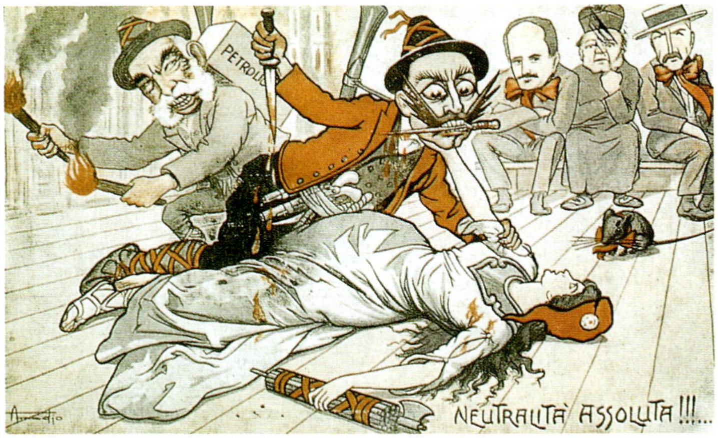

ABSOLUTE NEUTRALTÄT
Auf dieser Propagandazeichnung für den Kriegseintritt Italiens überfallen Wilhelm II. und Franz Joseph das französische Nationalsymbol Marianne – und die italienischen Neutralisten sehen gleichgültig zu.

ITALIEN IM KRIEG
Auf dieser Darstellung, die auf der Titelseite einer zeitgenössischen italienischen Zeitung erschien, stürmen italienische Soldaten über die österreichische Grenze.

das Abtreten des Trentino und Julisch Venetiens an die Italiener. Russland, England und Frankreich signalisierten hingegen ihre Bereitschaft zu Zugeständnissen, welche Südtirol bis zum Brenner, Istrien, Triest und Teile der dalmatinischen und albanischen Küste betrafen. Im April 1915 wurde in London nach schwierigen Verhandlungen der Bündnisvertrag geschlossen, den der italienische Außenminister Sonnino ohne Wissen des Parlaments unterzeichnete. Am 4. Mai kündigte Italien den *Dreibundvertrag* auf.

In den darauf folgenden Tagen unternahm Giovanni Giolitti der zunehmend nationalistischen Stimmung zum Trotz einen letzten Versuch, das Land aus dem Krieg herauszuhalten, wobei er vom mehrheitlich neutralen Parlament unterstützt wurde. Am 13. Mai gab Ministerpräsident Salandra dem König seinen Rücktritt bekannt. Aus Angst, eine tiefe Kluft zwischen König und Parlament aufzureißen, verzichtete Giolitti in der Folge darauf, die Nachfolge Salandras anzutreten, während die Rufe nach einem Kriegseintritt Italiens immer lauter wurden.

ITALIEN IM KRIEG

Nachdem Salandra von König Viktor Emanuel III. als Ministerpräsident bestätigt worden war, wurde seine Regierung vom Parlament mit außerordentlichen Vollmachten ausgestattet, während sich die Sozialisten darauf beschränkten, weder dafür noch dagegen zu sein.

Italien trat somit in den Krieg ein, weil eine Minderheit es geschickt verstanden hatte, die Umstände für ihre Zwecke auszunützen. Das Lager derjenigen, die für eine neutrale Haltung plädierten, war zwar zahlenmäßig stark, aber – so wie in anderen Ländern – in sich gespalten und unfähig, sich der *Union sacrée* zu entziehen und dem plumpen Nationalismus entgegenzutreten. Und so führten die Regierung, die Armee sowie der König ein Land in den Krieg, das sich mehrheitlich kaum mit der Frage eines Kriegseintritts beschäftigt hatte. Von all jenen, die schließlich in den Krieg zogen, um an der Front zu kämpfen und zu sterben, war wohl nur ein geringer Teil mit wirklicher Überzeugung bei der Sache. Am 23. Mai erklärte Italien Österreich-Ungarn den

WAGON 76/45
Gegen mögliche Angriffe der Österreicher aus der Luft oder zur See richteten die Italiener spezielle bewaffnete Eisenbahnwagons entlang der Adriaküste ein. Auf diesen Wagons waren Geschütze von unterschiedlichem Kaliber montiert. Diese Abbildung zeigt zwei Exemplare des Typs 76/45, mit einer maximalen Reichweite von 11.000 m und einer Feuergeschwindigkeit von fünf Schuss pro Minute.

PROTAGONISTEN

LUIGI CADORNA

wurde im September 1850 in Pallanza geboren. Als einzigem Sohn von General Raffaele Cadorna, der sowohl am Unabhängigkeits- und Einigungskrieg Italiens als auch am Krimkrieg teilgenommen hatte, war ihm die militärische Laufbahn sozusagen in die Wiege gelegt. Nach seiner Ausbildung in Mailand und Turin stieg er rasch zum Kommandanten verschiedener Bataillone auf, darunter auch des 10. Bersaglieriregiments.

1914, genau zu Kriegsausbruch, avancierte er zum Generalstabschef des italienischen Heeres. Nach dem Eintritt Italiens in den Krieg im Mai 1915 führte Cadorna seine 35 Divisionen gegen die österreichisch-ungarischen Stellungen in den Kampf, verfügte jedoch nicht über das geeignete Kriegsmaterial, um für den nun folgenden zermürbenden Schützengrabenkrieg gewappnet zu sein.

Cadorna, der in der Kriegführung freie Hand hatte, setzte voll auf die Strategie des Frontalangriffs bzw. der Abnutzung, die von den französischen Generälen bereits zu Anfang des Krieges verfolgt worden war und die sich letztlich als äußerst verlustreich und wenig zielführend herausstellte. Cadornas oberstes Gebot war die unbedingte Pflichterfüllung. Er war zutiefst davon überzeugt, dass für den Endsieg kein Opfer zu groß sei und das gesamte Land seinen Beitrag zu leisten habe – und so führte er den Schützengrabenkrieg mit größter Härte und verlangte von seinen Soldaten äußerste Disziplin. Sein Führungsstil war es, völlig allein und ohne Berater zu entscheiden.

Cadorna war einem aristokratischen Ideal der Pflichterfüllung verhaftet, verstand es aber nicht, die modernen Kriegsmittel bestmöglich zum Einsatz zu bringen und die noch nie dagewesene zahlenmäßige Stärke der Truppen zu seinem Vorteil einzusetzen. Stattdessen verlangte er seinen Soldaten das Letzte ab, ohne auf die Moral der Truppen Bedacht zu nehmen.

Am 24. Oktober 1917 durchbrachen die deutsch-österreichischen Truppen die italienischen Linien bei Karfreit (Caporetto) und drangen in die venezianische Ebene vor. Cadorna wurde nach dieser schweren Niederlage von Armando Diaz abgelöst.

Im Zuge dieser verlorenen Schlacht, für die Cadorna die Hauptverantwortung trug, verlor er jegliche politische Unterstützung und wurde zunehmend isoliert. Schließlich war es Mussolini, der Cadorna rehabilitierte und ihn zum Feldmarschall ernannte. Zu diesem Anlass erhielt Cadorna eine Villa in Pallanza, wo ihm nach seinem Tod 1928 ein Mausoleum errichtet wurde.

Oben und links unten: Cadorna bei der Inspektion der italienischen Stellungen. Unten: Cadorna zusammen mit Gabriele D'Annunzio. Mitte: Eine Ehrenmedaille der italienischen 2. Armee.

Schlachten

ISONZO

Am 23. Mai 1915 erklärte die italienische Regierung unter Salandra – auch unter dem Druck der für den Krieg eintretenden Interventisten – Österreich-Ungarn den Krieg. Schon am nächsten Tag mobilisierte General Cadorna seine Truppen (bei Kriegseintritt etwa 460.000 Mann), die jedoch nur unzureichend ausgerüstet waren.
Die anfängliche Offensive der Italiener kam rasch zum Stillstand, sodass sich ein zäher Stellungskrieg im Hochgebirge entwickelte – und zwar am Isonzo, wo einander die österreichisch-ungarischen und die italienischen Truppen von 1915 bis 1917 in nicht weniger als elf Schlachten gegenüberstanden.
Die beiden ersten Schlachten (23. Juni bis 7. Juli bzw. 18. Juli bis 3. August 1915) wurden von italienischer Seite in dem Bestreben in Angriff genommen, den Druck der k. u. k. Truppen an der Ostfront zu vermindern. Die dritte und vierte Isonzoschlacht (18. Oktober bis 4. November bzw. 10. November bis 2. Dezember) zielte darauf ab, den

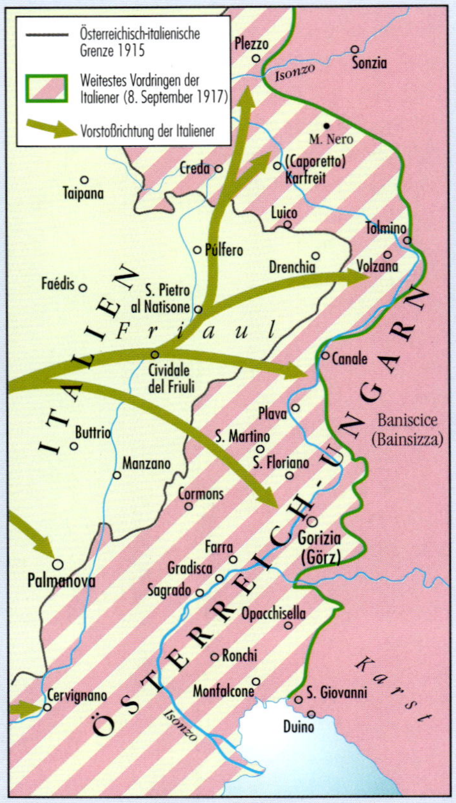

Druck der Mittelmächte auf Serbien bzw. auf die alliierten Truppen in Saloniki zu verringern. Die Italiener erzielten mit diesen Offensiven jedoch lediglich einen Geländegewinn von wenigen Kilometern, wobei sie Verluste von mehr als 300.000 Mann erlitten.
Vom 11. bis 16. März griffen die Italiener die k. u. k. Stellungen zum fünften Mal an – diesmal am Görzer Brückenkopf sowie am Hochplateau von Doberdo –, doch auch diesmal gelang der entscheidende Durchbruch nicht. Kaum war die Schlacht vorüber, plante General Cadorna bereits mit größter Sorgfalt den nächsten Angriff, in der wieder die Stadt Görz (Gorizia) das Ziel sein sollte. Dieser wichtige Verkehrsknotenpunkt war stark befestigt und deshalb nur sehr schwer einzunehmen. In der sechsten Auseinandersetzung gelang den Italienern jedoch das schier Unmögliche, und sie marschierten am 8. August in Görz ein.
General Cadorna versuchte nach diesem Erfolg zwischen Mitte September und Anfang November, das Erreichte auszubauen und nach Triest vorzustoßen. Gleichzeitig wollte er verhindern, dass die k. u. k. Truppen einen Feldzug gegen Rumänien unternahmen, das am 28. August auf Seiten der Entene in den Krieg eingetreten war. Alle drei Offensiven blieben jedoch ohne durchschlagenden Erfolg. In der zehnten Isonzoschlacht (12. Mai bis 6. Juni 1917) konnten die Italiener nur einige weniger bedeutende Punkte erobern. In der elften Schlacht, die von 18. August bis 20. September 1917 ausgetragen wurde, konnten Cadornas Truppen unter größten Verlusten schließlich 6 km Boden zwischen Görz und Flitsch erringen. Dies sollte das weiteste Vordringen der Italiener vor der Niederlage von Karfreit darstellen.

Unten links: Ein österreichischer Soldat bei der Luftabwehr. Unten rechts: Aus der österreichisch-ungarischen Propaganda: Die Österreicher schlagen die Angriffe der Italiener am Isonzo immer wieder zurück.

PROTAGONISTEN

LUIGI CADORNA

wurde im September 1850 in Pallanza geboren. Als einzigem Sohn von General Raffaele Cadorna, der sowohl am Unabhängigkeits- und Einigungskrieg Italiens als auch am Krimkrieg teilgenommen hatte, war ihm die militärische Laufbahn sozusagen in die Wiege gelegt. Nach seiner Ausbildung in Mailand und Turin stieg er rasch zum Kommandanten verschiedener Bataillone auf, darunter auch des 10. Bersaglieriregiments.

1914, genau zu Kriegsausbruch, avancierte er zum Generalstabschef des italienischen Heeres. Nach dem Eintritt Italiens in den Krieg im Mai 1915 führte Cadorna seine 35 Divisionen gegen die österreichisch-ungarischen Stellungen in den Kampf, verfügte jedoch nicht über das geeignete Kriegsmaterial, um für den nun folgenden zermürbenden Schützengrabenkrieg gewappnet zu sein.

Cadorna, der in der Kriegführung freie Hand hatte, setzte voll auf die Strategie des Frontalangriffs bzw. der Abnutzung, die von den französischen Generälen bereits zu Anfang des Krieges verfolgt worden war und die sich letztlich als äußerst verlustreich und wenig zielführend herausstellte. Cadornas oberstes Gebot war die unbedingte Pflichterfüllung. Er war zutiefst davon überzeugt, dass für den Endsieg kein Opfer zu groß sei und das gesamte Land seinen Beitrag zu leisten habe – und so führte er den Schützengrabenkrieg mit größter Härte und verlangte von seinen Soldaten äußerste Disziplin. Sein Führungsstil war es, völlig allein und ohne Berater zu entscheiden.

Cadorna war einem aristokratischen Ideal der Pflichterfüllung verhaftet, verstand es aber nicht, die modernen Kriegsmittel bestmöglich zum Einsatz zu bringen und die noch nie dagewesene zahlenmäßige Stärke der Truppen zu seinem Vorteil einzusetzen. Stattdessen verlangte er seinen Soldaten das Letzte ab, ohne auf die Moral der Truppen Bedacht zu nehmen.

Am 24. Oktober 1917 durchbrachen die deutsch-österreichischen Truppen die italienischen Linien bei Karfreit (Caporetto) und drangen in die venezianische Ebene vor. Cadorna wurde nach dieser schweren Niederlage von Armando Diaz abgelöst.

Im Zuge dieser verlorenen Schlacht, für die Cadorna die Hauptverantwortung trug, verlor er jegliche politische Unterstützung und wurde zunehmend isoliert. Schließlich war es Mussolini, der Cadorna rehabilitierte und ihn zum Feldmarschall ernannte. Zu diesem Anlass erhielt Cadorna eine Villa in Pallanza, wo ihm nach seinem Tod 1928 ein Mausoleum errichtet wurde.

Oben und links unten: Cadorna bei der Inspektion der italienischen Stellungen. Unten: Cadorna zusammen mit Gabriele D'Annunzio. Mitte: Eine Ehrenmedaille der italienischen 2. Armee.

SCHLACHTEN

ISONZO

Am 23. Mai 1915 erklärte die italienische Regierung unter Salandra – auch unter dem Druck der für den Krieg eintretenden Interventisten – Österreich-Ungarn den Krieg. Schon am nächsten Tag mobilisierte General Cadorna seine Truppen (bei Kriegseintritt etwa 460.000 Mann), die jedoch nur unzureichend ausgerüstet waren.

Die anfängliche Offensive der Italiener kam rasch zum Stillstand, sodass sich ein zäher Stellungskrieg im Hochgebirge entwickelte – und zwar am Isonzo, wo einander die österreichisch-ungarischen und die italienischen Truppen von 1915 bis 1917 in nicht weniger als elf Schlachten gegenüberstanden.

Die beiden ersten Schlachten (23. Juni bis 7. Juli bzw. 18. Juli bis 3. August 1915) wurden von italienischer Seite in dem Bestreben in Angriff genommen, den Druck der k. u. k. Truppen an der Ostfront zu vermindern. Die dritte und vierte Isonzoschlacht (18. Oktober bis 4. November bzw. 10. November bis 2. Dezember) zielte darauf ab, den

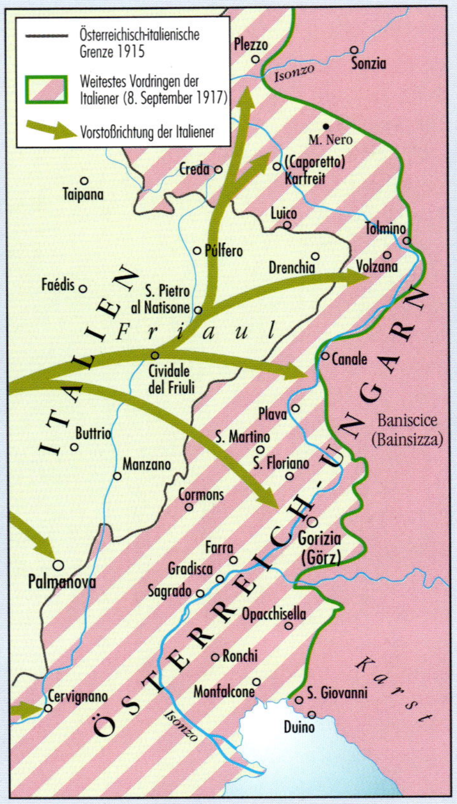

Druck der Mittelmächte auf Serbien bzw. auf die alliierten Truppen in Saloniki zu verringern. Die Italiener erzielten mit diesen Offensiven jedoch lediglich einen Geländegewinn von wenigen Kilometern, wobei sie Verluste von mehr als 300.000 Mann erlitten.

Vom 11. bis 16. März griffen die Italiener die k. u. k. Stellungen zum fünften Mal an – diesmal am Görzer Brückenkopf sowie am Hochplateau von Doberdo –, doch auch diesmal gelang der entscheidende Durchbruch nicht. Kaum war die Schlacht vorüber, plante General Cadorna bereits mit größter Sorgfalt den nächsten Angriff, in der wieder die Stadt Görz (Gorizia) das Ziel sein sollte. Dieser wichtige Verkehrsknotenpunkt war stark befestigt und deshalb nur sehr schwer einzunehmen. In der sechsten Auseinandersetzung gelang den Italienern jedoch das schier Unmögliche, und sie marschierten am 8. August in Görz ein.

General Cadorna versuchte nach diesem Erfolg zwischen Mitte September und Anfang November, das Erreichte auszubauen und nach Triest vorzustoßen. Gleichzeitig wollte er verhindern, dass die k. u. k. Truppen einen Feldzug gegen Rumänien unternahmen, das am 28. August auf Seiten der Entente in den Krieg eingetreten war. Alle drei Offensiven blieben jedoch ohne durchschlagenden Erfolg. In der zehnten Isonzoschlacht (12. Mai bis 6. Juni 1917) konnten die Italiener nur einige weniger bedeutende Punkte erobern. In der elften Schlacht, die von 18. August bis 20. September 1917 ausgetragen wurde, konnten Cadornas Truppen unter größten Verlusten schließlich 6 km Boden zwischen Görz und Flitsch erringen. Dies sollte das weiteste Vordringen der Italiener vor der Niederlage von Karfreit darstellen.

Unten links: Ein österreichischer Soldat bei der Luftabwehr. Unten rechts: Aus der österreichisch-ungarischen Propaganda: Die Österreicher schlagen die Angriffe der Italiener am Isonzo immer wieder zurück.

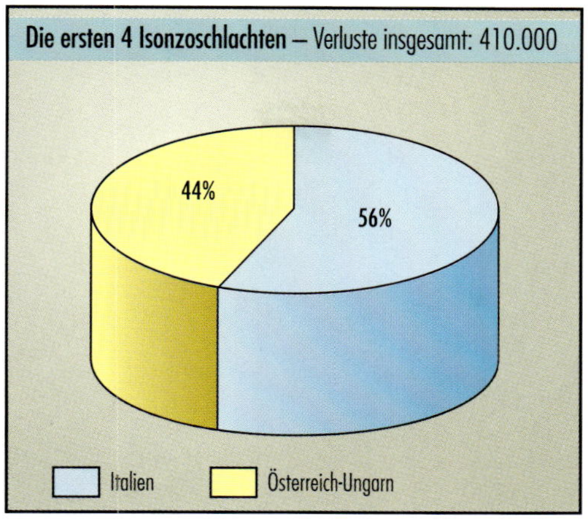

SCHWERE ARTILLERIE
Soldaten beim Weitertransport einer italienischen Haubitze des Typs 305/17. Die Artillerie galt als entscheidender Faktor in jeder Offensive. Jedoch wurde das Gelände durch das Artilleriefeuer oft derart mitgenommen, dass die eigenen Truppen am Vorwärtskommen behindert waren. Überdies gab eine zu lange andauernde Beschießung dem Feind die Zeit, einen Gegenangriff vorzubereiten.

Krieg, und am 24. Mai überschritten die ersten Truppen die Piave, um in der Folge bis zu den feindlichen Verteidigungsstellungen vorzudringen – eine Front von über 600 km Länge, die sich von den Tiroler Dolomiten über die Karnischen und Julischen Alpen bis zum Isonzo erstreckte. Doch wie sich bald zeigte, war das Land für diesen Krieg alles andere als gut gerüstet: Die Mobilmachung verlief nur sehr schleppend, sodass das Heer unter Generalstabschef Luigi Cadorna erst im Juni wirklich einsatzbereit war. Die k. u. k. Truppen waren zwar zahlenmäßig unterlegen, hatten aber besonders günstige Stellungen bezogen, insbesondere in den Alpen. Die italienische Armee war großteils schlecht organisiert und ausgerüstet; ein großer Teil der Waffen war im Krieg in Libyen eingesetzt worden, sodass vor allem Maschinengewehre, Gewehre, großkalibrige Artillerie und sogar Stahlhelme knapp waren.
Von Juni bis Dezember wurden vier große Offensiven am Isonzo gestartet, in deren Verlauf es den Italienern jedoch nicht gelang, die österreichischen Stellungen zu durchbrechen und nach Görz (Gorizia), dem wichtigsten Ziel aller Attacken, vorzudringen. Bis zum Jahresende waren 173.000 Italiener und 131.000 Österreicher gefallen. Görz war in österreichischer Hand geblieben, und man war lediglich um wenige Kilometer vorgerückt.

DIE ERSTEN STIMMEN GEGEN DEN KRIEG

Nachdem sich die erste Kriegsbegeisterung gelegt hatte, begann sich die Stimmung der nationalen Einigkeit, die in allen beteiligten Ländern vorgeherrscht hatte, noch 1915 empfindlich zu trüben. Verantwortlich dafür waren die Opfer, die nicht nur den Truppen an der Front, sondern auch der Zivilbevölkerung abverlangt wurden. An der Front wurde die körperliche Widerstandsfähigkeit und auch die Moral der Soldaten in den Schützengräben auf eine harte Probe gestellt. Die Verluste waren auf allen Seiten enorm: Nach den vielen Gefallenen der ersten blutigen Gefechte 1914 blieben

EIN ZÄHES RINGEN
Italienische Truppen beim Überschreiten des Isonzo. Der italienische Generalstab plante 1915 eine Reihe von Offensiven an der Isonzofront, deren Ziel die Stadt Görz (Gorizia) war. Cadorna glaubte an ein relativ zügiges Vorankommen – doch er sollte sich irren: Görz fiel erst im August 1916.

WEHRHAFTES ITALIEN
Italien als wehrhafte Römerin tritt dem germanischen Barbaren furchtlos entgegen. Die Fantasie der Kriegspropaganda ist kaum noch zu überbieten.

GEGEN DEN KRIEG
Die Stimmen gegen den Krieg sollten zum Schweigen gebracht werden. Der deutsche Karl Liebknecht (in der Mitte mit der Schubkarre) bei der Zwangsarbeit.

auch auf den Schlachtfeldern 1915 unzählige Opfer zurück: 300.000 bei den Deutschen, 400.000 bei den Russen, 300.000 bei den Franzosen, 150.000 auf österreichischer und 170.000 auf italienischer Seite. Bis zum Jahresende hatte Großbritannien ein Drittel seines Expeditionskorps in Frankreich verloren.

Die Proteste gegen den Krieg wurden immer lauter. In Großbritannien scharte der Führer der *Labour Party,* James Ramsay MacDonald, eine Gruppe von Pazifisten um sich. Auf dem europäischen Festland organisierte sich ein namhafter sozialistischer Widerstand, insbesondere auch in Italien. Vom 5. bis 8. September 1915 trafen sich in Zimmerwald in der neutralen Schweiz die Vertreter der verschiedenen sozialistischen Parteien bzw. ihrer pazifistischen Flügel zu einer Konferenz für den Frieden. Sie verurteilten den imperialistischen Krieg und sprachen sich für einen »Frieden ohne Gebietsansprüche und Reparationszahlungen« aus.

PROPAGANDA UND ZENSUR

In dieser Situation war es für die Krieg führenden Länder von allergrößter Bedeutung, den inneren Zusammenhalt zu wahren. Nicht selten wurde zu plumper Propaganda und Verleumdung gegriffen, wenn es galt, den »Defätismus« der Pazifisten anzuprangern. Die Presse verwandelte sich von einem Informationsmedium zu einem reinen Propagandawerkzeug. Die Zeitungen waren aufgerufen, den Einigkeitssinn sowie den Nationalstolz der Bevölkerung zu bestärken. Es wurde genau geprüft, welche Informationen veröffentlicht werden, und als mit der Zeit der Kriegsfortgang

HINDENBURG
Der deutsche General Paul von Hindenburg mit einigen Soldaten der kaiserlichen Armee. Nach den glorreichen Siegen an der Ostfront wurde Hindenburg zum Nationalhelden, der immer mehr Einfluss auf den Kriegsverlauf nahm. Neben ihm der ebenfalls äußerst einflussreiche Ludendorff.

PROTAGONISTEN

JOSEPH J. JOFFRE

Der französische Marschall Joseph Jacques Césaire Joffre wurde 1852 in Rivesaltes in den Pyrenäen geboren. Bereits in der zweiten Hälfte des 19. Jahrhunderts war er als blutjunger Technikstudent im Französisch-Preußischen Krieg von 1870 an der Verteidigung vor Paris beteiligt. Ab 1885 nahm er an Militäraktionen in Tonking, Timbuktu und Madagaskar teil.

Das Frankreich der Dritten Republik eröffnete ihm mit seinen zahlreichen Kolonien eine glänzende militärische Laufbahn. Kurz vor dem Ausbruch des Krieges wurde Joffre zum Generalstabschef des französischen Heeres ernannt. Als der Weltkrieg begann, wurde er Oberbefehlshaber an der Nord- und Nordostfront. Joffre war als Mann aus dem Volk sehr beliebt bei seinen Soldaten, die ihn »Papa Joffre« nannten. Der von ihm zu Beginn des Krieges konzipierte Gefechtsplan, der so genannte Plan XVII, zog die Möglichkeit nicht in Betracht, dass Deutschland die Neutralität Belgiens verletzen könnte. Laut diesem Plan war es für den Endsieg von entscheidender Bedeutung, dass man stets die Initiative im Kriegsgeschehen behielt. Angesichts des deutschen Ansturms bewies Joffre außergewöhnliche Fähigkeiten als Feldherr; er bewahrte kühlen Kopf und ordnete den Rückzug seiner Infanterie an, die sich schließlich an der Marne formierte. Hier gelang es ihm, die Deutschen zu stoppen. Im Dezember 1915 wurde er zum Oberbefehlshaber aller französischen Streitkräfte ernannt. Der deutsche Angriff bei Verdun im Februar 1916 überraschte die Franzosen zwar, doch auch hier fällte Joffre einen weisen Entschluss, indem er den fähigen General Pétain einsetzte, um die Lage zu retten. Schließlich verließ den Sieger der Marneschlacht das Glück, und zwar in der Schlacht an der Somme 1916. Mangels entscheidender militärischer Erfolge sowie aufgrund von Meinungsverschiedenheiten mit der politischen Führung Frankreichs wurde Joffre im Dezember 1916 durch General Nivelle abgelöst. Dieser ging von der Strategie der wiederholten Blitzaktionen ab, mit der die Zermürbung des Feindes erreicht werden sollte.
Nach seiner Pensionierung verfasste Joffre seine Memoiren sowie verschiedene Arbeiten zur militärischen Strategie. Er starb 1931 in Paris.

Oben links: Marschall Joffre (3. von links) mit Kriegsminister Thomas, General Haig und dem britischen Premierminister Lloyd George. Oben rechts: Eine Gruppe französischer Kavalleristen. Links: Der Orden Legion d'onore, *von Napoleon 1802 ins Leben gerufen.*

BLUMEN AN DER FRONT
Gehobene Stimmung und Blumen auf dem Mittagstisch – französische Offiziere versuchen auf diesem Propagandabild Optimismus zu verbreiten.

BETHMANN-HOLLWEG
Theobald von Bethmann-Hollweg, der seit 1909 das Amt des Reichskanzlers ausübte, wurde vor allem von Hindenburg und Ludendorff als zu moderat angesehen und musste im Juli 1917 Georg Michaelis weichen.

dazu angetan war, Zweifel und Pessimismus hervorzurufen, galt jede realistische Berichterstattung bereits als »unpatriotisch«.
Alle Kräfte im Land wurden aufgerufen, ihren Beitrag zu leisten. Die Presse passte sich in der Regel von sich aus dieser Linie an, insbesondere jene Blätter, die seit jeher die Stimme der herrschenden Klassen darstellten, wie etwa *Figaro*, *Times* und in Italien *Corriere della Sera*. Bei all jenen Zeitungen, die sich nicht freiwillig dieser Linie verschrieben, trat die Zensur in Kraft.
Doch die durch den Krieg bewirkten Einschränkungen betrafen nicht allein die Pressefreiheit, sondern auch das Streikrecht, den Handlungsspielraum der Gewerkschaften und die Installierung von Kriegsgerichten. Insgesamt kann man sagen, dass die Bürgerrechte während des Krieges drastisch eingeengt waren.

DIE VORHERRSCHAFT DER MILITÄRS

In allen Krieg führenden Ländern konnte man beobachten, dass die Militärs das politische Leben zunehmend dominierten. Dies zeigte sich nicht zuletzt in einer Verstärkung der Exekutive zu Ungunsten der gewählten Volksvertreter im Parlament; daraus folgte, dass die Macht in den Händen einer kleinen Gruppe von Männern konzentriert war, aber auch, dass sich die Möglichkeit neuer politischer Allianzen bot, die vor dem Ausbruch des Krieges undenkbar gewesen wären.
In Deutschland errichteten Hindenburg, ab 1916 Generalstabschef des deutschen Heeres, und Ludendorff eine Art Militärdiktatur. Die enorme Macht, die die deutschen Generäle ausübten, sollte sich schließlich auch auf den Ausgang des Krieges auswirken. Während im militaristischen Regime des deutschen Kaisers sowie auch in Österreich-Ungarn die Rechte des Parlaments bereits vor dem Krieg eingeschränkt waren, bekam man die Restriktionen in den liberalen Demokratien noch schmerzlicher zu spüren.
In Frankreich zog sich die Regierung von September bis Dezember 1914 nach Bordeaux zurück, um nicht im belagerten Paris eingeschlossen zu sein. Während dieser

PFALZ D III
Dieses Flugzeug des Typs Pfalz D III war der erste gänzlich von den Pfalz-Flugzeugwerken konzipierte und gebaute Flieger. Er war mit Maschinengewehren des Typs Spandau ausgestattet, die im Flugzeugrumpf eingebaut waren, und wurde von einem 175 PS starken Mercedes-Motor angetrieben. Zum ersten Mal eingesetzt wurde dieses Flugzeug im August 1917.

PROTAGONISTEN

HERBERT KITCHENER

Lord Horatio Herbert Kitchener wurde 1850 in Listowel in der Grafschaft Kerry, Irland geboren und gilt als einer der Hauptverantwortlichen für den Sieg der Alliierten im Ersten Weltkrieg. Nachdem er als Freiwilliger auf der Seite der Franzosen im Krieg von 1870 teilgenommen hatte, verbrachte er einen Großteil seines Lebens in den Kolonien. Als britischer Kolonialoffizier war er in der ägyptischen Armee, die er zusammen mit englischen Offizieren neu organisierte und deren Kommandant (Sirdar) er 1892 wurde. Durch seinen Einsatz in Ägypten sollte Kitchener zu einem Nationalhelden werden. Nachdem die Mahdis 1881 im Sudan einen Aufstand gegen die ägyptischen Herren unternahmen, verlor Großbritannien seinen Einfluss im Sudan. Erst 1898 gelang es Kitchener mit seinem Sieg über die Mahdis, die britische Herrschaft im Sudan wiederherzustellen. Kitcheners Feldzug endete am 2. September in Omdurman, wo die Briten mit ihren Acht-Zoll-Kanonen über die Mahdi-Kavallerie die Oberhand behielten. Kitchener erhielt daraufhin den Titel eines Earl of Khartoum. 1900 wurde er zum Generalgouverneur des Sudan ernannt, der nun in britischer Hand war. Kitchener wurde jedoch noch im selben Jahr nach Südafrika geschickt, um gegen die Buren zu kämpfen. Als Nachfolger von General Roberts gelang es ihm durch Zähigkeit und äußerste Härte, die aufständischen Buren zu besiegen, wobei er auch vor der Einrichtung von Konzentrationslagern nicht zurückschreckte.

Nach diesem Erfolg wurde Kitchener der Oberbefehl über die britisch-indische Armee übertragen (1902-1909), die er ebenso neu organisierte wie jene in Australien und Neuseeland. 1910/11 hatte er auch das

Kommando im Mittelmeer inne.

Als Kriegsminister musste Kitchener sich 1914 dem Problem stellen, dass die britische Armee, die stets auf Freiwillige angewiesen war, dringend modernisiert werden musste. Er kannte die militärische Stärke Deutschlands und rechnete deshalb nicht damit, dass der Krieg schon bald entschieden werden würde. Daher entwickelte Kitchener ein Reformprogramm, das er mit gewohnter Entschlossenheit und Zähigkeit, allen Hindernissen zum Trotz, vorantrieb. Er war es, der 1916 die Einführung der allgemeinen Wehrpflicht durchsetzte. Auf diese Weise gelang es ihm, insgesamt 70 Heeresdivisionen zu schaffen, womit er sein außergewöhnliches Organisationstalent wieder einmal unter Beweis stellen konnte. Kitcheners Fähigkeit, eine Armee zu reformieren, sprach sich derart herum, dass sogar der Zar in Russland seine Meinung einholen wollte. Diese neue Mission sollte jedoch tragisch enden: Im Juni 1916 lief der britische Panzerkreuzer *Hampshire* auf dem Weg nach Russland vor den Orkney-Inseln auf eine Mine auf. Kitchener starb mitsamt der ganzen Besatzung.

Links: Kitcheners Konterfei wurde auch zur Anwerbung von Freiwilligen eingesetzt. Mitte: Der hoch angesehene Lord Kitchener bei einer Inspektion im Feld.

INDISCHE KAVALLERIE
Die Briten setzten ihre indischen Truppen sehr häufig ein – sowohl an der Westfront als auch im Nahen Osten.

SALANDRA
Italiens Ministerpräsident Antonio Salandra musste 1916 zur Kenntnis nehmen, dass das Militär einen immer stärkeren Einfluss auf die Politik ausübte.

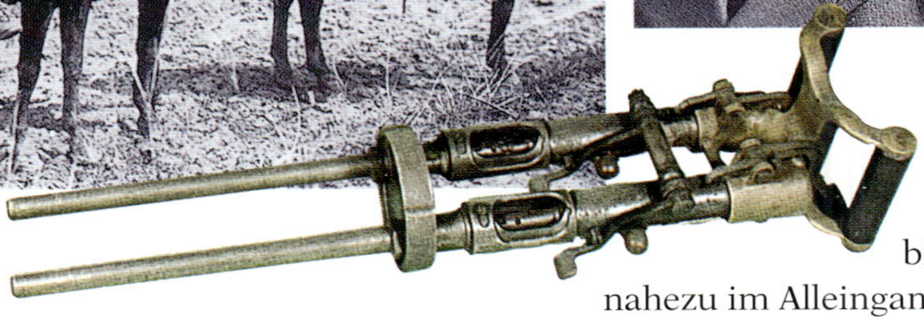

MASCHINENPISTOLE
Dieses von FIAT hergestellte Modell mit zwei Läufen wurde von der italienischen Armee verwendet.

Zeit lag die Macht allein in den Händen der Generäle Joffre, dem Oberbefehlshaber des Heeres, und Galliéni, dem Militärgouverneur von Paris und späteren Kriegsminister. Erst 1916 hatten die französischen Abgeordneten wieder die Möglichkeit, die Front zu besuchen. Die ernste Situation, in der sich das Land befand, führte zur Bildung einer Koalitionsregierung, der alle politischen Kräfte (auch die Sozialisten) angehörten, wobei die eigentliche Macht dennoch von den Militärs ausging.
In Großbritannien erlangte Lord Kitchener, der Kriegsminister der Regierung Asquith, gestärkt durch die von ihm organisierte, äußerst erfolgreiche Anwerbung von Freiwilligen, nahezu unbegrenzte Entscheidungsgewalt über das militärische Vorgehen des Landes. Erst als General Robertson zum Generalstabschef ernannt wurde, nahm sein Einfluss ein wenig ab – doch bis dahin bestimmte er nahezu im Alleingang, wie England im Krieg vorging. Nach seinem Tod im Juni 1916 hatte Premierminister Lloyd George alle Mühe, die Kontrolle der Militärs über das Kriegsgeschehen einzuschränken. Auch in Großbritannien bewogen die außerordentlichen Umstände die Regierung dazu, sich einer Koalition mit den Oppositionsparteien zu öffnen, sodass erstmals ein Vertreter der *Labour Party* dem Ministerrat angehörte. Die Oberbefehlshaber wechselten relativ oft – bei den Engländern folgte Haig auf French, bei den Franzosen wurde Joffre durch Nivelle ersetzt, der seinerseits von Pétain abgelöst wurde –, was deutlich zeigte, welche Spannungen – aber auch Verflechtungen – zwischen Politikern und Militärs bestanden.
Auch in Italien ordnete sich die Politik nach dem Kriegseintritt zunehmend den Intentionen der Militärs unter, zumindest bis zur Niederlage von Karfreit (Caporetto) 1917.

DAS LEID DER ZIVILBEVÖLKERUNG
Ein bedrückendes Faktum des Ersten Weltkrieges war, dass die Zivilbevölkerung massiv in das Kriegsgeschehen hineingezogen wurde. Sowohl an der Westfront als auch an der Ostfront musste die Zivilbevölkerung beim Rückzug der jeweiligen Armeen die Flucht ergreifen oder – wie rechts im Bild an der Front in Galizien – auf engstem Raum mit den Militärs zusammenleben.

DER KRIEG AUSSERHALB EUROPAS

Der Erste Weltkrieg wurde zwar hauptsächlich in Europa ausgetragen – es mussten sich aber auch viele nichteuropäische Länder, die durch die Kolonialpolitik mehr oder weniger an den Alten Kontinent gebunden waren, auf den Krieg vorbereiten oder auch aktiv in das Geschehen eingreifen.

Kurz vor Kriegsausbruch hatte Großbritannien eine schwere Krise zu bewältigen, weil seine Dominions auch im Hinblick auf die internationalen Beziehungen größere Autonomie forderten. Kanada, Australien, Neuseeland, die Südafrikanische Union und Neufundland, die sich am Krieg direkt beteiligten, durften später sogar an den Friedensverhandlungen in Versailles teilnehmen – in Anerkennung ihres Beitrages zum Sieg. Mit Ausnahme von Indien waren hingegen andere Länder des Britischen Reiches, wie die meisten Länder Afrikas sowie der asiatische und der pazifische Raum, weniger stark in den Krieg involviert. Die indischen Truppen spielten allerdings in einigen Phasen des Krieges eine äußerst wichtige Rolle. Der Blutzoll, den die indischen Streitkräfte für die britische Sache zahlten, sollte für die Inder in den Zwanzigerjahren zu einem wichtigen Pfand in ihren nationalistischen Bestrebungen werden.

Auch die afrikanischen Kolonien kämpften an der Seite der Alliierten: Algerische und vor allem senegalesische Soldaten in französischer Uniform fielen zu Tausenden am Chemin des Dames, in Verdun und Flandern. Im Fernen Osten wurden die deutschen Kolonien im Pazifik von den Japanern, Australiern und Neuseeländern okkupiert. Nach der russischen Revolution spitzte sich die Situation weiter zu; während Deutschland und Russland ihren Einfluss im pazifischen Raum verloren, verstärkten vor allem Japan und die USA ihre Präsenz in diesem Gebiet, was bald zu neuen Konflikten führen sollte.

Nur Südamerika blieb vom Kriegsgeschehen verschont. Durch die große Entfernung von den Kriegsschauplätzen konnte dort ein wirtschaftlicher Aufschwung verzeichnet werden, der zu einer Periode des relativen Wohlstands führte. Jedoch vertraten die süd- bzw. mittelamerikanischen Länder keine einheitliche Haltung in Bezug auf die Krieg führenden Parteien. Während Mexiko, Venezuela und Chile sich Deutschland-freundlich gaben, tendierten Argentinien, Kolumbien, El Salvador und Paraguay eher zu den Entente-Mächten. Alle diese Länder blieben jedoch während des gesamten Krieges neutral. Die übrigen Staaten folgten dem Beispiel der USA und erklärten Deutschland den Krieg, entsandten jedoch – mit Ausnahme von Brasilien – keine Truppen nach Europa.

Unten, von links: Australische Soldaten in einem Schützengraben bei Ypern; für Großbritannien kämpfende Soldaten aus Westindien im Frontabschnitt Amiens; zwei kanadische Pioniere mit einer Brieftaube auf einem Hügel bei Vimy. Oben: Ein britischer Kavallerist in Palästina sowie südafrikanische Soldaten während einer folkloristischen Darbietung.

ARE YOU IN LEAGU
WITH THE KAISE
FOOD WASTERS.
LUXURY USERS.
AND BUYERS OF
USELESS ARTICLES.
RAVAGANT ONES)
YES! War or no W
We live as Usual
AISER)
Thank you, my Frie
or you are indee
Fok. DR. I 425/17

1916

Ein unnötiges Massaker

Das Jahr 1916 sollte das Jahr der großen Offensiven werden, die bald von Seiten der Alliierten, bald seitens der Mittelmächte gestartet wurden und die oft zu furchtbaren Gemetzeln ausarteten, ohne einen nennenswerten strategischen Erfolg zu bringen. Zu Beginn des Jahres schien der Block der Mittelmächte etwas im Vorteil zu sein. Die Armeen Deutschlands und Österreich-Ungarns hatten sich an allen Fronten, mit Ausnahme der österreichisch-italienischen, im Feindesland festgesetzt. Besonders schwierig für die Entente-Mächte stellte sich die Lage auf dem Balkan dar, nachdem Serbien besiegt und die Operation in den Dardanellen gescheitert war; der Rückzug der alliierten Truppen von der Halbinsel Gallipoli wurde im Januar 1916 abgeschlossen.

Doch die Operationen der deutschen sowie der österreichisch-ungarischen Truppen schienen einmal mehr ins Stocken zu geraten, als erneut gravierende Auffassungsunterschiede zwischen den beiden Oberkommandos auftraten. An

AN DER SOMME
(vorhergehende Seite)
An der Somme musste die britische Infanterie besonders hohe Verluste hinnehmen.

TÜRKISCHE VERSTÄRKUNG
Türkische Truppen – hier im Bild ihre Offiziere – wurden zur Unterstützung der k. u. k. Armee an die russische Front entsandt.

GERÜSTET
Solche Panzerungen wurden in der italienischen Armee von Männern verwendet, die mit dem Durchschneiden von Stacheldrahtverhauen betraut waren.

der Ostfront hatten Hindenburg und Ludendorff eine Großoffensive geplant, um Russland endgültig in die Knie zu zwingen. Dabei wollte man über das neutrale Rumänien vorgehen – und zwar mit oder ohne Erlaubnis der rumänischen Regierung. Um dieses Vorhaben zu verwirklichen, brauchte Falkenhayn die Unterstützung Conrad von Hötzendorfs, der jedoch nicht bereit war, die italienische Front zugunsten der russischen zu schwächen; Österreich-Ungarn wollte die Absicherung an den Südgrenzen nicht vernachlässigen.
So war es schließlich Russland, das zwischen Juni und Oktober die Initiative ergriff: Vier Armeen unter General Brussilow drängten die österreichischen Truppen – so wie schon 1914 – bis zu den Karpaten zurück. Dieser militärische Erfolg war für Russland jedoch teuer erkauft: Die hohen Verluste an Menschenleben, die von den militärischen Führungsspitzen eher gleichgültig in Kauf genommen wurden, sollten die Moral der zaristischen Armee nachhaltig untergraben.

KRIEGSSCHAUPLATZ NAHER OSTEN

Die russischen Truppen gingen nicht nur an der europäischen Front in die Offensive. Nachdem sie die türkische 3. Armee zum Stillstand gebracht hatten, starteten sie im Februar im Kaukasus einen Gegenangriff und überschritten in der Folge die Grenzen des Osmanischen Reiches, wo sie Erzurum einnahmen. Es war dies die Hauptstadt eines jener Gebiete, die von Armeniern bewohnt waren. Dieses Volk wurde daraufhin von den Türken des Verrats bezichtigt und musste deshalb die ganze Wut über die Niederlage über sich ergehen lassen. Eine Massenvertreibung der Armenier war die Folge.
Doch nicht nur Russland hatte ein Interesse an einer Spaltung des Osmanischen Reiches. Im April setzten Frankreich und Großbritannien ein Übereinkommen auf, das nach den beiden Unterhändlern Sykes und Pikot benannt wurde, in dem die Aufteilung des Osmanischen Reiches nach dessen militärischer Niederlage

FALSCHE ENTSCHEIDUNG
Russische Truppen an der Front in Galizien: Die Entscheidung des Zaren, Großfürst Nikolaj abzusetzen und selbst das Kommando über die Streitkräfte zu übernehmen, erwies sich als schwerer Fehler. Ab nun sollte die Bevölkerung den Krieg und die Niederlagen der russischen Armeen stets direkt dem Zaren anlasten.

DER VÖLKERMORD AN DEN ARMENIERN

Zu den furchtbaren Gräueln dieses Krieges zählt auch ein Vorfall, der die Weltöffentlichkeit nie allzu sehr beschäftigte – zum einen, weil man ihn in der Türkei stets verdrängte oder gar leugnete, zum anderen, weil nur wenige Berichte davon überliefert sind. Es handelt sich um den Völkermord, den der türkische Staat an dem Volk der Armenier beging. Möglich wurde diese Tat erst durch den Krieg und die Umstände, die er mit sich brachte: Die damals herrschenden Notstandsgesetze schränkten die parlamentarischen Kontrollmöglichkeiten sowie die Bürgerrechte ein, und unter der Bevölkerung herrschte eine regelrechte Kriegshysterie. Außerdem war auch das Auge der Weltöffentlichkeit auf andere Dinge gerichtet.

Die Konflikte zwischen Türken und Armeniern hatten ethnisch-religiöse Ursachen und kamen zum Ausbruch, als das Osmanische Reich eine Ausdehnung nach Osten ins Auge fasste, um alle Türkvölker zu vereinen. In den Jahren 1894-1896 kam es zu einer ersten Welle der Gewalt, für die Sultan Abdul-Hamid II. verantwortlich war, der eine andere Minderheit des Reiches, die der Kurden, gegen die Armenier aufhetzte. 1909 kam es zu neuerlichen Repressalien durch die *Jungtürken,* eine Bewegung, die eine konstitutionelle Reform des Osmanischen Reiches anstrebte. Die beiden Regionen, in

denen die Armenier seit jeher angesiedelt waren, nämlich Zilizien und Armenien, wurden zum Schauplatz von Massakern und Massenfestnahmen. Damals fielen über 300.000 Armenier den Türken zum Opfer – und das bei einer Bevölkerung von insgesamt zwei Millionen. Außerdem wurden mehrere Zehntausend gezwungen, zum Islam zu konvertieren, während ein wahrer Strom von Flüchtlingen das Osmanische Reich verließ.

1914 schloss sich die Türkei den Mittelmächten an, um gegen Russland in den Krieg zu ziehen. Die Armenier, die sich geographisch an der Ostfront befanden, traten mehrheitlich in die türkische Armee ein, was jedoch nichts an der Feindseligkeit änderte, die man ihnen entgegenbrachte. Im Dezember 1914 startete Enver Pascha, der das Kommando über die 3. Armee übernommen hatte, eine Offensive im russischen Kaukasus, bei der keinerlei Vorbereitungen auf den strengen Winter getroffen wurden. Zehntausende Soldaten erfroren oder verhungerten, während die Reste der 3. Armee sich zurückziehen mussten. Die russischen Truppen nahmen die drei armenischen Städte Van, Erzurum und Bitlis ein. Die geschlagenen Türken machten nun die Armenier zu Sündenböcken ihrer Niederlage, indem sie ihnen vorwarfen, mit dem Feind zu kollaborieren.

Die armenischen Soldaten in der türkischen Armee wurden entwaffnet. Daraufhin begann man unter dem Vorwand, dass die Front so nahe sei, die Zivilbevölkerung aus ihrer Heimat zu deportieren. Angehörige der armenischen Elite wurden verhaftet und nach gewaltsam erzwungenen Geständnissen umgebracht. Im Verlauf der Massendeportationen wurden fernab von internationalen Beobachtern unzählige Menschen ermordet. Die Armenier aus Zilizien wurden in die Wüsten Syriens oder Mesopotamiens »umgesiedelt«. An der Tragödie konnte auch vereinzelt aufflackernder Widerstand nichts ändern, wie er etwa in Franz Werfels Roman *Die vierzig Tage des Musa Dagh* beschrieben wurde; in diesem Fall wurde eine Gruppe von 4000 Armeniern durch das Eingreifen der Franzosen gerettet.

Gegen Ende des Jahres 1916 waren nur noch im Raum Konstantinopel und Smyrna Armenier zu finden – der Rest war geflüchtet oder den Türken zum Opfer gefallen.

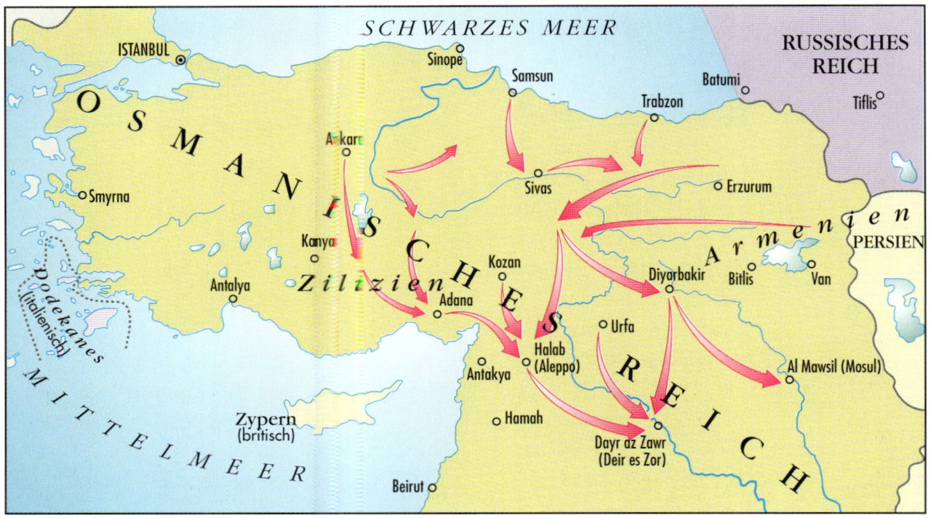

Diese Karte zeigt die Hauptrichtungen, in denen die Deportation der Armenier erfolgte. Oben: Enver Pascha zu jenem Zeitpunkt, als er an die Spitze der türkischen Regierung gelangt war. Nach Kriegsende kämpfte Enver in Russland, das noch mitten im Bürgerkrieg steckte, um zu Besitz und Einfluss zu gelangen. Er starb 1922 im Kampf gegen die Rote Armee unter Michail Frunze.

PROTAGONISTEN

LAWRENCE VON ARABIEN

Der Vater von Lawrence von Arabien, Thomas Chapman, verließ seine Ehefrau, um mit Sarah Junner zu leben. Die beiden versuchten sich hinter dem falschen Familiennamen »Lawrence« zu verbergen. Thomas Edward kam 1888 als zweites von fünf Kindern zur Welt. Es erschütterte ihn zutiefst, als er herausfand, dass seine Eltern nicht rechtmäßig verheiratet waren.

T. E. Lawrence studierte in Oxford, wo er seine Faszination für den Orient entdeckte und sich für die Wiederentdeckung des Mittelalters und der arabischen Welt begeisterte, die in jenen Tagen weit verbreitet war. 1909 unternahm er eine Reise nach Palästina und Syrien. 1911 beteiligte er sich im Auftrag des *British Museum* als Archäologe an den Ausgrabungen der hettitischen Stadt Karkemisch am Euphrat. Während der Ausgrabungsarbeiten freundete er sich mit einem Mitarbeiter an, bei dem es sich möglicherweise um jenen »S.A.« handelte, dem die Verse in der Einleitung seines Buches *Die sieben Säulen der Weisheit* gewidmet sind. Während er seine Kenntnisse der arabischen Dialekte perfektionierte, trat er als Agent in die Dienste des englischen Geheimdienstes, der stets über die Baufortschritte der »Linie 3B« informiert sein wollte – einer Eisenbahnstrecke, die von Berlin über Byzanz nach Bagdad führen sollte.

1914 unternahm er – als archäologische Mission getarnt – die kartographische Erfassung der Sinai-Halbinsel. Als der Krieg ausbrach, wurde er dem Meldedienst in Kairo zugeteilt, der von Hochkommissar Sir Henry MacMahon geleitet wurde. Seit 1915 stand Lawrence als Verbindungsoffizier dem Großscheich von Mekka, Hussein, zur Seite und wurde Berater von Emir Feisal.

In dieser Funktion unterstützte er die Araber, die ab Juni 1916 um ihre Freiheit vom türkischen Joch kämpften. Wie so mancher andere Agent fühlte sich Lawrence zwischen zwei Stühlen: Einerseits war es seine Aufgabe, die Araber im Sinne der englischen Interessen zu beeinflussen – andererseits jedoch verspürte er eine immer tiefere Faszination für die arabische Welt und große Sympathie für die Idee eines arabischen Reiches.

Um seinem Dilemma zu entfliehen, schien Lawrence wiederholt den Tod geradezu zu suchen. Währenddessen wurde er noch zu Lebzeiten zur Legende bzw. zum »ungekrönten König der Araber«, nachdem am 6. Juli 1917 die Türken aus dem als uneinnehmbar geltenden Medina vertrieben werden konnten.

Lawrences Dilemma wurde noch stärker, als es ihm 1919 auf der Friedenskonferenz von Versailles nicht gelang, den Forderungen der Araber nach Unabhängigkeit zum Durchbruch zu verhelfen. Stattdessen musste er mit ansehen, wie sich England und Frankreich den Nahen Osten aufteilten und die *Pax Britannica* installiert wurde, wodurch sein Traum von einem unabhängigen arabischen Reich zunichte war.

Lawrence wollte seine Vergangenheit hinter sich lassen, doch Scharen von Journalisten aus aller Welt waren ihm auf den Fersen, und auch der Mythos seiner Abenteuer verfolgte ihn auf Schritt und Tritt. Als seine Homosexualität ans Licht kam, beschloss Lawrence endgültig, unterzutauchen und ein neues Leben zu beginnen. Er schied aus dem *Foreign Office* aus, um sich unter dem Namen John Ross der *Royal Air Force* anzuschließen.

Im Juli 1935 erschien die erste vollständige Ausgabe seines Werks *Die sieben Säulen der Weisheit*. Das Buch sollte ein weltweiter Erfolg werden – doch John Ross war bereits tot; er war am 19. Mai 1935 bei einem Motorradunfall ums Leben gekommen.

WHAT 50 YEARS ON STAGE HAS TAUGHT ME–MARIE TEMPEST

DAILY SKETCH

THINGS I HATE BY BERNARD SHAW

MONDAY, MAY 20, 1935 — ONE PENNY

TOO BIG FOR WEALTH AND GLORY

Lawrence the Soldier Dies to Live for Ever

Links: Die Titelseite des Daily Sketch, *auf der der Tod von T. E.. Lawrence verkündet wird. Oben: Der Umschlag der ersten Auflage von* Die sieben Säulen der Weisheit *– das Buch, in dem Lawrence seine Memoiren niedergeschrieben hat.*

LETZTER AUFRUF
Dieses australische Plakat wirbt um Freiwillige: Ein Trompeter bläst an der Westfront Hilfe herbei.

KÖNIG OHNE KRONE
1916 war das Jahr des Lawrence von Arabien, dem »König ohne Krone«, wie er häufig genannt wurde. Er organisierte den arabischen Aufstand gegen die türkischen Machthaber. Der Dolch ist ein Erinnerungsstück an Lawrences abenteuerliches Leben im Krieg.

festgelegt wurde. So sollte Großbritannien nach dem Krieg Mesopotamien und einige Häfen Syriens erhalten, während der Rest von Syrien, Zilizien und ein Teil Kurdistans an Frankreich gehen sollte. Russland wiederum sollte Armenien sowie einen Teil von Kurdistan und Anatolien erhalten. Doch trotz des Übereinkommens wurden insgeheim ganz andere Pläne geschmiedet: Die englische Diplomatie arbeitete gleichzeitig an der Bildung von zwei unabhängigen Staaten – einem in Mesopotamien unter der Führung von Hussein, dem Großscheich von Mekka, sowie einem zweiten Staat im Raum des Persischen Golfs. Ziel dieser Bemühungen war es, die Schifffahrtsroute durch den Suezkanal und weiter nach Indien abzusichern.

Im Juni bewog der englische Lieutenant T. E. Lawrence die unter türkischer Herrschaft lebenden Araber, sich gegen ihre Oberherren zu erheben. Und tatsächlich gelang es den Aufständischen, ihre heiligen Städte Mekka und Medina zu erobern. Von August bis zum Jahresende standen einander britische und türkische Truppen in erbitterten Gefechten gegenüber, in denen die Türken die Kontrolle über den Suezkanal zu erringen trachteten. Anfang 1917 schließlich konnten die türkischen Verteidigungslinien hinter die ägyptisch-palästinensische Grenze zurückgedrängt werden.

DIE SCHLACHTEN VON VERDUN UND AN DER SOMME

Im Februar 1916 startete General Falkenhayn seine Offensive gegen die zur Festung ausgebauten Stadt Verdun. Wenn es gelang, diese als uneinnehmbar geltenden Festungsanlagen einzunehmen, so hoffte Falkenhayn, würde das die Moral des Feindes entscheidend schwächen. Der Ansturm auf Verdun begann am 21. Februar und dauerte mehrere Monate – doch die Franzosen hielten stand, wenn auch unter großen Opfern. Verdun sollte zu einem der traurigsten Symbole für den gesamten Krieg werden. Nachdem es Falkenhayn nicht gelungen

ROLLS-ROYCE »TROPICAL«
Das Chassis dieses Panzerwagens, der an das Mittelmeerklima angepasst war, stammte vom Rolls-Royce »Silver Ghost«. Der Wagen war mit einem Sechszylindermotor von 50 PS ausgestattet und hatte Vollgummireifen, um Reifenpannen zu vermeiden. Der Wagen erreichte eine Höchstgeschwindigkeit von 95 km/h. Er war bestückt mit einem MG der Marke Vickers, Kaliber 7,7.

NACHSCHUB
Entlang dieser 60 km langen Straße nach Bar-le-Duc – der einzigen, die seit Beginn der deutschen Offensive noch frei war – wurde mit Hilfe von täglich 3000 Lastwagen der Nachschub für die belagerte Stadt Verdun befördert. Die Voie Sacrée *ist noch heute ein Nationaldenkmal für die Franzosen.*

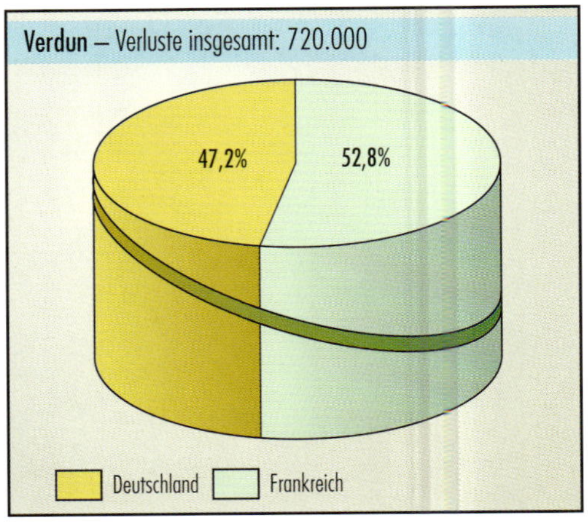

war, die Stadt einzunehmen, wurde er am 29. August durch Hindenburg als Generalstabschef abgelöst.
Um den deutschen Ansturm auf Verdun zu schwächen, starteten die Engländer am 24. Juni eine Offensive an der Somme. Auch an dieser Front sollten sich die Kämpfe monatelang hinziehen, ohne einer der beiden Seiten einen Vorteil zu bringen. Die Verluste an diesen beiden Fronten waren auf beiden Seiten enorm: Die Deutschen büßten bis Jahresende über 800.000 Mann ein, die Franzosen 500.000 und die Briten 400.000.
Auch zur See gelang es keinem der beiden Blöcke, einen entscheidenden Vorteil herauszuschlagen. Nachdem im Januar 1915 die englischen Schlachtkreuzer die deutschen Streitkräfte an der Doggerbank besiegt hatten, zog sich die deutsche Hochseeflotte zunächst einmal in ihre Häfen zurück. Doch am 31. Mai bzw. 1. Juni 1916 lief die deutsche Flotte unter Admiral Scheer mit Kurs Skagerrak aus, wo man auf die englische Flotte unter Admiral Jellicoe stieß. Das Ergebnis dieser bis dahin größten Seeschlacht der Geschichte war, dass Deutschland die Seemacht England nicht hatte in die Knie zwingen können. Auch die österreichisch-ungarische Flotte konnte keine nennenswerten Erfolge erzielen. Nach mehreren erfolglosen Angriffen auf italienische Adriahäfen zog man sich wieder auf die Stützpunkte zurück. Lediglich die deutschen U-Boote schienen im Stande zu sein, die feindliche Flotte wirkungsvoll zu bekämpfen. Doch Reichskanzler Bethmann-Hollweg sprach sich gegen eine Verschärfung des U-Boot-Krieges aus, weil er fürchtete, damit die USA zu reizen.

STRAFEXPEDITIONEN

Im Mai startete Österreich eine sogenannte Strafexpedition gegen Italien, die Feldmarschall Conrad von Hötzendorf bereits seit längerem geplant hatte. Man wollte über Südtirol in Richtung Vicenza und Padua vordringen. Zu diesem Zweck forderte Conrad von Hötzendorf Verstärkung von Falkenhayn an, der sie ihm jedoch verweigerte, um seine französische Front nicht zu schwächen.

PROTAGONISTEN

ERICH VON FALKENHAYN
wurde 1861 in eine Familie des Landadels geboren und machte unter dem wohlwollenden Auge von Kaiser Wilhelm II. rasch Karriere. Er tat sich bei der Niederschlagung des Boxeraufstandes in China hervor. 1913 wurde er zum General ernannt und war von 1913 bis 1915 preußischer Kriegsminister. Nach der Marneschlacht wurde er 1914 Chef des Generalstabs des Feldheeres. Falkenhayn wurde durch seine Entscheidung, Truppen an die Ostfront zu verlegen, 1915 mit dem Sieg in Gorlice belohnt. Gleichzeitig verlor er jedoch durch das erfolglose Ringen um Verdun die Unterstützung des Kaisers, der zunehmend auf Hindenburg und Ludendorff setzte und Falkenhayn 1916 als Generalstabschef absetzte. Falkenhayn war danach als Oberbefehlshaber der 9. Armee gegen Rumänien in einem nur drei Wochen dauernden Feldzug erfolgreich. Er starb 1922 in Potsdam.

SCHLACHTEN

VERDUN

Im Dezember 1915 präsentierte General von Falkenhayn dem Kaiser seinen Plan für eine neue Offensive an der Westfront. Ziel dieser Attacke sollte die strategisch wichtige Festung Verdun im südlichen Frontabschnitt sein, die von den Franzosen für uneinnehmbar erklärt worden war. Falkenhayn hoffte auf die Schwächung der Kampfmoral, die die Eroberung der Festung für die Franzosen bedeuten musste.

Der Plan ging davon aus, dass der Ansturm sich auf einen engen Abschnitt beschränken sollte. Nachdem die deutschen Truppen gezwungen waren, die Offensive wegen des schlechten Wetters um zehn Tage zu verschieben, begannen sie am 21. Februar 1916 französische Befestigungsanlagen mit ihrer Artillerie unter Beschuss zu nehmen. Schon in den ersten Tagen gelang es den deutschen Truppen, die ersten französischen Stellungen zu überwinden, ehe sie am 25. Februar das 400 m hoch gelegene Fort Douaumont erstürmen konnten. In der Folge drang die deutsche Infanterie in die Hauptverteidigungslinie der Befestigungsanlagen vor, sodass die Moral der Verteidiger immer tiefer sank.

General Langle de Cary beschloss, das östliche Maasufer den Deutschen zu überlassen – eine Maßnahme, die zwar strategisch verständlich gewesen wäre, die aber vom Oberkommando untersagt wurde. In dieser schwierigen Situation wurde General Philippe Pétain mit der Organisation der Verteidigung beauftragt. Das östliche Maasufer sollte um jeden Preis gehalten werden. Dazu war es jedoch nötig, rasch für den nötigen Nachschub zu sorgen, der auch tatsächlich in enormem Ausmaß über die *Voie Sacrée* herbeigeschafft wurde; so wurden eine Woche lang über 20.000 Mann pro Tag nach Verdun befördert. *Ils ne passeront pas* – Sie kommen nicht durch –, lautete die Parole. Verdun wurde so zum Symbol für ganz Frankreich, für seinen Kampf um die Freiheit – aber auch zum Symbol für den Wahnsinn des Krieges.

Falkenhayn sah sich vor die Wahl gestellt, entweder die Offensive einzustellen oder die Front auszuweiten – und er entschied sich dafür, den Ansturm fortzusetzen und den Feind »ausbluten« zu lassen – und das obwohl die Briten bereits Vorbereitungen für einen groß angelegten Gegenangriff an der Somme trafen, in dem der englische General Haig zwischen Juni und Dezember nicht weniger als 400.000 seiner Soldaten verlieren sollte.

Im Mai begannen die französischen Vorbereitungen auf die Offensive an der Somme, bei denen die Heeresgruppe Mitte zum Einsatz kommen sollte, mit deren Führung General Pétain betraut wurde. Seinen Platz als Oberbefehlshaber der französischen Truppen bei Verdun übernahm General Nivelle. Das Geschehen wurde zunächst jedoch von den deutschen Streitkräften diktiert; am 3. Juni gelang es ihnen nach langem, erbittertem Kampf, Fort Vaux zu erstürmen. Den Franzosen drohte nun der Verlust des östlichen Maasufers. Am 20. Juni setzten die Deutschen Phosgengas ein, um auch Souville in die Hand zu bekommen – jedoch ohne nennenswerten Erfolg. Anfang Juli gab Falkenhayn dem Aufbau der Verteidigung an der Somme den Vorrang – und im September wurde auf Weisung des neuen Generalstabschefs Hindenburg die Offensive bei Verdun eingestellt. In der Folge begannen die Franzosen sogleich mit der Wiedereroberung von Fort Douaumont, die am 24. Oktober gelang. Am 5. November folgte Fort Vaux, und am 15. Dezember wurden die Deutschen endgültig auf ihre alten Linien zurückgeworfen.

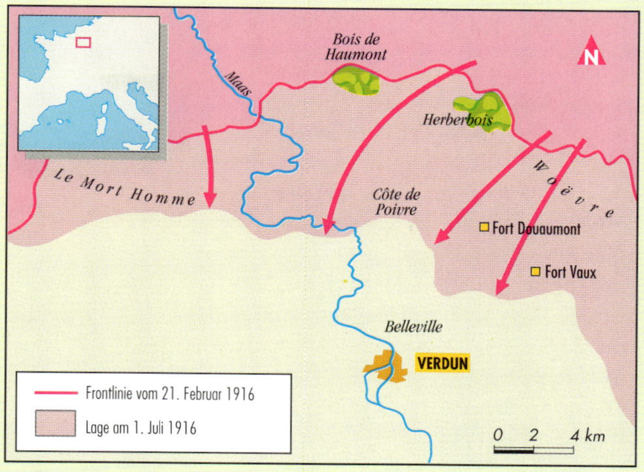

Links: Französische (oben) und deutsche Infanterie (unten) im monatelangen Kampf um die strategisch wichtige Festung Verdun, bei dem jede der beiden Seiten weit über 300.000 Mann verlor.

SCHLACHTEN

AN DER SOMME

Der Schlamm an der Somme sollte, wie es ein deutscher Offizier ausdrückte, für die deutsche Armee zu einem einzigen Grab werden. Aber auch die Alliierten mussten für ihren Sieg einen bitteren Preis an Menschenleben zahlen – und das für einen Geländegewinn von wenigen Kilometern.
Auf der Konferenz von Chantilly bei Paris im Dezember 1915 schlug General Joffre vor, dass französische und britische Streitkräfte im kommenden Sommer eine gemeinsame Offensive an der Somme starten sollten. Auf diese Weise sollte der deutschen Armee ein entscheidender Schlag versetzt werden. Doch es kam zunächst ganz anders: Durch den deutschen Angriff bei Verdun war ein großer Teil der französischen Streitkräfte gebunden, was die Aufgabe für die britischen Truppen an der Somme noch schwerer machte.
Am 24. Juni 1916 begann schließlich die Schlacht an der Somme mit heftigem Artilleriebeschuss seitens der Alliierten. Am 1. Juli wurden die Angriffe mit enormem Trommelfeuer noch verstärkt, ehe der eigentliche Ansturm der britischen Truppen begann. Den ganzen Tag über wütete die Schlacht; am Abend zählte man 20.000 Tote und 40.000 Verwundete. Für die britische Armee war dies der blutigste Tag dieses Krieges. Dennoch glaubte der englische Oberbefehlshaber General Haig, den Durchbruch schaffen zu können – doch die Schlacht wurde rasch zu einem enormen Zermürbungskrieg, der bald jede Hoffnung auf ein rasches Vordringen zunichte machte. Nun hatte die Front an der Somme für die Alliierten vor allem den Zweck, deutsche Truppen von Verdun abzuziehen.
Ende August kam es zu einem Wechsel an der Spitze des deutschen Generalstabs: Generalfeldmarschall von Hindenburg löste General von Falkenhayn ab, der für das Scheitern bei Verdun verantwortlich gemacht wurde. Inzwischen hatten die Engländer eine weitere Offensive gestartet – und zwar im Frontabschnitt Flers Courcelette, wo zum ersten Mal Panzer eingesetzt wurden; dabei handelte es sich jedoch noch um langsame und relativ unbewegliche Fahrzeuge. Im Herbst verwandelte sich dann das Schlachtfeld in eine einzige Schlammwüste. Die Schützengräben wurden durch den strömenden Regen zu Schlammlöchern, und die Kampfbereitschaft flaute auf beiden Seiten spürbar ab. Der letzte große Durchbruchsversuch der Alliierten an der Somme fand am 18. November statt, musste jedoch ebenfalls ergebnislos abgebrochen werden.
Die Schlacht an der Somme brachte den Alliierten trotz des hohen Einsatzes keine nennenswerten Gebietsgewinne; am Ende zählte man 500.000 Tote und Verwundete auf deutscher Seite, während die Verluste bei den Franzosen 200.000 Mann und bei den Briten 550.000 Mann ausmachten.

Die Abbildung nebenan zeigt einen Panzer des Typs Mark I. In der Schlacht an der Somme traten zum ersten Mal die so genannten Panzerwagen in Erscheinung. Oben: Französische Infanterie in Bewegung. Die Last der Offensive an der Somme musste größtenteils von britischen Truppen getragen werden, nachdem die französischen Streitkräfte bei Verdun gebunden waren.

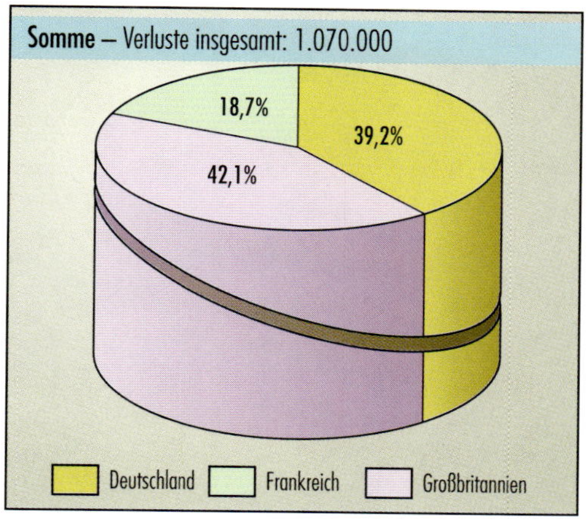

IM SCHLAMM STECKEN GEBLIEBEN
Während des gesamten Krieges konnte man feststellen, dass die Offensiven stets relativ rasch von der Gegenseite gestoppt wurden. Oft waren es Kommunikationsschwierigkeiten sowie Probleme bei der Truppenverschiebung, an denen Offensiven scheiterten, wie hier an der Somme, wo Briten und Kanadier gezwungen waren, auf einer Straße mit knöcheltiefem Schlamm zu marschieren.

Die Strafexpedition brachte nicht den gewünschten Erfolg und endete schließlich mit der Eroberung von Asiago. Doch in der Folge hielt die italienische Front dem Ansturm stand, und in der so genannten sechsten Isonzoschlacht gelang es den italienischen Truppen unter Generalleutnant Cadorna am 8. August, den stark befestigten Brückenkopf Görz einzunehmen. Inzwischen war in Italien die Regierung Salandra durch eine breite Koalitionsregierung unter Boselli ersetzt worden, der lediglich die Sozialisten nicht angehörten.

DER KONFLIKT WEITET SICH AUS

Am 27. August gab Rumänien schließlich seine Zurückhaltung auf und erklärte Österreich-Ungarn den Krieg, um gleichzeitig in Siebenbürgen einzumarschieren. Dieser Entschluss sollte sich als verheerend für das Land und auch für die Entente erweisen, denn der neue Verbündete war schon nach wenigen Monaten wieder außer Gefecht. Schuld daran war eine der bestorganisierten Offensiven des gesamten Krieges unter dem Kommando von Falkenhayn, bei der Türken, Bulgaren und Deutsche gemeinsam vorgingen. Am 6. Dezember marschierten die Deutschen in Bukarest ein und bekamen auch ein Gebiet in die Hand, das durch seine Erdölproduktion von enormer strategischer Bedeutung war. 1916 trat aber auch Portugal auf Seiten der Entente-Mächte in den Krieg ein. Die gleiche Entscheidung traf Griechenland im darauf folgenden Jahr. Damit war ein großer Teil jener europäischen Staaten, die 1914 noch neutral geblieben waren, in den Krieg eingetreten. Nur sechs Staaten sollten bis zum Kriegsende neutral bleiben: die Niederlande, Dänemark, Schweden, Norwegen, Spanien und die Schweiz. Die Haltungen dieser Länder waren jedoch ziemlich unterschiedlich; so sympathisierte Schweden mit Deutschland, während Dänemark gegen den deutschen Nachbarn ein-

DAS DESASTER AN DER SOMME
Verwundete britische Soldaten auf dem Rückmarsch von der Front. Der am 1. Juli 1916 gestartete Angriff an der Somme brachte eine schwere Niederlage für die Briten. Trotzdem hielt General Haig hartnäckig an der Weiterführung der Angriffe bis zum Herbst fest.

SKAGERRAK 1916
Beide Seiten rühmten sich des Sieges in der Seeschlacht am Skagerrak, wie das deutsche und das englische Plakat nebenan demonstrieren. Die Helden der Schlacht sind hier zusammen mit dem Kaiser bzw. dem König abgebildet.

gestellt war. Norwegen wiederum hegte Sympathien für Großbritannien, während die Schweiz mit den inneren Spannungen zwischen der frankophonen und der deutschsprachigen Bevölkerung zu kämpfen hatte. Für alle neutralen Staaten gilt jedoch, dass sie wirtschaftlich mehr oder weniger unter dem Krieg zu leiden hatten – vor allem aufgrund der englischen Seeblockade sowie der Gefahr, die von den deutschen U-Booten für die Handelsschifffahrt ausging.

DAS WAHRE GESICHT DES KRIEGES

Der Krieg, der – so hatte man gedacht – bis spätestens Weihnachten 1914 hätte entschieden sein sollen, sollte Europa auch weiterhin prägen. Dies galt natürlich vor allem für die Frontgebiete, wo die Landschaft bereits gezeichnet war vom Artilleriefeuer und von den Schützengräben, die beispielsweise die Ebenen Flanderns durchzogen. In den Alpen wiederum wurden mit Hilfe von Minenwerfern ganze Berggipfel in die Luft gejagt. Von Belgien bis Polen, vom Trentino bis Armenien – überall drangen Armeen unter enormem Einsatz stückweise vor, um Städte und Gebiete einzunehmen, die dann mit ebenso großem Einsatz gehalten werden mussten. Weiter hinten in der Etappe wurden kleine Orte oft zu wichtigen Verkehrsknoten für den Transport von Truppen und Gerät. Dort tummelten sich ständig Soldaten von unterschiedlicher Sprache und Herkunft, die oft aus entlegenen Teilen des Reiches, aus dem Land irgendeines militärischen Verbündeten oder einer fernen Kolonie stammten.
Doch auch das Leben in den Städten fern der Front änderte sich allmählich. Die Güter mussten streng rationiert werden, und nachts musste stets alles dunkel bleiben, um feindlichen Flugzeugen kein Ziel zu bieten. Es war nicht viel mehr als ein Jahrzehnt vergangen, seit die Brüder Wright ihren ersten Flug unternommen hatten – und doch erlebte der Krieg bereits die ersten Bombenangriffe gegen strategische Ziele wie Fabriken und Eisenbahnlinien, aber auch auf große Städte. Von Anfang an hatten die Militärs die Verantwortlichen der Städte

IRON DUKE
war das Flaggschiff von Admiral Jellicoe. Es wurde von vier Parsons-Turbinen mit insgesamt 38.000 PS angetrieben und erreichte eine Geschwindigkeit von 21 Knoten. Die Wasserverdrängung dieses Schlachtschiffs betrug 25.500 Tonnen. Es war mit zehn Geschützen vom Kaliber 34,3 cm ausgestattet und verfügte darüber hinaus über zwölf Geschütze vom Kaliber 15,2 cm, fünf Geschütze vom Kaliber 7,6 cm sowie fünf Torpedorohre. Die Besatzung umfasste 1022 Mann.

SCHLACHTEN

AM SKAGERRAK

Am 31. Mai 1916 traf Admiral Jellicoe mit seinem Flottenverband in der Nordsee mit dem Geschwader unter Vizeadmiral Beatty zusammen, um die deutsche Aufklärungsflotte unter Vizeadmiral Hipper in eine Falle zu locken. Was Jellicoe jedoch nicht wusste, war, dass sich außerdem die deutschen Hochseestreitkräfte unter Vizeadmiral Scheer in der Nähe befanden. Scheer glaubte seinerseits, es mit einem kleineren englischen Verband zu tun zu haben. Jellicoe verfügte über 27 Panzerschiffe und Schlachtkreuzer, acht Panzerkreuzer, 12 leichte Kreuzer und 51 Zerstörer. Beattys Streitkräfte wiederum bestanden aus vier Panzerschiffen, sechs Schlachtkreuzern, 14 leichten Kreuzern, 27 Zerstörern sowie einem Wasserflugzeugträger. Scheer verfügte über 22 Schlachtschiffe, einen leichten Kreuzer und 31 Zerstörer, während Hippers Verband aus fünf Schlachtkreuzern, zehn leichten Kreuzern und 31 Zerstörern bestand.
Die nun folgende Konfrontation sollte zur größten Seeschlacht des 20. Jahrhunderts werden. Am 31. Mai um 17.48 Uhr trafen vor dem Skagerrak die Schlachtkreuzer von Hipper und Beatty aufeinander. Die Deutschen konnten ihre unterlegene Geschützleistung mit größerer Zielgenauigkeit wettmachen. So wurde kurz nach 18 Uhr der englische Schlachtkreuzer *Indefatigable* schwer getroffen, der nach einer gewaltigen Explosion sank. Vier Großkampfschiffe eilten Beatty zu Hilfe, die jedoch nicht verhindern konnten, dass es um 18.26 Uhr auf der *Queen Mary* zu einer heftigen Explosion kam, worauf das Schiff ebenfalls unterging. In der Folge zog sich Hipper mit seinem Verband zurück, um sich mit Scheers Streitkräften zu vereinigen. Die Deutschen dachten immer noch, dass sie es nur mit einem geringen Teil der feindlichen Flotte zu tun hatten, und als sie schließlich erneut zum Angriff übergingen, tauchte aus dem Nebel der riesige englische Verband auf. Scheer rettete sich mit einer entschlossenen Kehrtwendung um 180 Grad und konnte sich so der drohenden Umklammerung entziehen. In dieser Phase der Schlacht landete Hipper einen weiteren Treffer: Die *Invincible* wurde von der *Derfflinger* und der *Lützow* versenkt. Um etwa 21 Uhr stand Scheer der englischen Flotte erneut gegenüber, um jedoch wenig später die Kämpfe abzubrechen und sich zurückzuziehen. Auch die Deutschen mussten in dieser Phase schwere Treffer hinnehmen; der leichte Kreuzer *Wiesbaden* ging mit der gesamten Besatzung unter, und der Schlachtkreuzer *Lützow* wurde schwer beschädigt. Nicht besser erging es den beiden leichten Kreuzern *Rostock* und *Elbing*. In der Nacht verlor Scheer auch noch den Kreuzer *Frauenlob* und das Linienschiff *Pommern*. Auf englischer Seite verlor man den Panzerkreuzer *Black Prince*.
Insgesamt gesehen hatte sich die deutsche Flotte in der Schlacht am Skagerrak, die von den Engländern als Jütland-Schlacht bezeichnet wird, durchaus achtbar geschlagen. Jellicoe hatte die Chance verpasst, einen vernichtenden Schlag zu führen, und musste sich deshalb heftige Kritik gefallen lassen. Das Kommando über die *Grand Fleet* ging daraufhin an Vizeadmiral Beatty über.
In strategischer Hinsicht war die Schlacht am Skagerrak jedoch für die Engländer ein Erfolg: Die deutsche Hochseeflotte ließ sich nämlich in der Folge nicht mehr auf offener See blicken.

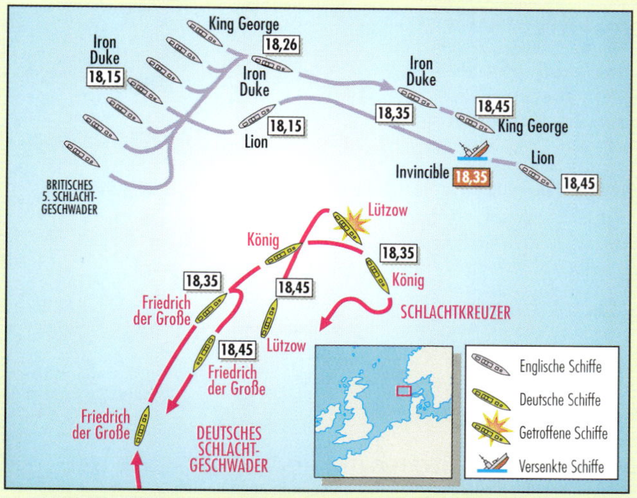

Zerstörer der deutschen Hochseeflotte in der Nordsee.

AUF DER FLUCHT
Auch die belgische Zivilbevölkerung musste vor den Kampfhandlungen flüchten. Hier ein Wagen mit Flüchtlingen auf einer Straße in Frankreich.

ANGST UND NEUGIER
Einige Schaulustige versammeln sich vor einem Haus, das soeben durch ein Luftschiff bombardiert worden war.

MAUSER
Die Pistolentasche einer Mauser 1896.

gewarnt, dass Luftangriffe auch zivile Ziele treffen könnten. Man richtete eine entsprechende Luftabwehr ein, die aus Maschinengewehren, Kanonen oder auch nur aus einfachen Gewehren bestand. Mit Sirenen oder Glockengeläut wurde die Bevölkerung auf einen bevorstehenden Angriff aufmerksam gemacht. In solchen Momenten flüchteten sich auch Schulkinder und Fabriksarbeiter so rasch wie möglich in die Keller.

DIE LEIDEN DER ZIVILBEVÖLKERUNG

Die Reichweite der Flugzeuge war noch sehr begrenzt; aus diesem Grund erfolgten die Luftangriffe nur sporadisch, und auch der erzielte Erfolg war meist nicht allzu groß. Doch vor allem die englische Bevölkerung hatte bereits unter den nächtlichen Angriffen der deutschen Luftschiffe zu leiden. In der Folge wurde die *Royal Air Force* ins Leben gerufen, der vor allem im Zweiten Weltkrieg die Aufgabe zukommen sollte, die feindliche Luftflotte zu bekämpfen. Auch wenn die Luftangriffe auf London noch nicht mit denen des Zweiten Weltkrieges zu vergleichen waren und italienische Flugzeuge 1918 lediglich Flugblätter über Wien abwarfen, so zeigte sich doch, dass auch aus der Luft einige Gefahr drohte.

Am meisten zu leiden hatte die Zivilbevölkerung stets in Städten, die vom Feind besetzt waren, wie etwa in Belgien, oder in Städten, die der Front sehr nahe waren, wie beispielsweise Paris. Als der Sturm auf die französische Hauptstadt drohte, flüchteten nicht nur Minister und Parlamentsabgeordnete aus Paris – es kam zu einer regelrechten Massenabwanderung. Wer in der Stadt blieb, erlebte einige sehr harte Jahre. Es fehlte an Kohle zum Heizen, Lebensmittel waren äußerst knapp, und nachts kam es immer wieder vor, dass deutsche Luftschiffe die Stadt heimsuchten.

Die Stadtväter versuchten, durch die Verteilung der lebensnotwendigsten Güter an die Angehörigen von Frontsoldaten die größte Not zu lindern. Die Moral der Pariser wurde durch die patriotischen Aufführungen

PROTAGONISTEN

JOHN RUSHWORTH JELLICOE

wurde als Sohn eines Marineoffiziers 1859 in Southampton geboren. Er wurde in China eingesetzt, wo er während des Boxeraufstandes verwundet wurde. Auf Fürsprache von General Fisher wurde er 1914 zum Oberbefehlshaber der *Grand Fleet* in der Nordsee ernannt. Bis Mai 1916 überwachte er von Scapa Flow in den Orkney-Inseln aus die Blockade der deutschen Stützpunkte. Sein Verhalten wurde jedoch von der britischen Regierung und der Öffentlichkeit bald als zu vorsichtig angesehen – man erwartete sich einen Erfolg wie einst bei Trafalgar. Der unbefriedigende Ausgang der Schlacht am Skagerrak verschärfte die Kritik an seiner Person. Sogar sein Untergebener, David Beatty, der erklärte Held der Schlacht, schloss sich dieser Kritik an, obwohl auch seine Rolle etwas umstritten war. Seines Amtes enthoben, wurde Jellicoe zum Ersten Seelord »befördert«. Als Lloyd George beschloss, zum Schutz der Handelsflotte im Konvoi zu fahren, wurde Jellicoe, der sich dagegen aussprach, seines Amtes enthoben. Von 1920 bis 1924 agierte er als Generalgouverneur in Neuseeland. Jellicoe starb 1935.

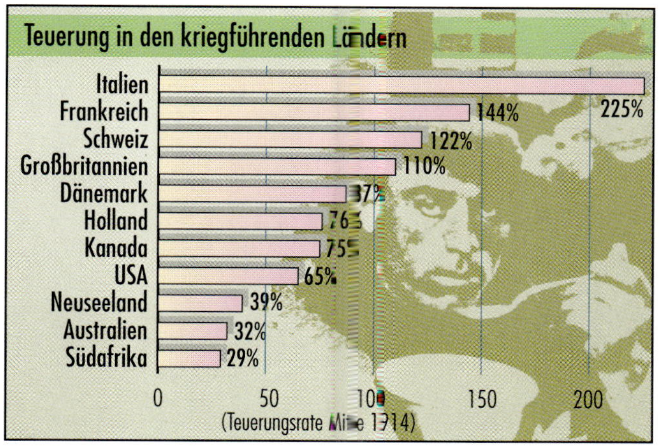

ANGRIFF AUS DER LUFT
Der Bombenangriff zweier Luftschiffe auf London beherrscht die Schlagzeilen. Doch in militärischer Hinsicht war der Angriff wenig wirkungsvoll. Trotzdem wurden im Verlauf des Krieges 500 britische Zivilpersonen durch deutsche Bomben getötet.

gehoben, denen man in den Theatern der Stadt beiwohnte.
Doch am stärksten machten sich die Konsequenzen des Krieges in den Ländern der Mittelmächte bemerkbar. Durch die britische Seeblockade kam es zu schwerwiegenden Engpässen in der Versorgung, die sich fatal auf die Wirtschaft auswirkten. Im Gegensatz zu England und Frankreich verfügten Deutschland und Österreich-Ungarn nicht über große Kolonialreiche, aus denen sie die nötigen Rohstoffe beziehen konnten. Je länger der Krieg andauerte, umso mehr wirkte sich dieser Umstand zu Gunsten der Alliierten aus.
In Berlin, Wien und Budapest machten sich bald zwei Phänomene bemerkbar, wie sie für Kriegszeiten typisch sind – eine enorme Geldentwertung und ein wuchernder Schwarzmarkt. Die nötige Güterrationierung trieb die Preise in Schwindel erregende Höhen, sodass man innerhalb der Mittelmächte für viele Güter bald das Drei- oder Vierfache der zuvor üblichen Preise bezahlen musste. 1917 wurde in Deutschland bereits die Hälfte der wichtigsten Bedarfsgüter durch den Schwarzmarkt geliefert. Es gab zwar gesellschaftliche Gruppen, die vom Krieg in gewisser Weise einen Nutzen hatten, wie etwa die Arbeiter in der Kriegsindustrie, die hohe Löhne erhielten – doch sanken breite Bevölkerungsschichten in tiefe Armut.
Die politische Szene in Deutschland, die zunehmend von den Militärs beeinflusst wurde, war unfähig zu erkennen, wohin diese Krise führte. Stets war es die Armee, die zuerst mit Gütern versorgt wurde, während die Zivilbevölkerung darben musste und von Regierungsseite mit keinerlei Unterstützung rechnen konnte. Dies verschlechterte die Moral zusehends, sodass auch die wirtschaftliche Produktivität der Bevölkerung spürbar nachließ. Verschlimmert wurde die Situation auch durch schlechte Ernten. So waren etwa um die Jahreswende 1916/17 Kartoffeln so knapp, dass die Rübe für die Mehrheit der Bevölkerung zum Grundnahrungsmittel wurde: Diese Monate sollten in Deutschland als »Kohlrübenwinter« in Erinnerung bleiben.

PROTAGONISTEN

REINHARD SCHEER

wurde 1863 in Oberkirchen in Hessen geboren. 1909 war er bereits Chef des Stabes der Hochseeflotte. Nach dem Ausbruch des Krieges war er als Kommandant des II. Geschwaders ein Befürworter einer offensiven Strategie gegenüber der *Grand Fleet*. 1916 wurde er zum Chef der Hochseeflotte ernannt; der Kaiser erwartete von ihm eine direkte Konfrontation mit der englischen Flotte. Am 30. Mai forderte er die *Grand Fleet* offen heraus: In der Schlacht am Skagerrak konnten die Deutschen zwar mehr Schiffe versenken als die Engländer, doch strategisch gelang kein Durchbruch, sodass die Engländer die Kontrolle über diesen Teil des Meeres aufrechterhalten konnten. Scheer setzte sich 1917 für den uneingeschränkten U-Boot-Krieg ein, da er eine weitere Konfrontation seiner Hochseeflotte mit den Engländern nicht riskieren wollte. Nach seiner Beförderung zum Chef des Admiralstabs und Befehlshaber der Seekriegsleitung im August 1918 löste er durch seinen Einsatzbefehl an die Hochseeflotte die Meuterei in Kiel aus, die schließlich zur Novemberrevolution 1918 führte. Damit war der Zusammenbruch des Deutschen Reiches besiegelt. Scheer starb im November 1928.

WINTER IM SCHÜTZENGRABEN
Dachte man zu Anfang, dass der Krieg nur »einen Sommer lang« dauern würde, so müssen sich die Soldaten nun schon auf den dritten Kriegswinter, hier in Galizien, einstellen.

DIE HL. JUNGFRAU
In diesem Schützengraben an der Ostfront spendet die hl. Jungfrau Maria den österreichischen Soldaten Trost in einer schweren Zeit.

DIE INNERE FRONT BEKOMMT RISSE

Im Laufe des Jahres 1916 kam es im Inneren der Krieg führenden Staaten zu wachsenden Unstimmigkeiten über den Krieg. Den kritischen Stimmen begegnete man in der Regel mit Repressionen. Die »innere Front« musste fest bleiben, es durften keine Zweifel an der Sinnhaftigkeit der Auseinandersetzung aufkommen.

In allen betroffenen Ländern ergriff man mehr oder weniger einschneidende Maßnahmen gegen solche kritischen Stimmen. In Deutschland wurde Karl Liebknecht, der Führer des linken Flügels der sozialdemokratischen Bewegung, bei einer friedlichen Demonstration verhaftet. Am Tag des Prozesses, bei dem Liebknecht zu vier Jahren Gefängnis verurteilt wurde, kam es zum ersten großen Arbeiterstreik seit Kriegsbeginn. In Italien waren es vor allem die Frauen, die durch die Abwesenheit der Männer in großer Zahl in die Arbeitswelt eintraten, welche gegen den Krieg auf die Straße gingen. Dabei kam es nicht selten zu Zusammenstößen mit der Polizei.

In Großbritannien wiederum wurden Proteste laut, als die allgemeine Wehrpflicht eingeführt wurde. Selbst der Philosoph Bertrand Russell setzte sich für jene ein, die den Dienst mit der Waffe verweigerten, worauf man ihm prompt die Lehrbefugnis am Trinity College in Cambridge entzog. Die englische Regierung war in jenen Tagen aber mit einem noch größeren Problem beschäftigt, nämlich mit der *Irland-Frage*. Mit dem Kriegsausbruch hatten sich die Spannungen zwischen England und Irland zunächst einmal gelegt. Selbst die irisch-nationalistische Partei rief ihre Anhänger auf, sich freiwillig zu melden. Man hoffte, dass die englische Regierung sich auf diese Weise mit dem großen Anliegen der Iren, dem Recht auf Selbstbestimmung, anfreunden könnte. Im April 1916 brach der irische Nationalismus jedoch plötzlich wieder aus: Eine Gruppe von Freiheitskämpfern griff erneut zu den Waffen und versuchte Dublin von den englischen Besatzern zu be-

LUFTABWEHR
Ein Geschütz wird zur Luftabwehr in Position gebracht. Der zunehmende Luftkrieg machte Gegenmaßnahmen erforderlich: In diesem Fall wurde das Geschütz auf einem Erdsockel in Stellung gebracht, um die Treffsicherheit zu erhöhen. Diese Art der Luftabwehr war vor allem gegen langsame Flugkörper wie Luftschiffe und Fesselballons erfolgreich.

WAFFEN

DAS LUFTSCHIFF

10. Januar 1915: Vom Stützpunkt Fuhlsbüttel starten drei Zeppelin-Luftschiffe unter dem Kommando von Fregattenkapitän Peter Strasser; ihr Ziel ist die Bombardierung der Londoner Docks an der Themse. Der Luftangriff wurde ein Fehlschlag: Die drei Giganten der Lüfte verfehlten ihr Ziel, und nur eines der Luftschiffe konnte einige Bomben auf Yarmouth abwerfen. Doch es war immerhin das erste Mal, dass die Deutschen ihre Zeppeline als strategische Waffe einsetzten.
In den Jahren vor dem Großen Krieg hatten bereits verschiedene Länder Interesse an den Luftschiffen gezeigt. Doch es waren vor allem die deutschen Streitkräfte, die – von der Fabrik des Grafen Zeppelin beliefert – auf die neue Waffe setzten. Es sollte sich jedoch herausstellen, dass das Luftschiff für den Luftkrieg nicht allzu gut geeignet war; es war zu langsam, zu leicht auszumachen und in geringer Höhe zu anfällig für feindliche Angriffe, zumal der Wasserstoff, mit dessen Hilfe es flog, leicht entzündbar war. Die Alliierten verwendeten das Luftschiff schon bald nur noch für die Seeaufklärung – und zwar mit der Aufgabe, auftauchende feindliche U-Boote aufzuspüren. Diese Mission sollten die Luftschiffe auch im Zweiten Weltkrieg noch mit einigem Erfolg erfüllen. Auch auf deutscher Seite wurde der Zeppelin nur zu Beginn zum Schutz der vorderen Linien eingesetzt – später fand er vor allem an der Ostfront Verwendung. In Jambol in Bulgarien wurde ein Stützpunkt errichtet; von dort brach im März 1918 der *Zeppelin LZ 59* zu einer Mission auf, die ihn bis nach Neapel führte. Eine gewisse strategische Bedeutung hatte das Luftschiff auch bei den deutschen Bombenangriffen auf London. Wilhelm II. wollte zunächst dem Drängen der Militärs nicht nachgeben, die seit August 1914 die Erlaubnis zur Bombardierung Londons forderten. Eine Ausdehnung des Krieges auf die Zivilbevölkerung wollte er nicht verantworten. Doch 1915 überwand der Kaiser seine moralischen Bedenken und gab grünes Licht für den Angriff. Zu Beginn gelang es den Luftschiffen sehr gut, den englischen Flugzeugen zu entwischen; sie flogen durchwegs bei Nacht und noch dazu in unerreichbarer Höhe. Doch 1916 sollte das Jahr der Misserfolge werden. Die Flugzeuge der Engländer waren mit Brandgeschossen bestückt; außerdem gelang es ihnen mit ihren Wasserflugzeugen, die Luftschiffe schon kurz nach deren Start abzufangen, wenn sie sich noch in geringer Höhe befanden. Im gesamten Kriegsverlauf gab es insgesamt 51 Zeppelin-Luftangriffe auf England, wobei 37 Tonnen Bomben abgeworfen wurden und 557 Zivilpersonen ums Leben kamen. Militärisch gesehen waren diese Angriffe jedoch völlig bedeutungslos.
Am 19. Juli 1918 konnten sieben Sopwith-Camel-Maschinen, die von dem englischen Flugzeugträger *Furious* starteten, zwei Zeppeline auf ihrem Stützpunkt von Tondern zerstören. Es war dies der erste Luftangriff, der von einem Flugzeugträger aus gestartet wurde. Damit war die Überlegenheit des Flugzeugs gegenüber dem Luftschiff augenscheinlich.

Oben: Das Luftschiff Zeppelin L 39, *das im März 1917 über Compiègne, Frankreich, abgeschossen wurde. Das Bild links zeigt die Bergung eines italienischen Luftschiffes, das im Juli 1917 bei Grado von den Österreichern abgeschossen wurde.*

HUNGER
In so mancher deutschen Stadt musste das Militär Feldküchen zur Verköstigung der hungernden Bevölkerung einrichten.

RECYCLING
Die Blockade der Entente-Mächte war an allen Ecken und Enden spürbar: Auf diesem Plakat wird die Bevölkerung zum Abliefern aller Arten von Metallgegenständen aufgefordert, um die Kriegsproduktion zu unterstützen.

freien. Die Engländer reagierten mit aller Härte und schlugen diesen so genannten *Osteraufstand* nach einer Woche nieder. Auch wenn dieses Ereignis seine Wirkung auf die Öffentlichkeit nicht verfehlte, waren die Iren bereit, die Frage der Unabhängigkeit zunächst nicht weiter zu verfolgen. Stattdessen fühlte man eine Art stiller Solidarität mit den *Tommys,* die in Flandern in den Schützengräben starben. Erst als der Krieg vorüber war, erhob die Dubliner Bevölkerung die Anführer des Osteraufstandes zu Märtyrern des Freiheitskampfes.

DIE KRIEGSWIRTSCHAFT

Die Krieg führenden Länder konzentrierten all ihre Energien auf die neue Kriegswirtschaft. Entgegen allen Erwartungen dauerte der Krieg weiter an und forderte riesige Mengen an Soldaten und Material. Diese Anforderungen sollten nicht ohne Auswirkung auf die wirtschaftlichen und gesellschaftlichen Strukturen der Länder bleiben. Während einerseits immer mehr Männer an der Front benötigt wurden, musste man andererseits dem Bedarf nach erhöhter Produktion von Waffen nachkommen. Vor allem die Metall verarbeitende und die chemische Industrie hatten in dieser Zeit enorme Zuwächse zu verzeichnen, was den Einfluss der Großunternehmen naturgemäß steigerte. Die Politiker büßten an Macht ein, und die Militärs übernahmen zusammen mit der Großindustrie die Kontrolle über die Wirtschaft. Der Staat griff überall zunehmend in das Wirtschaftsleben ein – und zwar sogar im liberalen England –, wenngleich dies in den einzelnen Ländern auf unterschiedliche Weise geschah.
In allen Krieg führenden Ländern wurden Strukturen geschaffen, um die Waffenproduktion – und die Wirtschaft im Allgemeinen – zu planen und zu kontrollieren. So wurde in Großbritannien 1915 ein eigenes Munitionsministerium geschaffen, mit dessen Leitung David Lloyd George betraut wurde. 1916 wurde er Kriegsminister

GEMÜSEGÄRTEN
1916 zeigte die europäische Landwirtschaft bereits alle Anzeichen einer ernsten Krise. In Österreich war die Getreideproduktion erheblich geschrumpft, aber überall war man versucht, Abhilfe zu schaffen – wie hier in diesem Londoner Vorort, wo aus dem Nichts ein Kartoffelfeld entstand; da betätigte sich auch so mancher Beamter als Gemüsegärtner.

PROTAGONISTEN

DOUGLAS HAIG

Der Erste Graf von Bemersyde wurde 1861 als Sohn eines schottischen Whiskey-Herstellers geboren. Er wurde in Clifton und Oxford ausgebildet, ehe er in die Kadettenschule von Sandhurst eintrat. Nach drei Jahren Dienst in der Heimat kam er nach Indien und nahm danach am Burenkrieg in Südafrika teil. Er arbeitete eng mit Kriegsminister Haldane zusammen, der eine Reform des Heeres durchführte (1906-1908). Gleich in der Anfangsphase des Weltkrieges wurde Haig im Zuge der tapferen Verteidigung von Ypern zum Befehlshaber der englischen 1. Armee in Frankreich ernannt.
Als das Britische Expeditionskorps unter Feldmarschall Sir John French in der Herbstoffensive in der Champagne und im Artois erfolglos geblieben war, schlug Haigs Stunde, und er wurde im Dezember 1915 zum neuen Oberbefehlshaber des Expeditionskorps ernannt. Im Juli 1916 startete Haig in der Überzeugung, die deutschen Linien durchbrechen zu können, eine Offensive an der Somme; der erhoffte Durchbruch blieb jedoch aus. Stattdessen entwickelte sich eine zermürbende, endlose Schlacht, in der Haig die Hunderttausenden Freiwilligen, die dem Aufruf von Kriegsminister Kitchener gefolgt waren, immer wieder angreifen ließ. Zwischen Juli und November hatten die Briten insgesamt 400.000 Tote und Verwundete zu verzeichnen. Die Tragödie wiederholte sich in der Schlacht von Arras im April 1917 und vor allem in der stürmischen Offensive in Flandern, die im Juni 1917 gestartet und mit großer Hartnäckigkeit bis Ende September ausgedehnt wurde. Das Scheitern dieser Offensiven ließ auch Haigs Ruf nicht unbeeinträchtigt. Als im März 1918 Ludendorff alles auf eine Karte setzte und einen letzten großen Angriff startete, entschloss sich der englische Premierminister Lloyd George, das Oberkommando über die alliierten Streitkräfte dem Franzosen Ferdinand Foch anzuvertrauen, mit dem Haig sehr gut zusammenarbeitete. In der letzten Phase des Krieges – mit dem Sieg von Amiens und dem brillanten Einsatz der Panzer – zeigte Haig, dass er aus vergangenen Fehlern gelernt hatte.
Nach Kriegsende zog sich Haig ins Privatleben zurück und starb 1928. Douglas Haig hat wohl als Befehlshaber seinen Teil zum Sieg der Alliierten beigetragen – doch galt er wohl nicht ganz zu Unrecht als ein Mann, der seine Ziele mit einer an Sturheit grenzenden Beharrlichkeit verfolgte und dabei auch immense Verluste in Kauf nahm, sodass er zu einer Art Prototyp des arroganten, unflexiblen Militärs wurde.

Zwei Aufnahmen von Douglas Haig; auf dem Bild oben ist er ganz rechts zusammen mit Joseph Joffre, dem französischen Präsidenten Poincaré, König George V. von England und Ferdinand Foch zu sehen. Die Aufnahme wurde 1916 bei einem Treffen auf Schloss Val Vion gemacht.

WALTHER RATHENAU
Der seit 1899 amtierende Leiter des AEG-Werks, Walther Rathenau (1867-1922), war der Hauptorganisator der deutschen Kriegswirtschaft. In der nach dem Krieg gegründeten Weimarer Republik sollte er zu den herausragendsten Persönlichkeiten gehören und Minister des Wiederaufbaus und später sogar Außenminister werden. Er wurde 1922 von einem Nationalisten auf offener Straße erschossen.

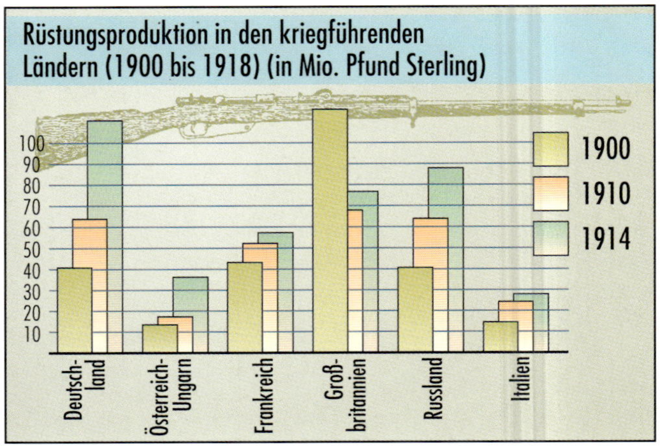

und wenig später Premierminister. Er erwies sich in dieser Krisensituation als überaus energischer Regierungschef und unterwarf die gesamte Wirtschaft einer strengen staatlichen Kontrolle. Zu diesem Zweck wurden fast 200 Betriebe verstaatlicht und auch Zulieferfirmen für die Rüstungsproduktion in das System der Kriegswirtschaft eingegliedert.
In Frankreich, wo eine Koalitionsregierung an der Macht war, wurde mit Albert Thomas ein Sozialist mit der Leitung des *Ministère pour l'Armement et les Fabrications de Guerre* betraut. Sein System einer organisierten Kollektivwirtschaft, in dem der Staat die Aktivitäten der Unternehmen regulierte und die Gewerkschaften in die Unternehmensleitung miteinbezogen wurden, erwies sich als sehr wirkungsvoll. Auch in Italien wurde ein Ministerium für Waffen und Munition eingerichtet, das von General Dallolio geleitet wurde. Doch die Kontrolle der Regierung über die Aktivitäten der Industriellen blieb eher gering, sodass diese sich stets übertrieben hohe Gewinne sichern konnten.
Deutschland wiederum hatte vor allem an den Folgen der englischen Seeblockade zu leiden, die das Land von der Güterzufuhr abschnitt. Andererseits vollzog man in Deutschland den Schritt zur zentralisierten Kriegswirtschaft früher und effizienter als in anderen Ländern. Kontrolliert wurde die Wirtschaft vor allem von den Spitzen der Armee, allen voran Hindenburg und Ludendorff, die von 1916 bis 1918 das Geschehen bestimmten. Organisiert wurde die deutsche Kriegswirtschaft von Walther Rathenau. Als Leiter der *Kriegsrohstoffabteilung* (KRA) praktizierte Rathenau den so genannten *Kriegssozialismus,* eine strikte Planwirtschaft, die die Grundlagen des Kapitalismus jedoch unangetastet ließ.
Die Kriegsrohstoffabteilung verfügte über entsprechende Einrichtungen, die über die Zulieferung zu den Industriebetrieben wachten und Strategien zum Auffinden neuer Rohstoffquellen bzw. Ersatzmaterialien entwickelten. Eine Zeit lang wurden mit diesem System hervorragende Ergebnisse erzielt; die deutsche Industrie erlebte während des Krieges einen erstaunlichen

MARK I
Der erste Panzerkampfwagen war mit einem Benzinmotor von 105 PS ausgestattet und erreichte eine Geschwindigkeit von 6 km/h. Der mit zwei 5,7-cm-Kanonen bestückte Kampfwagen war mit einer Panzerung von maximal 12 mm versehen. Ein freilaufendes Hinterrad war als Hilfe zum besseren Manövrieren gedacht, wurde aber später weggelassen. Dieser Panzerwagen wurde 1917 von dem viel wirkungsvolleren Mark IV abgelöst.

W A F F E N

DER PANZER

Am 15. September 1916 griffen britische Streitkräfte die deutschen Stellungen an der Somme an. Dies war der Augenblick, in dem zum ersten Mal Panzer eingesetzt wurden – und zwar insgesamt rund 50 vom Typ Mark I. In Gruppen zu je drei Panzern unterstützten sie die Infanterie. Ihre Aufgabe war es, das Niemandsland zu durchqueren, sich einen Weg durch die Drahtverhaue zu bahnen und die Schützengräben zu überrollen. Die ersten Panzer waren noch keine sehr wirkungsvollen Waffen, doch die Zukunft auf den Schlachtfeldern sollte ihnen gehören.

Es war 1914, als die Engländer erstmals an die Konstruktion einer derartigen Waffe dachten. Bei Dünkirchen stattete der Oberleutnant der Marine, Samson, drei Automobile mit einer speziellen Panzerung aus. Die Idee bewährte sich, und so richteten die Engländer in Dünkirchen die erste Fabrik für Panzerwagen ein. Es handelte sich jedoch noch um offene Wagen, und so begann eine Gruppe von englischen Offizieren einen Plan für ein vollständig gepanzertes Fahrzeug zu entwerfen. Zu diesen Offizieren gehörten Kommodore Sueter, Oberst Swinton, Konteradmiral Bacon und der Schiffskonstrukteur Sir Tennyson d'Eyncourt. Mit ihrer Erfahrung, was Schiffspanzerungen betrifft, kam der Kriegsmarine große Bedeutung bei der Entwicklung der neuen Waffe zu. Um den Arbeitern in der Fabrik den wahren Zweck des Projekts zu verheimlichen, sagte man ihnen, dass es sich um »Tanks« handelte, genau genommen um selbstbewegliche Wasserbehälter, die von den Truppen in Palästina und Mesopotamien eingesetzt würden.

Doch das erste Modell eines nicht straßengebundenen Kampfwagens konnte die Erwartungen noch nicht erfüllen; bei einem Test, den Techniker des *War Office* durchführten, blieb dieses Panzerfahrzeug in einem Schützengraben von kaum mehr als 1 m Breite stecken. Dennoch standen bereits ein Jahr nach diesen Versuchen die ersten englischen Panzer an der Somme bereit. Ihre psychologische Wirkung auf die deutsche Infanterie sollte jedoch größer sein als ihr tatsächlicher militärischer Nutzen. Als General Haig 1916 den Einsatz der Panzer an der Somme beschloss, wurden die wenigen vorhandenen Panzer nicht allzu geschickt eingesetzt. Die Befehlshaber brauchten noch Zeit, um sich mit den Möglichkeiten der neuen Waffe vertraut zu machen. Zumeist fanden die Panzer lediglich als eine Art fahrbarer Artillerie Verwendung, die hinter der vorrückenden Infanterie herfuhr. Am 20. November 1917, um 6.20 Uhr, wurden die deutschen Stellungen an der Front von Cambrai völlig überraschend aus 1000 Geschützen beschossen, während 381 Panzer ins Niemandsland zwischen den Stellungen vorstießen – diesmal vor und nicht hinter der Infanterie. In der Folge brachen sie 5 km tief in die deutschen Linien ein. Doch auch diesmal war der Panzereinsatz vergeblich. Die Fahrzeuge waren noch nicht sehr zuverlässig, sodass schon am ersten Tag nicht weniger als 114 von ihnen durch Defekt ausfielen und 65 zerstört wurden. Die übrigen Panzer hielten nach dem üblichen Schema des Stellungskrieges an, um auf Verstärkung zu warten. Erst gegen Ende des Krieges, in der Schlacht von Amiens (August 1918), begannen die Engländer zu erkennen, welche Stoßkraft die Panzer entwickeln konnten, wenn sie mit der Infanterie und den Luftstreitkräften abgestimmt vorgingen. Was damals begann, sollten Jahrzehnte später andere perfektionieren: 1940 durchdrangen an der gleichen Front die Panzerdivisionen Guderians die französischen Linien, ohne sich darum zu kümmern, was rund um sie vorging. Man hatte aus dem Angriff von Cambrai gelernt.

Von oben nach unten: Ein französischer leichter Panzer (Renault), mit einem Hotchkiss-Maschinengewehr bestückt. Darunter: Ein englischer Panzer, der im Laufe der dritten Schlacht von Ypern (1917) im Schlamm stecken blieb.

DER KAISER IST TOT...
Kaiser Franz Joseph (hier auf einem ungarischen Plakat) starb am 21. November 1916 im Alter von 86 Jahren.

... ES LEBE DER KAISER!
Auf Franz Joseph folgte dessen Großneffe Karl I. (links bei einer Truppeninspektion).

Aufschwung, vor allem in bestimmten Sektoren wie der Flugzeugindustrie. Auf lange Sicht jedoch stellte es sich als kontraproduktiv heraus, die autoritären Strukturen des Landes auch in der Wirtschaft anzuwenden; indem die Macht der Großindustrie immer größer wurde, litt ein Großteil des Volkes Hunger, was zu tiefen sozialen Gegensätzen führte, welche wiederum die Produktivität schwächten. Hier erwies sich der englische Weg, das Gemeinwohl über die Interessen der Großindustrie zu stellen, als zielführender.
Natürlich waren die Alliierten wirtschaftlich gesehen auch insofern im Vorteil, als sie über ausgedehnte Kolonialreiche verfügten, von wo sie nicht nur Truppenverstärkung, sondern auch Unmengen an Rohstoffen beziehen konnten. So konnte Großbritannien seine Armee ständig durch frische Kräfte aus den Dominions und den Kolonien verstärken. Während des gesamten Krieges hatten Kanada, Australien, Neuseeland, Indien und Südafrika insgesamt mehr als 200.000 Gefallene zu verzeichnen. Australien installierte im eigenen Land Betriebe der Kriegsindustrie und schickte Arbeitskräfte in die englischen Fabriken, während Indien seinen Beitrag leistete, indem es den englischen Truppen in Mesopotamien 100.000 Lasttiere schickte.
Deutschland konnte in dieser Hinsicht nicht mithalten, zumal seine Kolonien überall verstreut lagen und von Kolonialbesitzungen der Alliierten umgeben waren. Deutschland konnte keine dauerhafte Verbindung zu seinen Kolonien aufrechthalten, sodass sie dann fast zwangsläufig den Alliierten in die Hände fielen.

EIN KRIEG DER INDUSTRIE

Von den kriegerischen Auseinandersetzungen der Vergangenheit unterschied sich der Große Krieg vor allem auch dadurch, dass er ein Krieg der Industrie war. Zwischen 1915 und 1917 waren alle beteiligten Länder gezwungen, ihre wirtschaftlichen Strukturen zu ändern. Bald schon wurde klar, dass die Vorräte an Kriegsmaterial bei weitem nicht ausreichten, um einen Krieg dieser Art zu führen. So sah man etwa in Frankreich, dass oh-

WICHTIGER UMSCHLAGPLATZ
Die nicht weit vom Ärmelkanal gelegene Stadt Boulogne wurde zu einem wichtigen Umschlagplatz für die Verteilung von Gütern an der Westfront, die täglich aus allen Teilen der Welt eintrafen. Um diese riesigen Gütermengen zu bewältigen, waren beinahe 200.000 meist aus den Kolonien stammende Arbeiter im Einsatz.

KRIEGSARCHIVE: PROPAGANDA

Der Krieg fand nicht nur an der Front statt – es gab auch einen Propagandakrieg, der sich an Zivilisten und Militärs gleichermaßen richtete. Es war dies ein Krieg, der mit Falschmeldungen ebenso geführt wurde wie mit Fotomontagen und Plakaten. Die beiden Kriegsparteien klagten einander der Barbarei an – ein Unterfangen, zu dem die begabtesten Grafiker eingesetzt wurden. **1. MUSIK** – Eine deutsche Militärkapelle spielt auf den Straßen von Lodz auf, einer polnischen Stadt, die Ende 1914 besetzt wurde. **2. DIE GRAUSAMKEIT DES FEINDES** – Eine deutsche Rotkreuzschwester weigert sich, einem verwundeten englischen Soldaten zu helfen. Es handelt sich um ein englisches Plakat. **3. KOLONIEN** – Mit diesem Plakat wurde um den Beitrag der Inder am Krieg geworben. **4. STARS AND STRIPES** – In den USA wurde für Kriegsanleihen geworben. **5. IM KINO** – In einem Pariser Kino wurde ein Film über den Kampf der englischen Soldaten in Frankreich gezeigt. **6. WIR BARBAREN!** – Mit diesem deutschen Plakat wurde dem Vorwurf der Alliierten begegnet, die Deutschen seien Barbaren. **7. KONSUM EINSCHRÄNKEN!** – Die englischen Familien wurden aufgerufen, ihren Lebensstil zu ändern: Wer zu viel konsumiert, hilft den Deutschen!

IN LUFTIGER HÖHE
In den Alpen galt es, alle Möglichkeiten zur Fortbewegung zu nutzen, wie dieser italienische Gebirgsjäger zeigt.

TIERE IM KRIEG
Veterinäre eines deutschen Kavallerieregiments bei der Arbeit. Da die Truppen ständig bereit sein mussten, weiterzuziehen und große Mengen an Kriegsgerät zu transportieren hatten, war die Gesundheit der Lasttiere genauso wichtig wie die der Soldaten.

ne Erhöhung der Produktion beispielsweise die Munitionsvorräte für die schwere Artillerie schon nach zwei Monaten erschöpft gewesen wären. Deshalb wurde auf allen Seiten die Herstellung von Kriegsmaterial, wie etwa Waffen, Munition, Transportmitteln und Material zum Ausbau der Eisenbahnlinien, drastisch gesteigert.
In Italien, wo vor allem die Futuristen rund um Marinetti das Maschinenzeitalter begeistert feierten, verzeichnete man in den Jahren zwischen 1915 und 1918 enorme Produktionszuwächse; so stieg die Herstellung von Maschinengewehren von 613 auf 19.904 Stück, bei den Automobilen stieg die Bilanz von 9200 auf 20.000 Stück, während die Munition von 10.400 auf 88.400 Schuss pro Tag anstieg. Die Kriegsausgaben bedeuteten eine enorme Belastung für die Budgets der betreffenden Staaten, der man auf verschiedene Weise begegnete. So griff man in Deutschland vor allem zu Kriegsanleihen, während in England die direkten Steuern erhöht wurden und in Frankreich und Italien neben der Ausgabe von Staatsanleihen auch der Geldumlauf angekurbelt wurde. Man benötigte jedoch zur Fortführung des Krieges nicht nur Geld und Rohstoffe, sondern auch immer mehr Arbeitskräfte. Jene Lücken im Produktionsablauf, die dadurch entstanden, dass die Männer an die Front geschickt wurden, füllte man mit dem Einsatz von Frauen und von Arbeitern aus den Kolonien. In Frankreich gab es gegen Ende des Krieges 1.700.000 Menschen, die in der Kriegsindustrie tätig waren, davon 497.000 Soldaten, 430.000 Frauen, 425.000 Zivilisten, 133.000 junge Männer unter 18 Jahren, 108.000 Ausländer, 61.000 Arbeiter aus den Kolonien und 40.000 Kriegsgefangene.
Besonderen Stellenwert in gesellschaftlicher Hinsicht hatte jedoch der Eintritt der Frauen in den Produktionsprozess, die zu diesem Zweck oftmals vom Land in die Stadt zogen. Frauen wurden nun auch in Berufen gebraucht, die bislang stets Männern vorbehalten waren – sie arbeiteten nun auch als Schmiede, Zahnärztinnen, Kraftfahrerinnen und Eisenbahnerinnen; darüber hinaus wurden sie natürlich auch in den Fabriken einge-

PROTAGONISTEN

HENRI PHILIPPE PÉTAIN

Geboren 1856 bei Pas-de-Calais, begann er seine militärische Laufbahn in der Infanterie. 1914, als 58-Jähriger, war er Oberst, als er das Kommando über eine Brigade bekam. Seine Erfolge brachten ihn im September 1915 an die Spitze der 2. Armee, mit der er die Offensive in der Champagne bestritt. Seine große Stunde kam, als er mit der Abwehr des deutschen Ansturms bei Verdun betraut wurde. Im Mai 1917 löste er General Nivelle als Oberbefehlshaber an der Westfront ab, wo er zunächst vor allem die Aufgabe hatte, die angeschlagene Moral seiner Truppen zu stärken. Während der beiden Kriege in Marokko warf er den Aufstand von Abd El Krim (1925/26) nieder. Im Juni 1940 unterzeichnete er als Ministerpräsident den Waffenstillstandsvertrag mit Deutschland und verlegte den Regierungssitz nach Vichy. Wegen seiner Politik der begrenzten Kollaboration mit den Deutschen wurde er am 15. August 1945 zum Tode verurteilt; wegen seines hohen Alters wandelte man das Urteil in Festungshaft um, in der er 1951 starb.

DIE KRIEGSINDUSTRIE

Die Zeit vor dem Krieg war geprägt von einem Rüstungswettlauf, dessen Ziel es war, genügend Waffen für den Ernstfall zur Verfügung zu haben. Als dieser dann eintrat, zeigte sich jedoch bald, dass der Krieg weitaus höhere Anforderungen stellte. Es fehlte an Gewehren, Geschützen und Fahrzeugen, und die Munition ging bereits nach wenigen Wochen zur Neige. Es erwies sich als notwendig, neue Industriebetriebe zu eröffnen und die bestehenden auszubauen. Genauso musste die Produktion neu organisiert und die Arbeitsproduktivität erhöht werden. Nachdem die Kriegsindustrie für das Überleben der Staaten eine so zentrale Bedeutung bekam, wurde sie schon bald unter staatliche Kontrolle gestellt. Es kam sogar zu Beschlagnahmungen und zur staatlichen Zuteilung von Rohstoffen. Gewerkschaftliche Forderungen wurden weitgehend untersagt, so als wären es Soldaten und keine Arbeiter, die in den Fabriken beschäftigt waren.

In Deutschland wurde bereits im August 1914 eine *Kriegsrohstoffabteilung* (KRA) im Kriegsministerium eingerichtet, die die zentrale Erfassung der Rohstofflieferanten gewährleisten sollte. In Frankreich machte es sich der Staat zur Aufgabe, neue Industriebetriebe zu errichten und alte Betriebe neu zu organisieren. In England wiederum wurde durch den *Munition of War Act* von 1915 die Kriegsindustrie unter staatliche Kontrolle gestellt. Und auch Italien bemühte sich, Strukturen zu schaffen, die der neuen Situation gerecht wurden; 1915 wurde ein Amt für Waffen und Munition geschaffen, das 1917 zum Ministerium aufgewertet wurde. Wenn man einer Fabrik besondere Bedeutung für die Kriegswirtschaft beimaß, wurde sie zum kriegswichtigen Betrieb erklärt, worauf Produktion und Belegschaft unter militärische Kontrolle kamen. Anfangs betrachteten die Industriellen diese Maßnahme mit Skepsis, doch als sie sahen, dass man dadurch mit sicheren Aufträgen, der regelmäßigen Zuteilung von Rohstoffen sowie der Befreiung der Belegschaft vom Militärdienst rechnen konnte, änderten sie ihre Ansicht. So gab es Ende 1918 in Italien fast 2000 solcher kriegswichtigen Betriebe. In einem Land, das laut der letzten Volkszählung vor dem Krieg (1913) 36 Millionen Einwohner aufwies, wuchs die Zahl der Arbeiter in der Maschinenindustrie während des Krieges auf über eine halbe Million. Große Unternehmen wie FIAT erlebten einen enormen Zuwachs ihrer Produktion. Die Steigerungsraten fielen naturgemäß vor allem in jenen Sektoren sehr hoch aus, die für den Krieg in irgendeiner Weise von Bedeutung waren.

Allgemein lässt sich sagen, dass die Entwicklung der Kriegsindustrie einige wesentliche Veränderungen mit sich brachte. Es entstand eine moderne Industrie, die zentralistisch gelenkt und vom Staat organisiert war – eine Industrie, in der auch die Frauen gebraucht wurden.

Eine englische Geschützfabrik in Coventry und ein Plakat aus dem vorrevolutionären Russland, auf dem die Frauen aufgefordert werden, ihren Beitrag in der Kriegsindustrie zu leisten.

KUNST UND KRIEG

Der Große Krieg wurde zum Gegenstand vieler Werke der bildenden Kunst. In allen Krieg führenden Ländern kam es vor, dass Maler an die Front gingen – bisweilen wurden sie sogar von ihren Regierungen mit dem Auftrag losgeschickt, die Realität des Kriegsalltags zu dokumentieren. Manch einer, wie etwa der deutsche Expressionist Franz Marc, sollte auf dem Schlachtfeld fallen.
Die »Kriegskünstler« setzten zwar traditionelle künstlerische Mittel in ihrer Arbeit ein, um ihr Ziel, patriotische Gefühle zu wecken, zu erreichen – doch es wurden auch immer wieder kühne Experimente

unternommen, und zwar sowohl in formaler als auch inhaltlicher Hinsicht.
Besonders anschaulich wurden in der populären Druckgrafik traditionelle Kunst und Avantgarde zu patriotischen Zwecken verbunden. In Frankreich gab es die populären *Bilderbogen aus Epinal,* die seit dem Beginn des 19. Jahrhunderts die Tugenden des französischen Volkes priesen. Während des Ersten Weltkrieges verherrlichten französische Künstler wie Guy Arnoux oder Raoul Dufy die Vergangenheit und die Gegenwart ihrer Nation, wobei sie auch die Schrecken des Krieges nicht aussparten, die in der Geschichte ihres Landes immer wieder zum Vorschein kamen. Ihre Bilder waren nicht selten von einer ganz eigentümlichen naiven Schönheit.
Die Kriegkünstler produzierten neben ihren offiziellen propagandistischen Werken oftmals auch völlig unkonventionelle Arbeiten, die eine ungeschminkte Wirklichkeit darstellten. So kam in den Arbeiten des englischen Malers Christopher Nevinson, der dem Kubismus und dem Futurismus nahestand, bald die grausame Realität des Krieges zum Vorschein. Vielen Künstern erging es ähnlich. Der *Futurismus* ging davon aus, dass die Kunst alles Moderne, wie die Geschwindigkeit, die Dynamik des technischen Fortschritts und die Freiheit von Konventionen verherrlichen solle; der Krieg wurde als ein positives Phänomen gesehen, in dem die Energien des Volkes ein Ventil finden würden.

Manch einer änderte jedoch seine Sichtweise, als er selbst mit den Grausamkeiten des Krieges konfrontiert wurde. In Italien zog beispielsweise der Maler Umberto Boccioni in den Krieg, aus dem er nicht mehr zurückkehrte. In seinen Bildern kommt sehr deutlich die sinnlose Gewalt des Krieges zum Ausdruck. Nach der futuristischen Periode begründete Carlo Carrà zusammen mit Giorgio De Chirico die sogenannte *Pittura metafisica* (metaphysische Malerei), die nach der Verherrlichung von Krieg und Gewalt ein neues Verhältnis zur Dingwelt prägte und diese bisweilen fremd und rätselhaft erscheinen ließ.
Die künstlerischen Strömungen der Zeit des Krieges waren in die Zukunft gerichtet; es gab eine ganze Reihe von avantgardistischen Bewegungen, die neue künstlerische Ausdrucksmittel erprobten. So arbeiteten beispielsweise der Maler Pablo Picasso und der Dichter und Maler Jean Cocteau zusammen, um das Ballett *Parade* herzustellen, das eine Verquickung von kubistischem Stil und Volkssprache zu Stande bringt. Die *Dadaisten* wiederum schufen eine Kunst des Absurden, aus der sie jede rationalistische Haltung verbannten und die klare Trennung von Form und Inhalt aufhoben.
Auch die deutschen Maler drückten die Ereignisse des Krieges mit zunehmender Direktheit aus. Otto Dix, der anfangs für den Krieg gewesen war, zeigte nach und nach eine immer tiefere Abneigung gegen den Militarismus. In seinen Bildern wirken die Körper der Soldaten wie morsche Bäume, während Verwundete und Verstümmelte wie Gespenster über das Schlachtfeld ziehen. Auch George Grosz, der sich als junger Mann freiwillig an die Front meldete, stellte rasch fest, dass der Krieg im Menschen nichts als Bestialität zu Tage fördert, wovon seine Bilder schonungslos Zeugnis ablegen.

Die Maler des Krieges (von oben nach unten): Selbstbildnis *von Otto Dix sowie zwei Kriegsbilder von John Singer Sargent (oben) bzw. Gino Severini (links).*

ERBLINDET
Dieses an der Westfront entstandene Foto bewog höchstwahrscheinlich den Maler John Singer Sargent, das Bild zu schaffen, das auf der gegenüberliegenden Seite (Mitte) zu sehen ist und die Opfer des Gaskrieges darstellt. Traurige Berühmtheit erlangte vor allem das Senfgas, das die Deutschen im Juli 1917 in Ypern einsetzten und das deshalb auch als Yperit *bezeichnet wird.*

setzt, insbesondere zur Waffenproduktion, wo man dringend Arbeitskräfte benötigte. Auf diese Weise leisteten die Frauen überall ihren Beitrag zur Kriegswirtschaft.

DIE FRONTSOLDATEN UND DIE HEIMAT

1918 gab es in Großbritannien über 800.000 Arbeiter. In Italien lag die Zahl bei etwa 180.000, was für ein weit weniger industrialisiertes Land ebenfalls beachtlich war. Als der Krieg zu Ende ging, kehrten die Männer an ihre Arbeitsplätze zurück – doch diese kurze Erfahrung, welche die Frauen in der Arbeitswelt machen konnten, bedeutete einen wesentlichen Schritt in ihrer Emanzipation. Und mit dieser Welt, die in rasanter Veränderung begriffen war, versuchten die Soldaten an der Front den Kontakt aufrechtzuerhalten.

Sie schrieben regelmäßig nach Hause – oftmals waren es die portofreien Karten, die sie von ihren Militärkommandos bekamen und die schon mit den üblichen vorgedruckten Phrasen versehen waren. In gleicher Weise versuchte man in der Heimat, den Angehörigen an der Front aufmunternde Worte zu schicken; an der Front und in den Kriegsgefangenenlagern war das Eintreffen der Post einer der wichtigsten Augenblicke des Tages. Ein Brief bedeutete stets eine willkommene Abwechslung in dem zermürbenden Warten im Schützengra-

DIE NEUE ROLLE DER FRAUEN
Der Krieg wies den Frauen neue Aufgaben zu: Sie mussten ihre Männer in den Munitions- und Waffenfabriken ersetzen und auch als Kellnerinnen, Straßenbahnerinnen, Beamtinnen usw. für die Männer, die an der Front waren, einspringen. Damit drangen die Frauen erstmals in großen Massen in die Arbeitswelt ein. So waren etwa in Italien bis zum Kriegsende etwa 200.000 Frauen in der Kriegsindustrie beschäftigt.

MASSENGRAB
Gefallene Russen in der Schlacht von Gorlice. Für Hunderttausende Soldaten endete der Krieg in einem Massengrab. Meist machte man sich nicht die Mühe, die Identität der feindlichen Gefallenen festzustellen.

ben; der Soldat vergaß für kurze Zeit die Angst und die Entbehrungen und hatte die Verbindung zu einer ihm vertrauten Welt, die er hinter sich hatte lassen müssen.
So gut wie alle Soldaten klammerten sich an den Briefwechsel mit der Heimat – auch wenn sich die Armee großteils aus einfachen Arbeitern oder Menschen von ländlicher Herkunft zusammensetzte, die nur über geringe Bildung verfügten. Die Zensur war stets wachsam, konnte jedoch angesichts der Flut von Briefen und Karten, die die Front verließen, ihre Augen nicht überall haben. Und so waren es vor allem die Stimmen der Soldaten, die die Wahrheit über diesen Krieg verrieten – mit all der Angst, der Erschöpfung und der Unfähigkeit, den Sinn hinter diesen entsetzlichen Qualen zu erkennen, denen man an der Front ausgesetzt war.

WIE LANGE NOCH SINNLOS STERBEN?

Obwohl immer klarer wurde, dass dieser Krieg ein einziges Massaker war, das nirgendwohin führen konnte, kämpften die Männer weiter. Es kam zwar ab 1916 zunehmend zu Desertionen, doch im Allgemeinen blieben auf beiden Seiten die Männer auf ihren Posten – mit der bedrückenden Aussicht, von den feindlichen Maschinengewehren oder der Artillerie niedergemäht zu werden oder in einem Giftgasangriff elendiglich zu ersticken.
Die Gefechte zogen sich oft über Monate hin, sodass es unmöglich war, die Toten zu beerdigen. Die Soldaten hockten tagein, tagaus im Schlamm oder in ihren Schützengräben, von Ungeziefer geplagt, und gewöhnten sich schließlich auch an den Anblick von im Kampf gefallenen Freunden oder Feinden, von schwer verwundeten oder verstümmelten Kameraden.
Der einzige Trost bestand im Zusammenhalt innerhalb der Truppe oder im Zuspruch des Militärseelsorgers. Im modernen Massenkrieg war der Soldat kaum mehr als eine Nummer. Umso dringender war das Bedürfnis, die Bindung an eine Welt aufrechtzuerhalten, in die man bald zurückzukehren hoffte. Durch den

ZWEIFELHAFTER SCHUTZ
Obwohl die Schützengräben meist recht solide befestigt waren, hielten sie den Bombardements der Artillerie oftmals nicht stand. Von diesem österreichischen Schützengraben an der Ostfront ist nicht viel übrig geblieben.

DER KRIEG IN DEN STÄDTEN

Der Krieg veränderte auch das Leben in den Städten – und nicht selten auch deren Antlitz. Besonders beeinträchtigt waren naturgemäß jene Städte, die sich in der Nähe der Front befanden und in deren Straßen und Plätze der Krieg getragen wurde. Oftmals waren solche Städte Ballungsräume für Soldaten aus den verschiedensten Regionen bzw. aus verbündeten Ländern, sodass hier die unterschiedlichsten Sprachen, Dialekte und Kulturen aufeinander trafen. So kam es nicht selten vor, dass sich die Zahl der Einwohner so mancher kleinen Stadt während des Krieges verdoppelte.

Am Tag herrschte überall pulsierendes Leben, während sich mit dem Einbruch der Nacht völlige Dunkelheit über die Stadt legte. Man vermied jede Beleuchtung – zu groß war die Gefahr, dass feindliche Luftangriffe nicht nur militärische, sondern auch zivile Ziele treffen könnten. Zu Beginn hielt sich die Bedrohung durch feindliche Flugzeuge noch in Grenzen; so war man beispielsweise im September 1914 in Paris bereits die tägliche Wiederkehr eines einsamen deutschen Aufklärungsflugzeugs, der so genannten »Taube«, gewohnt, die über der Stadt ihre Kreise zog. Es wurden Schildwachen auf den Dächern eingerichtet, die solchen ungebetenen »Besuchern« mit Gewehrfeuer begegneten. Als die Gefahr aus der Luft immer größer wurde, begann man in den Städten Zufluchtsstätten einzurichten, in die man sich bei Luftangriffen flüchten konnte. Dabei griff man oft auf jahrhundertealte Verteidigungseinrichtungen zurück, wie etwa Festungsbauten, Stadtmauern oder Basteien. Wenn die Sirenen losheulten und Fliegeralarm gaben, erstarrte das Leben in der Stadt binnen kürzester Zeit. Es war schon immer in der Geschichte so gewesen, dass auch die Zivilbevölkerung unter Kriegen zu leiden hatte – doch nun war man neuen Zerstörungswaffen ausgesetzt, die plötzlich aus der Luft erschienen und den Krieg von den Schützengräben aus die Städte trugen, indem sie diese mit Bomben belegten. Auch in Städten, die vor den Schrecken des Krieges relativ gut geschützt waren, änderte sich das Leben grundlegend. Das Alltags- und Arbeitsleben musste völlig neu organisiert werden. Immer häufiger sah man Frauen, die Briefe zustellten, in Kaffeehäusern servierten oder eine Straßenbahn lenkten. Es war ein Gebot der Stunde, dass Frauen den Platz der Männer einnahmen, die an die Front mussten.

Drei Einblicke in das städtische Leben während des Krieges: Auf dem Bild links die Ruinen von Termond in Belgien. Links oben: Londoner Polizisten vor einem von deutschen Bomben getroffenen Gebäude. Rechts oben: Lieder aus einer Operette, die in den Kriegsjahren in Paris aufgeführt wurde.

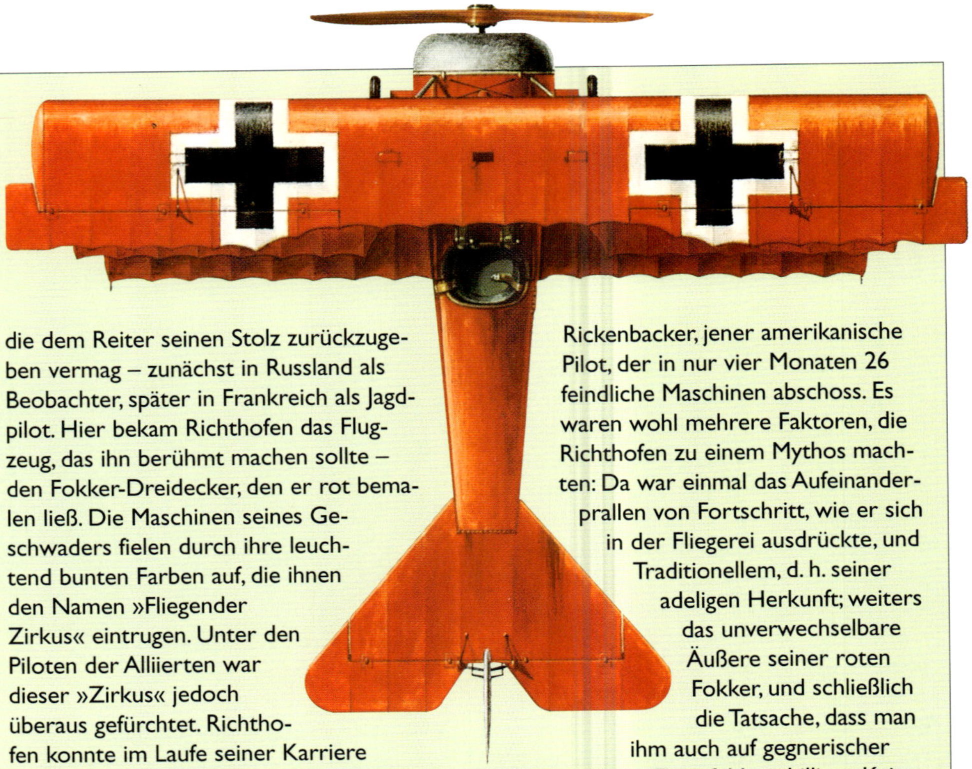

PROTAGONISTEN

MANFRED VON RICHTHOFEN

Ein englisches Jagdflugzeug nähert sich der Basis des Jagdgeschwaders I in Cappy an der Somme. Er wirft folgende Botschaft ab: *»To the German Flying Corps. Rittmeister Baron Manfred von Richthofen was killed in aerial combat on April 21st 1918. He was buried with full military honours.«* Es war

ein kanadischer Jagdflieger, nämlich Hauptmann Arthur Roy Brown, der den »Roten Baron« abschoss und ihn so zur Legende machte.

Manfred Freiherr von Richthofen wurde 1892 als Sohn einer preußischen Adelsfamilie geboren. 1911 wurde er Offizier der Ulanen. In Belgien und Frankreich lernte er die Realität des Krieges kennen: Die Pferde schleppen sich durch den Schlamm, feindliche Maschinengewehre erweisen sich als unüberwindliche Hindernisse, die Ulanen müssen sich oft genug zu Fuß durchschlagen und sich mit Aufklärungs- und Verbindungsaufgaben begnügen. Es ist die Fliegerei, die dem Reiter seinen Stolz zurückzugeben vermag – zunächst in Russland als Beobachter, später in Frankreich als Jagdpilot. Hier bekam Richthofen das Flugzeug, das ihn berühmt machen sollte – den Fokker-Dreidecker, den er rot bemalen ließ. Die Maschinen seines Geschwaders fielen durch ihre leuchtend bunten Farben auf, die ihnen den Namen »Fliegender Zirkus« eintrugen. Unter den Piloten der Alliierten war dieser »Zirkus« jedoch überaus gefürchtet. Richthofen konnte im Laufe seiner Karriere zwischen 80 und 100 feindliche Maschinen ausschalten, ehe er selbst über Amiens abgeschossen wurde.

Richthofen wurde mehr als andere Piloten, die ihm kaum nachstanden, zum Symbol für den Luftkrieg der Jahre 1914-1918. Dabei gab es eine ganze Reihe von Piloten, die eine ähnlich hohe Anzahl von Luftsiegen aufweisen konnten, wie etwa die Franzosen René Fonk (75) und Georges Guynemer (54), der Deutsche Ernst Udet (62), der Engländer Edward Mannock (73), der Kanadier William Arvey Bishop (72), der Italiener Francesco Baracca (34 Abschüsse, jedoch in einem geringeren Zeitraum und auf einem kleineren Frontabschnitt) oder Eddie Rickenbacker, jener amerikanische Pilot, der in nur vier Monaten 26 feindliche Maschinen abschoss. Es waren wohl mehrere Faktoren, die Richthofen zu einem Mythos machten: Da war einmal das Aufeinanderprallen von Fortschritt, wie er sich in der Fliegerei ausdrückte, und Traditionellem, d. h. seiner adeligen Herkunft; weiters das unverwechselbare Äußere seiner roten Fokker, und schließlich die Tatsache, dass man ihm auch auf gegnerischer Seite durchaus »Ehrgefühl« zubilligte. Kein anderer »Ritter der Lüfte« sollte so wie Richthofen den Mythos nähren, dass der Krieg trotz der Gräuel von Verdun ein schönes Spiel sei, in dem derjenige der größte Held ist, der jung stirbt.

Im Zweiten Weltkrieg sollte Richthofen in Major Erich Hartmann einen Nachfolger finden, der mit seiner Me-109 nicht weniger als 352 Abschüsse verzeichnen konnte. Hartmann war wohl der erfolgreichste Pilot überhaupt – und dennoch erinnert sich heute kaum noch jemand an ihn: Im Zweiten Weltkrieg gab es auch am Himmel keine Ritterlichkeit mehr.

Oben und links: Der berühmte Fokker-Dreidecker in den Farben des »Roten Barons«. Links Mitte: Manfred Freiherr von Richthofen, das größte Fliegerass im Luftkrieg.

FÜR BOSNIEN UND DIE MONARCHIE
Soldaten der k. u. k. Armee aus Bosnien-Herzegowina. Auch bosnische Moslems kämpften auf Seiten der Donaumonarchie.

TRÄUME
Die baldige Rückkehr zur Liebsten war für die meisten Soldaten in weite Ferne gerückt – und doch verschickte man gern solche Grußkarten, die süße Erinnerungen weckten.

Briefkontakt mit Verwandten und Freunden konnte man sich außerdem etwas von seiner Persönlichkeit bewahren, die in diesem Krieg der Massen nichts zählte.
Diese schwache Verbindung mit einem normalen Leben zerriss jedoch oftmals, wenn der Soldat einen Heimaturlaub antreten durfte; denn bei solchen Anlässen musste der Betreffende nicht selten feststellen, dass nichts mehr so war wie vorher. Das Land und die Menschen hatten sich verändert; die Frauen hatten nicht gewartet, und die Söhne der Reichen hatten es geschafft, sich dem Kriegsdienst zu entziehen. Doch damit nicht genug – diejenigen, die dem Krieg »ausgewichen« waren, hatten sich auch noch daran bereichert. Nach Monaten des Krieges hatte der Soldat oftmals das Gefühl, ein Fremder im eigenen Land zu sein, der seine Landsleute – ja, sogar seine Familie nicht wiedererkannte. Von solchen Heimaturlauben kehrten die Soldaten oft innerlich zerrüttet und deprimiert an die Front zurück. In dieser Situation wurde mit Propaganda versucht, die Risse in der Psyche des Soldaten zu kitten.
Der Soldat fühlte sich jedoch nicht nur von seinem Zuhause verraten, sondern auch von seinen Generälen verlassen, die sich niemals in vorderster Linie blicken ließen; außerdem vermochte er immer weniger zu erkennen, welchen Zweck dieser Krieg eigentlich verfolgte – und so war seine einzige Zuflucht der Gemeinschaftsgeist innerhalb der Truppe. In der Isolation von der Heimat entstanden starke Bindungen, die durch gemeinsam überstandene feindliche Angriffe noch verstärkt wurden.
Hier fand der Soldat Ersatz für das, was er verloren hatte; seine Kameraden waren nun seine Familie, der Schützengraben sein Zuhause.

HEIMAT SCHÜTZENGRABEN
Dieses Foto stellt ein Gefühl dar, das viele Soldaten im zu Ende gehenden Krieg empfanden: Die langen Kriegsjahre, die harten Kämpfe und die lange Trennung von der Familie und der Heimat hatten bewirkt, dass der Schützengraben und die Kameraden zur wahren Heimat geworden waren.

TEATRO DELLA GUERRA
PROSSIMAMENTE
SILENCE !!.
Ne Parlez pas de la Guerre
NOS ENNEMIS VOUS ÉCOUTENT
Cette affiche, éditée par Le Matin est mise gratuitement
à la disposition de toute personne en faisant la demande
2, 4, 6, Boulevard Poissonnière
I WANT YOU
FOR U.S. ARMY
NEAREST RECRUITING STATION

1 9 1 7

Das längste Jahr

Im Jahr 1917 sollte der Krieg einen Wendepunkt erreichen. Während die verschiedenen europäischen Mächte noch einmal all ihre militärischen Kräfte mobilisierten, sollten zwei Ereignisse die Kräfteverhältnisse entscheidend verändern: zum einen der Kriegseintritt der Vereinigten Staaten und zum anderen der Ausbruch der Russischen Revolution, die das Ende der Zarenherrschaft mit sich brachte.

Im Dezember 1916 unterbreitete Wilhelm II. völlig überraschend den Alliierten ein Friedensangebot. In Wirklichkeit handelte es sich jedoch lediglich um den Versuch, das Bild zu korrigieren, das ein Großteil der Welt von Deutschland als Verantwortlichem für den Krieg hatte. Dies zeigte sich daran, dass man nicht einmal bereit war, aus Belgien und den besetzten französischen Gebieten abzuziehen. Die Regierungen der Entente-Mächte gingen deshalb nicht auf das Angebot des Kaisers ein; der militärische Erfolg war für sie weiterhin der einzige Weg, den Konflikt zu beenden.

FELDHERREN
(vorhergehende Seite) Kaiser Wilhelm II. ließ seinen Generälen Hindenburg (links) und Ludendorff (rechts) zunehmend freie Hand bei der Kriegführung.

SIEG IM OSTEN
1917 war ein wichtiges Jahr für die Entente-Mächte in Mesopotamien. Im Frühling eroberten die Briten Kut-el-Amara zurück (nebenan); im März marschierten sie in Bagdad ein (ganz rechts).

UNTER WASSER UND IN DER WÜSTE

Das Streben nach einer militärischen Lösung des Konflikts verlangte jedoch zusätzliche Anstrengungen, um an dem einen oder anderen Kriegsschauplatz einen Umschwung herbeizuführen. Und so trachtete man auf deutscher Seite, die englische Seeherrschaft zu brechen. Nach dem unentschiedenen Ausgang der Schlacht am Skagerrak im Mai 1916 hatte es die deutsche Flotte lange Zeit vermieden, der englischen *Grand Fleet* direkt gegenüberzutreten. Die deutsche Hochseeflotte blieb abwartend in ihren Nord- und Ostseehäfen; nur die U-Boote schienen im Stande zu sein, es mit den feindlichen Schiffen aufzunehmen. Und so beschloss die deutsche Regierung auf Drängen von Hindenburg und Ludendorff, den uneingeschränkten U-Boot-Krieg zu riskieren.

Ende Januar wurden die neutralen Staaten in Kenntnis gesetzt, dass deutsche U-Boote von nun an alle Handelsschiffe im Kriegsgebiet – egal welcher Herkunft – ohne Vorwarnung angreifen würden. In Deutschland rechnete man durchaus mit der Möglichkeit, dass ein verschärfter U-Boot-Krieg die USA dazu bringen könnte, auf Seiten der Entente-Mächte in den Krieg einzutreten, was übrigens im April tatsächlich geschah. Man vertraute jedoch darauf, dass die USA lange brauchen würden, um ihre Truppen zu mobilisieren und nach Europa zu befördern.

Da Frankreichs Armee bereits ziemlich erschöpft war, würde sich Großbritannien, sobald es zur See isoliert wäre, gezwungen sehen, ein Friedensangebot zu unterbreiten, weil der Beitrag der amerikanischen Truppen nicht rechtzeitig kommen würde, um sich entscheidend auszuwirken.

Inzwischen gelang es den Engländern, in Mesopotamien eine Wende herbeizuführen. Im Februar konnte das britisch-indische Expeditionskorps das ein Jahr zuvor verlorene Kut-el-Amara wieder zurückerobern, um in der Folge entlang des Tigris auf Bagdad zu marschieren. Am 11. März besetzte die britische Kavallerie dann Bagdad. Die türkische Armee war gezwungen, sich

DER KRIEG IN DER ADRIA
Ein italienisches Wasserflugzeug kehrt zu seinem Stützpunkt zurück, und eine Gruppe von Marinesoldaten macht sich daran, das Flugzeug zu vertäuen. Wasserflugzeuge wurden von Italien, aber auch Österreich-Ungarn häufig eingesetzt, unter anderem auch zur U-Boot-Abwehr. Die italienischen Macchi, die von Grado, Goro und Venedig aus operierten, standen den von Österreich eingesetzten Hansa-Brandenburg gegenüber.

W A F F E N

DAS UNTERSEEBOOT

Am 7. Mai 1915 torpedierte das deutsche Unterseeboot *U-20* vor der irischen Küste den englischen Luxusliner *Lusitania*. Die Versenkung des Schiffes, der über 1000 Passagiere zum Opfer fielen, war einer der Aufsehen erregendsten Vorfälle des gesamten Krieges. Dieses Ereignis zeigte sehr deutlich, welch furchtbare Möglichkeiten in der neuen Waffe, dem Unterseeboot, steckten – aber auch, dass der Krieg vor nichts und niemandem Halt machte und auch im zivilen Bereich seine Opfer forderte.

Zu Beginn des Krieges verfügten bereits fast alle beteiligten Kriegsmarinen über U-Boote, die man vor allem für die Aufklärung sowie für das unbemerkte Eindringen in feindliche Häfen einzusetzen gedachte. Angetrieben wurden die Unterseeboote über Wasser von Dieselmotoren, während man unter Wasser Elektromotoren verwendete. Ihre wichtigste Waffe stellten Torpedos dar. Die U-Boote waren jedoch relativ langsam und deshalb sehr verwundbar, weshalb man sie vor allem gegen Handelsschiffe einsetzte. Auf beiden Seiten griff man auf diese gefürchtete Waffe zurück, die plötzlich wie aus dem Nichts auftauchte und ihre tödlichen Torpedos abfeuerte. In einigen Fällen wurde es der Besatzung des abgefangenen Schiffes wenigstens ermöglicht, von Bord zu gehen, bevor das Schiff versenkt wurde. Im Juli 1915 gelang es den Österreichern, innerhalb einer Woche die beiden italienischen Kreuzer *Amalfi* und *Garibaldi* mit U-Boot-Angriffen außer Gefecht zu setzen. In den Dardanellen verwendeten Engländer und Franzosen ihre U-Boote, um den türkischen Handel im Marmarameer zu stören. Doch zu strategischen Zwecken wurde die neue Waffe vor allem von den Deutschen eingesetzt – vor allem nachdem sich in der Schlacht am Skagerrak gezeigt hatte, dass die deutsche Überwasserflotte nicht in der Lage war, die Engländer zu gefährden.
Das U-Boot war die ideale Waffe, um die britische Blockade zu durchbrechen, die Auseinandersetzung in den Atlantik hinauszutragen und dort die Handelsschifffahrt zu bedrohen. Die Verbindung mit den Vereinigten Staaten war ab diesem Zeitpunkt in ständiger Gefahr, und die Besatzungen der Handelsschiffe konnten sich nie sicher fühlen. Die Proteste der USA und die allgemeine internationale Empörung angesichts der Versenkung der *Lusitania* hatten zur Folge, dass die Deutschen sich nun auf militärische Ziele beschränkten. Doch im Februar 1917 genehmigte die deutsche Regierung, von General Ludendorff gedrängt, den uneingeschränkten U-Boot-Krieg. Allein im April 1917 wurden nicht weniger als 395 Schiffe von U-Booten versenkt. Dass diese Zahl im November auf 116 sank, hatte seinen Grund nicht zuletzt darin, dass man auf der Gegenseite mit verstärkter Luftaufklärung und dem Einsatz von Wasserbomben reagierte. Außerdem ging man dazu über, die Handelsschiffe von Zerstörern begleiten lassen und grundsätzlich widerstandsfähigere Schiffe zu bauen. So war das Verhältnis zwischen versenkten und neu in Dienst gestellten Schiffen in den letzten Kriegsmonaten nur noch bei 1:3. Die deutsche Kriegsmarine hatte den U-Boot-Krieg verloren – doch Jahre später im Zweiten Weltkrieg sollte es zu einem Wiederaufflammen dieser Auseinandersetzung kommen.

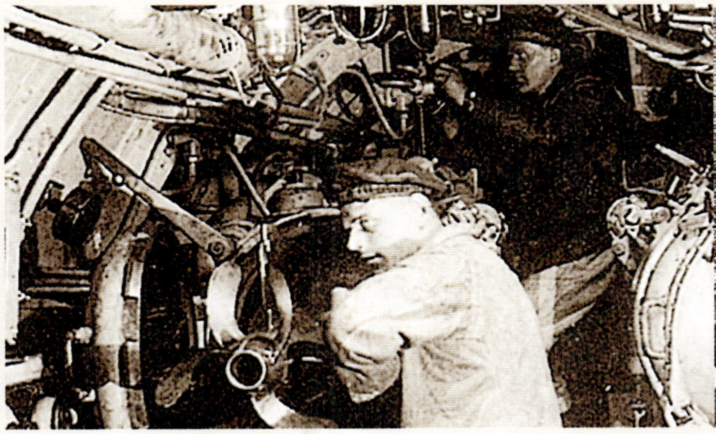

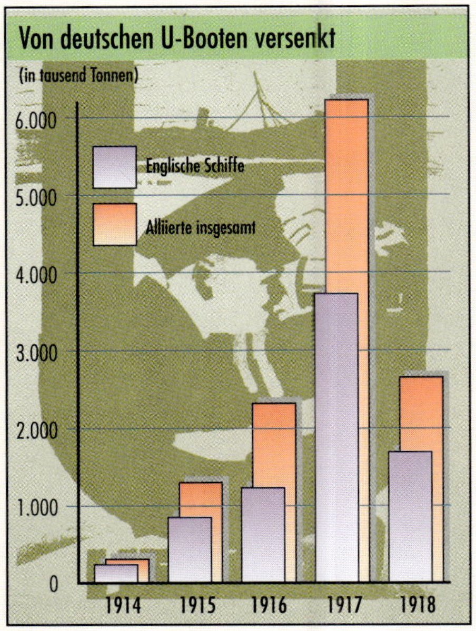

Links oben: Blick ins Innere eines deutschen U-Bootes. Daneben: Das englische U-Boot E-11 wird stürmisch gefeiert, nachdem es das türkische Panzerschiff Haireddin Barbarossa *im Marmarameer versenkt hatte; dies ereignete sich 1915 während der Kämpfe um Gallipoli.*

SOPWITH
Britische Dreidecker des Typs Sopwith auf einem französischen Stützpunkt.

DER VORTEIL DER VERTEIDIGER
Im Laufe des Krieges gewann das Maschinengewehr immer mehr an Bedeutung. Die Deutschen (hier ein Bild von der Front in Vaux bei Verdun) machten sich die Vorteile der neuen Waffe schon sehr früh zu Nutze.

weiter zurückzuziehen, als auch noch die Araber mit der Unterstützung von T. E. Lawrence im Juli den Hafen Akaba am Roten Meer besetzten, der als uneinnehmbar gegolten hatte. Mit arabischer Unterstützung starteten die Briten unter General Allenby eine Offensive in Palästina und Syrien. Der Auftrag, den Allenby von Premierminister Lloyd George erhalten hatte, lautete ganz einfach, Jerusalem noch vor Weihnachten einzunehmen. Die schwierigen klimatischen Bedingungen und die Wasserknappheit erschwerten den Feldzug in Palästina – doch am 9. Dezember war es so weit: Allenby marschierte an der Spitze seiner Truppen in Jerusalem ein.
Im Laufe des Jahres gewannen die Alliierten nicht nur die Vereinigten Staaten, sondern auch Griechenland als Verbündete, nachdem Frankreich und Großbritannien beim Sturz des Deutschland-freundlichen Königs Konstantin mitgeholfen hatten. Außerdem schloss sich auch China den Alliierten an, dessen Eingreifen jedoch keine großen Auswirkungen auf das Kriegsgeschehen hatte.

DAS INFERNO VON CHEMIN DES DAMES

An der Westfront schien sich das Blatt im Laufe des Frühlings zunehmend zu Gunsten der britisch-französischen Truppen zu wenden. Deutschland verlegte sich auf eine betont defensiv ausgerichtete Taktik und trat hier und dort einen langsamen, aber geordneten Rückzug an. Im Februar zogen sich die Deutschen auf Befehl Hindenburgs auf die so genannte »Siegfriedstellung« zurück, eine gut ausgebaute Verteidigungslinie, die mit relativ geringem Truppenaufwand zu verteidigen war.
Indessen schien die Kampfmoral der französischen Truppen immer weiter zu sinken – insbesondere aufgrund der völlig unnötig erscheinenden Opfer, die die vorangegangenen Schlachten gefordert hatten. Der junge und tatendurstige General Robert Nivelle hatte im Herbst 1916 General Joffre als Oberbefehlshaber abgelöst und sich dabei das Ziel gesetzt, einen baldigen Entscheidungsschlag gegen die Deutschen zu führen.
Im April startete Nivelle einen groß angelegten Angriff in der Champagne, nördlich von Reims. Doch die deutschen

PROTAGONISTEN

ROBERT GEORGES NIVELLE

Geboren 1856 in Frankreich, erkomm Nivelle rasch die militärische Karriereleiter und stieg zwischen 1914 und 1916 vom Kommandeur eines Artillerieregiments zum Befehlshaber eines Armeekorps auf. Er führte mit großem Erfolg den Gegenangriff der Franzosen bei Verdun und eroberte Fort Douaumont mit einer brillanten Operation zurück, in der er

Artillerie und Infanterie kombinierte. 1917 plante er, die feindlichen Linien mit einer Großoffensive zu durchbrechen, und Premierminister Lloyd George stellte die britischen Truppen zu diesem Zweck unter Nivelles Oberkommando. Das verlustreiche Scheitern der Offensive am Chemin des Dames führte zur Ablöse durch Pétain. Nivelle wurde nach Nordafrika geschickt und griff an der Westfront nicht mehr ins Kriegsgeschehen ein; er starb 1924.

BENEDIKT XV.
Nach dem Tod von Papst Pius X. 1914 bestieg Benedikt XV. den Papstthron. Er versuchte bis zum Schluss, die Vermittlerrolle der Kirche zum Tragen zu bringen.

DER HELD VON VERDUN
Henri Philippe Pétain im Gespräch mit George V.

Stellungen waren gut verteidigt, und die Notwendigkeit, große Mengen an Material zu transportieren, nahm der französischen Offensive einiges an Schwung. Der Angriff am Chemin des Dames an der Aisne wurde erneut zu einem Blutbad ohne entscheidenden Durchbruch.
Aufgrund seines Scheiterns an der Aisne sowie in der Champagne, das wieder einmal mit großen Verlusten verbunden war, wurde Nivelle durch General Pétain, den Helden von Verdun, abgelöst, der jedoch Mühe hatte, die Disziplin innerhalb der Truppen aufrechtzuhalten, nachdem sich eine zunehmende Zahl von Soldaten weigerte, den Befehlen Folge zu leisten. Zwischen Juli und November war es vor allem das Britische Expeditionskorps unter Sir Douglas Haig, das in Flandern eine große Offensive startete – doch auch die dritte Schlacht von Ypern brachte große Verluste mit sich, ohne zu einem entscheidenden Durchbruch zu führen.

DIE STIMME VON PAPST BENEDIKT XV.

Im August meldete sich Papst Benedikt XV. zu Wort, um das Massensterben zu verurteilen, das ganz Europa heimsuchte. Benedikt war erst 1914 auf den Heiligen Stuhl gelangt, nachdem Pius X. gestorben war.
Bis dahin hatte sich der Papst neutral verhalten, auch wenn er die Versenkung des Passagierdampfers *Lusitania* ebenso kritisiert hatte wie die Seeblockade gegen Deutschland, die im ganzen Land zu Lebensmittelknappheit führte. Nun jedoch blickte der Papst mit wachsender Sorge auf das Schicksal der streng katholischen Donaumonarchie; er fürchtete den Zerfall des Habsburgerreiches und setzte sich für einen Friedensvertrag ein, der ein Gleichgewicht der europäischen Mächte innerhalb der Vorkriegsgrenzen garantieren sollte.
Das Dokument des Papstes, das an die »Oberhäupter der Krieg führenden Länder« gerichtet war, rief heftige Proteste seitens der Entente-Mächte hervor, insbesondere in militärischen Kreisen, wo man darin eine moralische Rechtfertigung des wachsenden Ungehorsams innerhalb der Truppen sah. Im Übrigen machte sich auch in der Zivilbevölkerung eine zunehmende Kriegsmü-

DER KANADIERHÜGEL
Eine Gruppe von kanadischen Soldaten im Frontabschnitt Arras: Im April 1917 eroberten die Kanadier, die dem britischen Expeditionskorps angehörten, die Anhöhe von Vimy. Die Offensive war eigentlich als Ablenkungsmanöver gedacht, um die Operationen an der Aisne zu unterstützen. Erst im folgenden Jahr zeigte sich, dass die Eroberung von Vimy für das weitere Kriegsgeschehen von großer Bedeutung war.

KRIEGSALLTAG
Der Alltag der Soldaten bestand nicht nur aus Kämpfen. Das Leben an der Front war auch von Routinearbeiten geprägt, wie dieses Bild einer Gruppe österreichischer Soldaten beim Kartoffelschälen zeigt.

KOMMANDO
Das Schild eines österreichischen Militärkommandos.

digkeit bemerkbar. Der Aufruf des Papstes gegen das »sinnlose Blutvergießen« ging jedoch ins Leere. Auch die Proteste und zahlreichen Arbeiterstreiks in Frankreich und Italien (Turin), denen man von Seiten der Armee bisweilen sogar mit Gewalt begegnete, fruchteten nichts; lediglich die französische Kampfkraft war dadurch eine Zeitlang eingeschränkt.

DIE SCHLACHT VON KARFREIT

Das Schlachten sollte jedoch noch längst nicht zu Ende sein. Am Isonzo versuchte General Cadorna ungeachtet der Strapazen, denen seine Männer ausgesetzt waren, weiter, in die Offensive zu gehen; 1917 wurden drei Angriffe auf die feindlichen Stellungen gestartet. Im Mai versuchte der italienische Oberbefehlshaber, in der zehnten Isonzoschlacht den erhofften Durchbruch in Richtung Triest zu erzielen, was jedoch auch diesmal nicht gelang. Cadorna verstärkte nun seine Einheiten um mehrere Divisionen, ehe er die nächste Offensive startete. Die elfte Schlacht am Isonzo, welche von allen die blutigste war, brachte den Italienern zwar den Gewinn eines kleinen Geländeabschnitts zwischen Görz und Flitsch, doch die Soldaten waren zutiefst erschöpft und kriegsmüde; hier und dort kam es zu Befehlsverweigerungen, auf die Cadorna mit Standgericht und Erschießungen reagierte. In den elf Offensiven am Isonzo hatten die Italiener lediglich 12 km Gelände gewonnen; dabei waren nicht weniger als 770.000 Soldaten gefallen. Allein auf Seiten der k. u. k. Armee beliefen sich die Verluste auf 430.000 Mann.

Auf österreichischer Seite reagierte man auf die Niederlage in Südtirol, den Verlust von Görz und den von den russischen Truppen erzwungenen Rückzug in Galizien: Conrad von Hötzendorf wurde seines Postens als Generalstabschef des österreichisch-ungarischen Armeeoberkommandos enthoben und durch General Arz von Straußenburg ersetzt.

Im Zuge des politischen Zusammenbruchs in Russland, wo im März die Revolution ausbrach, waren die Mit-

STURMTRUPPEN
Im Laufe des Krieges perfektionierten die Deutschen den Einsatz von Sturmtruppen. Diese waren speziell ausgebildet und besser ausgerüstet als die herkömmliche Infanterie. Die Sturmtruppen, die auch von Österreich-Ungarn zum Einsatz angefordert wurden, trugen entscheidend zum Durchbruch der italienischen Linien bei Karfreit bei.

SCHLACHTEN

KARFREIT

Am Morgen des 24. Oktober 1917 griff eine österreichisch-deutsche Armee die italienischen Stellungen am Frontabschnitt Flitsch und Tolmein an, wo deren 1. und 2. Armee postiert war. Ausgewählte Truppen, darunter auch jene von Oberleutnant Erwin Rommel, überrumpelten die überraschte italienische Verteidigung und bedrohten in der Folge die italienische 3. Armee. Die völlig in Auflösung begriffenen italienischen Truppen hörten nicht mehr auf die verzweifelten Befehle ihrer Kommandeure und flüchteten in Richtung Piave. Die Zahlen sprechen eine eindeutige Sprache: Es gab auf italienischer Seite 11.000 Tote, 29.000 Verwundete, fast 300.000 Gefangene und weitere 300.000 Menschen, die aus der Heimat flüchteten. Bald war ganz Friaul von den österreichisch-deutschen Truppen besetzt.

Als Napoleon bei Waterloo den völligen Zusammenbruch seines Heeres miterleben musste, erklärte er sich diesen später folgendermaßen: Es gebe, so meinte er, einen Moment, in dem sich auch in der kampferprobtesten Armee Panik breit machen könne, sodass sie sich in einen hilflosen Haufen verwandeln würde. Angesichts des Debakels von Karfreit (Caporetto) sprach General Cadorna von dem »fehlenden Widerstand von Teilen der 2. Armee, die feige flohen, ohne zu kämpfen, oder sich dem Feind schmählich ergaben ...« Doch Karfreit war nicht nur eine Niederlage auf dem Schlachtfeld – es sollte für Italien zu einem Schlüsselereignis in diesem Krieg werden. Diese Niederlage ließ den alten Streit wieder aufflammen, der schon früher zwischen den Kriegsbefürwortern und den Anhängern einer neutralen Haltung Italiens gewütet hatte. Man sah sich nun gezwungen, die Strategie einer »Offensive um jeden Preis« zu überdenken. Die Konsequenzen dieser Niederlage waren nicht nur militärischer Art – so verlangten etwa die Alliierten die Ablösung von General Cadorna –, sie wirkte sich auch auf das politische Leben insofern aus, als eine neue Regierung gebildet wurde. Genauso wie die Niederlage von Adua 1896 in Äthiopien stellte Karfreit aus italienischer Sicht ein Schlüsselereignis dar, das die Schwächen des gesamten Staatsgefüges zu Tage treten ließ.

Der Grund für den Zusammenbruch des italienischen Heeres bei Karfreit war nicht Feigheit, wie der Oberbefehlshaber gemeint hatte, und genauso wenig handelte es sich um bloße Meuterei. Die Ursache für die Ereignisse war ganz einfach in der tiefen Erschöpfung sowie der gesunkenen Kampfmoral der Truppen zu suchen, von denen nichts als eiserne Disziplin und unbedingter Gehorsam verlangt wurde. In dieser Situation passierte es, dass die Soldaten ganz einfach nicht mehr auf ihre Vorgesetzten hörten und nur noch einen Wunsch hatten – dieser unerträglichen Situation zu entfliehen. So flüchteten sie vom Schlachtfeld in Richtung Piave, wo sie sich von ihren Offizieren neu formieren ließen, um erneut zum Angriff überzugehen.

Doch nach den Ereignissen von 1917 hatte sich der Große Krieg, der mit dem Ziel begonnen worden war, das Land zu verteidigen, für ganz Italien grundlegend verändert.

Oben: Kriegsgerät, das von den italienischen Truppen zurückgelassen worden war, die sich im November 1917 eilig zurückzogen. Links: Italienische Kriegsgefangene in einem österreichischen Sammellager.

KARFREIT
Nach dem Durchbruch der Mittelmächte am 24. Oktober sammelten sich die zurückweichenden italienischen Truppen im Dezember 1917 an der Piave.

ALBERT THOMAS
Der sozialistische Kriegsminister Albert Thomas bei einem Besuch in Russland im März 1917, wo er für das Weiterführen des Krieges an der Seite der Entente-Mächte warb.

telmächte an der Ostfront plötzlich entlastet, sodass sie ihre Bemühungen an der italienischen Front verstärken konnten. So kam es im Oktober am Isonzo zu einer deutsch-österreichischen Offensive unter General von Below, wo bei Karfreit (Caporetto) die italienischen Stellungen unter General Capello durchbrochen wurden. In der Folge konnten die Truppen der Mittelmächte in der venezianischen Ebene weiter vordringen.
Der zermürbende Schützengrabenkrieg, die fruchtlosen Offensiven unter General Cadorna sowie die autoritäre Haltung der Befehlshaber schwächten die Moral der italienischen Truppen zusehends. Die Soldaten legten die Waffen nieder und verweigerten den Offizieren den Gehorsam. Im Land gärte es. Regierungschef Boselli wurde von Vittorio Emanuele Orlando abgelöst, und in der Folge rückten alle politischen Kräfte näher zusammen. Auch Cadorna musste schließlich gehen – er wurde durch Armando Diaz ersetzt. Doch diese Periode der militärischen Schwäche führte nicht, wie die Mittelmächte hofften, zum Zusammenbruch Italiens. Nach und nach wurde die Armee neu aufgebaut, nicht zuletzt durch die Einberufung von sehr jungen Männern, worauf die italienischen Stellungen auf der Linie Grappa-Montello-Piave stabilisiert wurden.

DAS ENDE DER ZARENHERRSCHAFT

Während des vergangenen Jahres hatte sich die Lage im Inneren des russischen Reiches ständig verschärft. Nach den Siegen Deutschlands und Österreich-Ungarns in Galizien stand es um die Moral der Truppen denkbar schlecht, außerdem herrschte Getreideknappheit, die Güterverteilung war zusammengebrochen und die Preise stiegen unaufhörlich; nun wurde offenbar, dass sich Russland in wirtschaftlicher und sozialer Hinsicht nicht mit den anderen Krieg führenden Staaten messen konnte.
Die Herrschaft des Zaren zeigte alle negativen Merkmale eines autoritären Regimes, ohne jedoch über die positi-

MG 08/15
Das bekannteste österreichische Maschinengewehr im Ersten Weltkrieg war eine robuste und sehr effiziente Waffe, die 1907 in die Produktion ging. Die wassergekühlte Waffe hatte eine Feuergeschwindigkeit von 350 Schuss pro Minute und eine maximale Reichweite von 2400 m.

KRIEG – PRO UND CONTRA
Nach der Februarrevolution spaltete sich Russland in zwei Lager: Während die Kriegsblinden (nebenan) und andere Gruppen für die Weiterführung des Krieges auf die Straße gingen, traten die Bolschewiken unter Lenin (links, 1918) offen für den Frieden ein.

Россійская Социаль-Демократическая Рабочая Партія

ИСКРА

„Изъ искры возгорится пламя!"
Отвѣтъ декабристовъ Пушкину

№ 1. Декабрь 1900 года № 1.

»DER FUNKE DER REVOLUTION«
(Mitte) Die Zeitung Iskrà *wurde von Lenin 1900 im Exil gegründet.*

ven Seiten eines solchen Systems zu verfügen, wie etwa hohe Effizienz und Disziplin, wie sie beispielsweise für Deutschland charakteristisch waren. Bewaffnung und Transportwesen der russischen Armee waren unzureichend, die Bürokratie im Zarenreich erwies sich als ungeeignet und korrupt. Während unter der Arbeiterschaft anarchistisches und sozialistisches Gedankengut immer mehr Anhänger fand, machte sich auch in der Armee, die sich großteils aus Landarbeitern rekrutierte, wachsende Unzufriedenheit breit. Eine Streikwelle in den Fabriken rund um St. Petersburg, das ab 1914 Petrograd hieß, sowie Massenkundgebungen gegen den Krieg verschärften die Lage noch weiter.

Hatte sich die Armee während der Revolution 1905 noch treu gegenüber dem Zaren gezeigt, so schlossen sich die Soldaten diesmal, am 12. März 1917, den Aufständischen an. Drei Tage später dankte Nikolaus II. zu Gunsten seines Bruders Michael ab, der jedoch auf die Krone verzichtete. Die wieder einberufene Duma bildete eine provisorische Regierung, die die Bürgerrechte garantierte und die von Arbeiter- und Soldatenräten unterstützt wurde – eine Konstellation, die sich als verhängnisvoll erweisen sollte.

Die neue Regierung unter Fürst Lwow mit dem revolutionären Sozialisten Kerenski als Kriegsminister entschied sich auf Drängen der britischen und französischen Diplomatie, den Krieg nicht zu beenden. Auf diese Weise wollte sich das Land die Unterstützung der Entente-Mächte sichern.

In der Frage der Fortsetzung des Krieges waren *Menschewiki* und *Bolschewiki* verschiedener Ansicht. Während Erstere in der Weiterführung des Krieges ein Mittel zum Schutz der Revolution vor den reaktionären Staaten sahen, trat der Führer der Bolschewiki, Lenin, für ein sofortiges Ende der Kämpfe ein. Die Diplomatie der Krieg führenden Staaten arbeitete auf Hochtouren: Während die Entente-Mächte die Menschewiki unterstützten, war Deutschland auf Seiten der Bolschewiki.

PROTAGONISTEN

ALEXEJ BRUSSILOW

Geboren 1853, begann seine militärische Laufbahn als Offizier der Kavallerie im Russisch-Türkischen Krieg 1877/78. 1914 kommandierte er die 8. Armee gegen Österreich-Ungarn in Galizien. Erst 1916 hatte er genügend Streifkräfte unter seinem Kommando, um eine eigene Offensive südlich der Pripjetsümpfe zu starten, die die Österreicher überraschte und die zur Rückeroberung von Ostgalizien

und der Bukowina führte. Dies war ein großer – allerdings auch der letzte – Sieg der Russen, denn aus Mangel an Verstärkung schaffte Brussilow den alles entscheidenden Durchbruch nicht. Im darauf folgenden Jahr war Brussilow unter jenen Generälen, die Zar Nikolaus II. zur Abdankung rieten. Nach der Oktoberrevolution kämpfte er an der Seite der Sowjets, erhielt jedoch keine wichtige Position als Kommandant und zog sich zurück.
Er starb 1926.

PROTAGONISTEN

ALEXANDER KERENSKI

Geboren 1881 in Simbirsk, wurde er Anwalt und sozialistischer Abgeordneter in der Duma. Als wichtiger Vertreter der Sozialrevolutionäre wurde er zunächst Justizminister im provisorischen Kabinett vom Februar 1917 und später Kriegsminister. Er betonte stets die

Notwendigkeit, den Krieg auf Seiten der Entente fortzuführen. Nach dem Scheitern der Offensive in Galizien sowie den Protesten, die in Petrograd gegen den Krieg laut wurden, wurde er am 21. Juli 1917 an die Spitze der Regierung berufen. Er forderte außerordentliche Vollmachten, die ihm auch gewährt wurden – doch es sollte ihm nicht gelingen, den Weg einer demokratischen Revolution in Russland fortzuführen. Nachdem er von der bolschewikischen Revolution gestürzt wurde, entzog er sich der Verhaftung und emigrierte nach Amerika, wo er in der Öffentlichkeit gegen das sowjetische Regime auftrat. Er hatte dabei jedoch ständig die konservativeren russischen Emigranten gegen sich. Kerenski starb 1970 in New York.

Oben: Alexander Kerenski zur Zeit der Februarrevolution. Rechts: Lenin als strahlender Held der Revolution, wie er später im Sowjetstaat gern dargestellt wurde.

LENIN

Wladimir Iljitsch Uljanow, auf der ganzen Welt als Lenin bekannt, wurde 1870 in Simbirsk geboren. Sein Bruder Alexander wurde 1887 hingerichtet, nachdem er an der Planung eines Attentats auf den Zaren mitgewirkt hatte. Lenins politische Entwicklung führte zu einer kritischen Haltung gegenüber den terroristischen Tendenzen, denen er die Notwendigkeit einer organisierten Massenbewegung entgegensetzte.
Wegen seiner revolutionären Aktivitäten in den Arbeiterkreisen von St. Petersburg wurde Lenin zunächst inhaftiert und danach nach Sibirien deportiert, wo er von 1897 bis 1899 bleiben sollte. Nachdem er seine Freiheit wiedererlangt hatte, ging er zu Beginn des neuen Jahrhunderts in die Schweiz und nach Deutschland. In diesen Jahren arbeitete Lenin seine Theorie der Revolution aus; er ging davon aus, dass das revolutionäre Bewusstsein sich nicht spontan entfalte, sondern dass vielmehr eine Avantgarde notwendig sei, die – in einer Partei organisiert – im Stande sei, das Zarentum zu stürzen und eine Allianz zwischen Arbeitern und Bauern zu schließen. Wegen der Frage der Organisation der Partei sowie der Vorgangsweise bei der Revolution spaltete sich die Sozialdemokratische Arbeiterpartei Russlands in einen bolschewikischen Flügel, der auf Lenins Ideen basierte und die Mehrheit innerhalb der Partei innehatte, und einen menschewikischen Flügel, der von einem gemäßigt-marxistischen Reformkonzept ausging.
1905 kehrte Lenin nach Russland zurück und versuchte vergeblich, eine breite Front aus Arbeitern und Bauern zu bilden. Nachdem die Revolution gescheitert war, begab er sich erneut ins Exil, um schließlich endgültig mit den Menschewiki zu brechen. Als 1917 eine neuerliche Revolution losbrach, kehrte er wieder nach Russland zurück, wo er in den Aprilthesen den Sturz der provisorischen Regierung und den Übergang von der bürgerlich-demokratischen zur sozialistischen Phase der Revolution forderte.
Nach einem ersten missglückten Umsturzversuch im Juli 1917 sollte ihn die Oktoberrevolution schließlich an die Spitze des neuen Sowjetstaates bringen. Lenin starb 1924 an den Folgen eines Schlaganfalls. Während der letzten Jahre kämpfte er vor allem gegen den wachsenden Bürokratismus der Revolution, der jene Ideen einer proletarischen Demokratie zunichte zu machen schien, für die er sich zeitlebens eingesetzt hatte.

OKTOBER-REVOLUTION
In der Nacht vom 7. auf den 8. November (25./26. Oktober nach dem orthodoxen Kalender) stürmten die Bolschewiken den Winterpalast, den Sitz der Regierung Kerenski (ganz links). Diese Revolte war von Lew Davidowitsch Bronstein, besser bekannt unter dem Pseudonym Trotzki, organisiert worden (links).

Im April traf Lenin in Petrograd ein, in einem Zug, der mit deutscher Billigung von der Schweiz über Deutschland nach Russland gekommen war. Berlin erhoffte sich von Lenin eine nachhaltige Destabilisierung Russlands, wodurch sich die Situation an der Ostfront von selbst lösen würde.

Doch der Krieg ging weiter; im Juli warf General Brussilow seine letzten Truppenreserven in eine große Offensive. Die Soldaten waren jedoch müde und hungrig, und so weigerten sie sich, weiterzumarschieren – von der Hoffnung beseelt, die Revolution könne das Ende des Krieges herbeiführen. Brussilows »Dampfwalze« kam zum Stillstand; als am 19. Juli die deutsche Gegenoffensive einsetzte, zerbröckelte die Front. Im August verlor man Finnland. Am 1. September erreichten die Deutschen Riga und bedrohten bereits Moskau. Die Armee war in völliger Auflösung begriffen. Für Kerenski bedeutete dies das Ende seiner Regierung. Ein gegenrevolutionärer Putsch unter General Kornilow scheiterte nur, weil die Bolschewiki auf den Plan traten, die zuvor im Juli von der Regierung als Staatsfeinde bezeichnet worden waren, die von den Deutschen bezahlt würden. Lenin und Trotzki, die von dem bolschewikischen Sieg über Kornilow sowie der Schwäche der Regierung gestärkt waren, sahen nun ihre Stunde gekommen: Sie organisierten den bewaffneten Aufstand, um die Macht im Staat an sich zu reißen. Zwischen dem 6. und 8. November setzten sie die Duma sowie die Regierung Kerenski außer Gefecht.

Am 15. Dezember unterzeichnete Trotzki einen Waffenstillstand mit Deutschland und Österreich, der schließlich zu dem erniedrigenden Frieden von Brest-Litowsk führte, der am 3. März 1918 unterzeichnet wurde. Für diesen Frieden musste Russland auf Polen, Finnland, die Ukraine und die baltischen Provinzen verzichten und verpflichtete sich überdies zu beträchtlichen Reparationszahlungen. Russland schloss das Kapitel des Krieges ab und nahm eine politische Wende vor, die für die gesamte Geschichte des 20. Jahrhunderts von entscheidender Bedeutung sein sollte.

DER WINTERPALAST
Diese Gruppe von Palastwächtern war für die Verteidigung des Winterpalasts zuständig. Wenige Stunden später sollten die Bolschewiken den Sitz der Regierung Kerenski bereits eingenommen haben. Die provisorische Regierung leistete so gut wie keinen Widerstand. In Petrograd gab es etwa 20 Tote.

DER FRIEDEN VON BREST-LITOWSK

Nach der siegreichen Revolution ließ die neue Regierung unter Lenin über Außenminister Trotzki einen Brief an die Botschafter aller Krieg führenden Länder schicken. Darin kam zum Ausdruck, dass das russische Volk einen »demokratischen Frieden ohne Annexionen oder Reparationen, auf der Basis der Selbstbestimmung der Völker« wünsche.
Die sowjetische Regierung hielt damit ein Versprechen, das sie in den Monaten zuvor mehrmals gemacht hatte und das dem Wunsch des russischen Volkes Rechnung trug, den Kriegszustand zu beenden und zu einem Frieden ohne Gebietsansprüche zu gelangen. Außerdem benötigte Lenin dringend eine Atempause, um sein Regime im Inneren zu konsolidieren.
In Brest-Litowsk, Weißrussland, dem Sitz des deutschen Hauptquartiers an der Ostfront, wurde im März 1918 der Separatfrieden zwischen Sowjetrussland und den Mittelmächten geschlossen, nachdem man sich im Dezember des Vorjahres auf einen Waffenstillstand geeinigt hatte. Der Wunsch nach Frieden war auf russischer Seite so groß, dass man die schmerzlichen Bedingungen annahm, denenzufolge Russland auf Finnland, Polen, das Baltikum, die Ukraine sowie Teile des Kaukasus verzichten musste und dadurch über 25 Prozent seiner Bevölkerung und 27 Prozent seiner landwirtschaftlich nutzbaren Fläche verlor. Finnland, Polen und Ukraine wurden unabhängige Staaten; außerdem einigte man sich darauf, dass Deutschland in Kurland, Livland, Estland, Litauen und der Ukraine Schutztruppen stationieren würde. Erst als der Krieg zu Ende war und Deutschland als Verlierer feststand, bekam Russland einen kleinen Teil der verlorenen Gebiete zurück.
Die äußerst harten Friedensbedingungen führten vor der Vertragsunterzeichnung zu heftigen Debatten innerhalb des Zentralkomitees der bolschewikischen Partei. Jener Flügel, der die *Sozialistische Internationale* gestärkt sehen wollte, trat gegen die Unterzeichnung und für eine Fortsetzung des »revolutionären Krieges« gegen Deutschland ein. Lenin hingegen vertrat die Ansicht, dass man keinen revolutionären Krieg gegen die deutsche Armee führen könne, während sich die konterrevolutionären Kräfte im eigenen Land neu formierten. Er gab der Absicherung der bolschewikischen Revolution den Vorrang und war so für die Annahme der harten Friedensbedingungen – war er doch ohnehin davon überzeugt, dass der revolutionäre Funke schon bald auf andere Länder überspringen und eine internationale Revolution auslösen würde. Nach langen Diskussionen setzten sich Lenins Argumente schließlich durch – um den Preis, dass die Sozialrevolutionäre aus der Regierung ausschieden.

Von oben nach unten: Die Ankunft Trotzkis in Brest-Litowsk, dem Sitz des deutschen Hauptquartiers an der Ostfront; die Unterzeichnung des Vertrages am 3. März 1918 nach den drei Monate dauernden Verhandlungen; Einmarsch der deutschen Truppen in Riga.

DIE INNERE FRONT
Dieses deutsches Plakat wirbt für Spenden für den Krieg.

U-BOOTE
Der uneingeschränkte U-Boot-Krieg war die Antwort der Deutschen auf die Blockade der Entente-Mächte.

RATIONIERUNG
Die Lebensmittelknappheit veranlasste das Deutsche Reich, die Lebensmittel für die Bevölkerung zu rationieren und Lebensmittelkarten (Bild Mitte) einzuführen.

DAS ECHO DER REVOLUTION

Die Entente-Mächte sahen die Entwicklungen in Russland zunächst mit einigem Optimismus. Die Februarrevolution schien eine Erneuerung und Demokratisierung des rückständigen und autoritären Reiches zu bringen – und Kerenski schien ein Garant für eine positive Entwicklung zu sein. Man konnte den Krieg nun ohne Einschränkungen als Kampf der demokratischen Kräfte gegen die autoritären Staaten ansehen. Doch als man erste Nachrichten erhielt, denenzufolge ganze Divisionen der russischen Streitkräfte die Waffen niedergelegt hätten, war die größte Sorge bei den Alliierten, dass die eigenen ausgelaugten Armeen es ihren russischen Verbündeten gleichtun könnten. Und als wenig später Lenin sein Land aus dem Krieg herausführte, wies man auf Seiten der Alliierten mit allem Nachdruck darauf hin, dass der Krieg weitergehen müsse. Man betonte, dass es Deutschland gewesen sei, das Lenins Rückkehr nach Russland begünstigt, ja sogar organisiert habe. Österreich-Ungarn sei nur deshalb in der Lage gewesen, die italienischen Stellungen bei Karfreit zu durchbrechen, weil sie ihre Truppen von der Ostfront abziehen hatten können. Der Friede von Brest-Litowsk sei außerdem schuld daran, dass Ludendorff nun Truppen von der Ostfront nach Frankreich verlegen konnte.

Hinter diesen etwas verzerrten Darstellungen verbarg sich die Absicht, den Krieg um jeden Preis weiterzuführen. Und so festigten 1917 beide Seiten ihren Entschluss, bis zur Entscheidung weiterzukämpfen. Im August 1918 – der Krieg war immer noch nicht zu Ende – landeten englische, französische und amerikanische Einheiten in Archangelsk und Wladiwostok, um das »weiße« Russland in dem Bürgerkrieg zu unterstützen, der das Land bis 1921 spalten sollte. Letztlich war es die Erschöpfung nach vier Kriegsjahren, die verhinderte, dass Frankreich und Großbritannien bis zur Entscheidung in Russland kämpften.

Das größte Problem bestand nun darin, die eigenen

ETAPLES
Die Alliierten richteten an der Westfront Ausbildungslager für ihre Truppen ein, die auch als Erholungsstätte für jene Soldaten dienten, die an der Front abgelöst wurden. Vom 9. bis 12. September gab es im britischen Ausbildungslager Etaples einige Unruhen, die auf allzu strenge Disziplin und Übergriffe der Militärpolizei zurückzuführen waren. Man sorgte jedoch dafür, dass rasch wieder Ruhe einkehrte.

WOHLTÄTIGKEIT
Dieses ungarische Plakat wirbt für ein Wohltätigkeitskonzert zu Gunsten von Kriegswaisen.

DIE SITUATION IN RUSSLAND
»Die Situation in Russland ist völlig klar«, meint dieses italienische Plakat aus dem Jahr 1917.

LUGER
Rechts eine Pistole des Typs Luger, komplett mit Gewehrschaft und Magazin zu 32 Schuss.

kriegsmüden Soldaten unter Kontrolle zu halten und der kriegsfeindlichen oder gar revolutionären Propaganda entgegenzuwirken. Doch in Wirklichkeit kamen aus dem Osten nur wenige authentische Berichte von den Ereignissen. Auch sollte der Einfluss der neu aufgeflammten pazifistischen Propaganda von Seiten der sozialistischen Parteien Europas nicht überschätzt werden – wenngleich es stimmt, dass vor allem in Italien die Sozialisten verstärkt für eine Beendigung des Krieges eintraten. Eine eher begrenzte Wirkung ging wohl auch von Papst Benedikt XV. aus, der sich ebenfalls gegen die Fortführung des Krieges aussprach.

MEUTEREI UND REPRESSION

Das ganze Jahr 1917 war von tiefer Kriegsmüdigkeit gekennzeichnet. Nur in Russland sollte die Unzufriedenheit zur Revolution führen – doch auch in Frankreich und Italien macht sich die Krise stark bemerkbar. Nicht wenige Soldaten gingen bis zur Selbstverstümmelung, um der Front zu entgehen, andere wieder desertierten oder weigerten sich, den Befehlen der Offiziere nachzukommen.

In der französischen Armee kam es zu ersten Meutereien, deren Motive keineswegs im politischen Bereich lagen. Fast immer drückte sich die Auflehnung ganz einfach in der Weigerung aus, an die Front zurückzukehren. Ähnliche Reaktionen gab es in der italienischen Armee, deren Kampfbereitschaft sich in den zahlreichen blutigen Schlachten erschöpft hatte. Es kam jedoch nur einmal zu einer wirklichen Revolte, die in eine bewaffnete Auseinandersetzung zwischen Offizieren und Soldaten mündete – und zwar im Juli 1917 in der Brigade Catanzaro.

Überall reagierten die Verantwortlichen mit großer Härte auf solche Vorfälle; man befürchtete, dass die unzufriedenen Soldaten sich mit den Arbeitern zusammentun könnten, die im Land für Unruhe sorgten, wodurch

TOTER WALD
Das blieb nach der dritten Schlacht bei Ypern im Oktober 1917 von den Wäldern in Passendale übrig. Im Laufe des Krieges wurden vor allem durch die schwere Artillerie ganze Landstriche zerstört. Es sollten viele Jahre vergehen, ehe diese Wunden der Natur wieder heilten.

PÉTAIN
Der französische General, hier beim Besuch eines Schützengrabens, gab den Soldaten das Gefühl, dass wieder Hoffnung auf einen baldigen Sieg bestand.

STREIK!
Die deutsche Polizei greift vor einer Schießpulverfabrik ein: Das Jahr 1917 war sowohl in den Staaten der Mittelmächte als auch in jenen der Entente von wiederholten Arbeiterunruhen geprägt.

PROTAGONISTEN

MATA HARI

Margaretha Geertruida MacLeod, geborene Zelle, besser bekannt als Mata Hari, kam am 7. August 1876 in Leeuwarden, Holland, zur Welt. 1895 heiratete sie einen 20 Jahre älteren Offizier, doch die Ehe verlief unglücklich und endete bereits nach fünf Jahren. Nach der Scheidung ging Margaretha nach Paris und begann in einem anrüchigen Lokal aufzutreten, dem *Salon Kireevsky*. Ihr »heiliger Tanz«, ein Verführungstanz mit balinesischem Einschlag, machte sie in ganz Europa bekannt. Unter dem Namen Mata Hari, was in der malaiischen Sprache so viel wie »Auge des Tages« bedeutet, fand sie Zugang zu den Salons – und den Schlafzimmern – von Paris, Mailand und Berlin. Unter den Männern, die sich zu der faszinierenden, geheimnisvollen Schönen hingezogen fühlten, waren auch etliche Offiziere, die der großen Manöver überdrüssig waren und die auch dem Kasernenleben nichts mehr abgewinnen konnten. Die verführerische Tänzerin war die perfekte Doppelagentin, die zwischen Frankreich und Deutschland hin- und herpendelte und sich von beiden Geheimdiensten gleichzeitig bezahlen ließ. So wertvoll eine solche Doppelagentin sein konnte, wenn es darum ging, Informationen zu erhalten und dem Feind falsche Informationen zukommen zu lassen, so riskant war es andererseits, ihr zu vertrauen.

Während des Krieges wurde das Spionagenetz auf allen Seiten immer weiter ausgebaut: So waren die Engländer im Nahen Osten aktiv, die Russen schleusten ihre Leute in Armenien ein, und in Berlin agierte Anne Marie Lesser alias Fräulein Doktor alias I-4GW, eine Geheimagentin, die es schaffte, die Liste der französischen Agenten in den neutralen Staaten in die Hand zu bekommen. Die Italiener bekamen indessen österreichische Militärgeheimnisse in die Hände, während österreichische Agenten die beiden italienischen Schlachtschiffe *Benedetto Brin* und *Leonardo da Vinci* an ihrem Ankerplatz in die Luft sprengten.

Der zunehmende Krieg der Geheimdienste führte dazu, dass man an der Front nie sicher war, ob nicht der Feind über jeden Schritt, den man tat, Bescheid wusste. 1917, als die französischen Truppen durch reihenweise Befehlsverweigerungen geschwächt wurden, wurde Mata Hari zum inneren Feind, den es zu eliminieren galt. Ob sie tatsächlich eine H-21-Agentin Berlins war, wurde nie restlos geklärt. Mit Sicherheit aber trug in Frankreich die Verurteilung von Mata Hari dazu bei, die innere Front zu stärken. Am Morgen des 15. Oktober 1917 setzte im Wald von Vincennes bei Paris ein Exekutionskommando dem abenteuerlichen Leben der geheimnisumwitterten Agentin ein Ende.

Das Bild links zeigt Mata Hari in einem ihrer Bühnenkleider. Oben: Deutsche bzw. französische Zivilisten und Soldaten werden aufgefordert, auf feindliche Spione Acht zu geben.

KEINE GNADE
Befehlsverweigerer wurden vom französischen Generalstab gnadenlos bestraft. Aber noch heute geben die Exekutionen von damals Anlass zu Auseinandersetzungen. Bei den Gedenkfeiern zum 80-jährigen Jubiläum des Kriegsendes 1998 zeigte sich, dass Frankreich in der Frage gespalten ist, ob man auch die damals vom Kriegsgericht zum Tode verurteilten und erschossenen Soldaten würdigen solle.

die Situation völlig außer Kontrolle geraten wäre. In den Kriegsjahren kam es zu einer ständigen Ausweitung der Militärgerichtsbarkeit. An der französischen Front, wo es zu rund 40.000 Fällen von Befehlsverweigerung kam, wurden zwischen Juni und Dezember 1917 629 Todesurteile vollstreckt und weitere 367 in geringere Strafen umgewandelt. Auch in Italien wurde zur Zeit Cadornas jeglicher Widerstand gegen den Krieg äußerst hart bestraft; so wurden bis Kriegsende 750 Todesurteile vollstreckt. Insgesamt gab es 350.000 Prozesse und 210.000 Verurteilungen, darunter 15.000 Zuchthausstrafen.
Auch auf der Gegenseite wuchs der Widerstand gegen die Fortsetzung des Krieges. Die Moral der österreichisch-ungarischen Truppen sank zusehends, insbesondere jene der nicht-deutschsprachigen Volksgruppen. Lediglich die deutsche Kriegsmaschinerie war noch nicht durch Befehlsverweigerung und Kriegsmüdigkeit beeinträchtigt. Eine Ausnahme stellte jedoch die Marine dar: Die deutsche Hochseeflotte war seit der Schlacht am Skagerrak in der Ostsee blockiert. Die Matrosen des Panzerschiffes *Prinzregent Luitpold* waren der Eintönigkeit des Lebens an Bord sowie der strengen Disziplin überdrüssig und wagten so im Juli 1917 einen Aufstand, der jedoch rasch niedergeschlagen wurde, wobei mehrere Todesurteile und Gefängnisstrafen verhängt wurden. Dies blieb zwar vorerst ein Einzelfall, dem jedoch im darauf folgenden Jahr eine allgemeine Meuterei – ausgehend vom Kieler Hafen – folgen sollte, die auf andere Städte übergriff und schließlich in die Novemberrevolution mündete.

MIT EISERNER FAUST

In Deutschland zeigten sich die ersten Anzeichen einer Krise nicht an der Front, sondern im Inneren – und zwar in einem wachsenden Protest der Arbeiterschaft; so kam es im Januar 1917 zu einer wahren Streikwelle in den Rüstungsfabriken in Berlin, Bremen, Hamburg und Essen, die mit aller Härte niedergeschlagen wurde. Auch hier machte sich das Echo der Ereignisse in Russland bemerkbar. Der Sturz des Zaren entzog jener deut-

PROTAGONISTEN

GEORGES CLEMENCEAU
wurde 1841 als Sohn eines Arztes in Vendée geboren und studierte Medizin, bevor er sich der Politik zuwandte. Als Abgeordneter war er ab 1871 auf Seiten der radikalen Linken tätig und setzte sich für ein laizistisches Schulwesen sowie eine allgemeine Trennung von Kirche und Staat ein. 1902 wurde er Senator, und 1906 versuchte er sein soziales Justizprogramm als Innenminister durchzusetzen. Mit seiner Zeitschrift *L'Aurore* unterstützte er Dreyfus und Zola. 1913 gründete er die Zeitung *L'homme libre* (Der freie Mensch). 1914, bei Kriegsausbruch, benannte er sie wegen der Zensur in *L'homme enchaîné* (Der unfreie Mensch) um und kritisierte die militärischen Operationen, aber auch jede Form des Defätismus. 1917 wurde er im Alter von 76 Jahren zum Ministerpräsidenten ernannt. Man hoffte allgemein, dass der »Tiger«, wie er von Freunden und Gegnern genannt wurde, die angeschlagene

Moral der französischen Truppen heben würde. Als Kriegsminister stärkte er die Kontrolle des Parlaments über alle Kriegsangelegenheiten. In den Friedensverhandlungen spielte Clemenceau eine entscheidende Rolle; er trat für harte Friedensbedingungen gegenüber Deutschland ein. In den Wahlen von 1920 überraschend geschlagen, zog er sich aus der aktiven Politik zurück und starb 1929.

KRIEGSARCHIVE: DIE PRESSE

Der Krieg war ein bevorzugtes Thema für die Presse: Anfangs wurde das Kriegsgeschehen vor allem in Zeitschriften und Illustrierten behandelt, die von der Zivilbevölkerung gelesen wurden. Mit der Zeit entstanden aber auch Zeitungen und Zeitschriften, die sich an die Soldaten wandten. Bisweilen wurde sogar innerhalb der Truppen eine Zeitung hergestellt, wie dies im Fall der Schützengrabenzeitungen geschah. **1. DER KRIEG.** Titelbild dieser österreichischen illustrierten Kriegschronik (1914). **2. DIE MUSKETE** – eine humoristische Zeitschrift, die sich unter den Frontsoldaten großer Beliebtheit erfreute. **3. TYPOGRAPHIE IM KRIEG.** Die Deutschen druckten ihre eigene Schützengrabenzeitung. **4. LA LETTURA** (Lektüre). Im Oktober 1915 stellte diese Monatsschrift des *Corriere della Sera* das Kriegsgeschehen auf einem Öldruck dar. **5. 6. SCHÜTZENGRABENZEITUNGEN.** Diese beiden italienischen Zeitungen zählten zu den interessantesten Exemplaren ihrer Art.

VERDÄCHTIG
Einige in den USA lebende deutsche Staatsbürger wurden von der New Yorker Polizei festgenommen, weil man sie verdächtigte, mit den Mittelmächten zu kollaborieren. Der Kriegseintritt der USA sollte zur Nagelprobe für den Zusammenhalt der multiethnischen Gesellschaft Amerikas werden.

schen Propaganda den Boden, die den Krieg stets als gerechten Kampf gegen die Barbarei der Zarenherrschaft hingestellt hatte.

Durch die Bemühungen, noch einmal alle Kräfte für den Krieg zu mobilisieren, wurde das politische Leben in allen Krieg führenden Ländern noch um eine Spur autoritärer. Die Machthaber reagierten damit auf den in allen Bevölkerungsschichten zunehmenden Pazifismus. In Großbritannien zog Lloyd George, unterstützt von einem kleinen Kriegskabinett, die gesamte Macht an sich und behielt diese auch bis zum Ende des Krieges. In Frankreich verstärkte Ministerpräsident Clemenceau, wegen seiner Entschlossenheit, das Land auf den Krieg einzuschwören, auch »der Tiger« genannt, die Kontrolle der Politik über die Kriegsangelegenheiten. Ab November 1917 regierte er das Land in quasi-diktatorischer Weise. Der gleiche zunehmend autoritäre Zug war auch in Italien zu erkennen, wo die Regierung Orlando weitaus energischer agierte als ihr Vorgänger. In Deutschland kam es zu gravierenden Meinungsverschiedenheiten zwischen Reichskanzler Bethmann-Hollweg, der gegen einen uneingeschränkten U-Boot-Krieg war, und den Generälen Hindenburg und Ludendorff; so war

SCHLANGE STEHEN
Nicht nur in den Ländern der Mittelmächte fehlte es der Bevölkerung oft am Allernötigsten. Auch in Paris war etwa Kohle ein seltenes Gut. Kaum hatte sich die Nachricht verbreitet, dass eine neue Kohlenlieferung eingetroffen war, machte man sich auf, um sich seinen Anteil zu sichern. Hier stehen Männer wie Frauen in der Rue du Faubourg Saint-Denis Schlange.

PROTAGONISTEN

FERDINAND FOCH

Ferdinand Foch wurde 1851 in Tarbes bei Lourdes geboren. Als gläubiger Katholik hatte er es nicht leicht, in der Armee Karriere zu machen, nachdem es in Frankreich im Zuge der *Affäre Dreyfus* zu starken antiklerikalen Strömungen kam. Foch besuchte die Ingenieurshochschule, ehe er 1873 zur Artillerie kam. 1870 wurde er zwar als einfacher Soldat einberufen, ohne jedoch aktiv am Französisch-Preußischen Krieg teilzunehmen. Mit dem Krieg sollte er erst 1914 direkt in Berührung kommen.

Fochs Bestimmung schien die Militärtheorie zu sein: In derselben Schule für Kriegswesen, wo er 1885 noch Schüler gewesen war, sollte er 1895-1900 als Professor für Strategie und Taktik und ab 1907 als Direktor tätig sein. In seinen 1903 erschienenen *Grundlagen der Kriegführung* fasste er seine theoretischen Prinzipien zusammen; als wichtigste Faktoren nannte Foch die psychologische Überlegenheit gegenüber dem Feind als Schlüssel zum Erfolg, aber auch den Willen zur Gebietseroberung, die durch eine Serie von Offensiven erreicht werden sollte.

Der Krieg sollte diese Theorien widerlegen – eine Tatsache, die ihm ebenso wenig erspart blieb wie allen anderen Theoretikern. 1914 sah sich sein 20. Korps am Frontabschnitt Morhange den deutschen Maschinengewehren gegenüber, die sein Vordringen stoppten. Doch Foch, den seine Soldaten vor allem für seine menschliche Grundeinstellung verehrten, verfügte nicht nur über Charakterstärke, sondern auch über große Intelligenz. Er verstand es ausgezeichnet, seine Strategie an die gegebenen Umstände anzupassen. Sein strategisches Geschick in der Schlacht an der Marne machte ihn berühmt: »Mein linker Flügel weicht zurück, mein rechter Flügel ist auf dem Rückzug – die Lage ist ausgezeichnet, ich gehe zum Angriff über«, teilte er General Joffre während der Schlacht mit, die Paris vor dem Feind retten sollte. Im Oktober und November 1914 war er für die Zusammenarbeit mit den britischen Truppen zuständig und bewies dabei sein Organisationstalent. 1915 startete er als Befehlshaber der Heeresgruppe Nord die Offensive im Artois. 1916 leitete er die Offensive an der Somme. Doch mit Fortdauer des Krieges litt sein Ruf genauso wie der von General Joffre, und so wurde er auf einen vergleichsweise unwichtigen Posten »befördert«. Ende 1917 stand er jedoch an der Spitze des interalliierten Rates, der in Versailles einberufen wurde, um die gemeinsamen Streitkräfte nach der italienischen Niederlage bei Karfreit neu zu ordnen. Wenige Monate später, am 21. März 1918, begann Ludendorff seine große Offensive und schaffte es, die englischen Stellungen bei Montdidier zu durchbrechen. General Haig, der dringend französische Verstärkungstruppen benötigte, forderte die Einsetzung eines gemeinsamen Oberkommandos. Lloyd George, der Haig nicht allzu sehr schätzte, und Clemenceau einigten sich auf Foch, dessen Aufgabe es nun war, die deutsche Offensive am Chemin des Dames zu stoppen und im August bzw. September den Gegenangriff zu organisieren, der am 4. Oktober an der *Hindenburglinie* endete.

Ferdinand Foch starb 1929. Sein Name steht in einer Reihe mit jenen der größten Soldaten des 20. Jahrhunderts, was er weniger seinen militärischen Erfolgen als vielmehr seiner menschlichen Größe, seinem Mut und seiner Charakterstärke verdankt. »Siegen ist Willenssache«, hatte einer seiner Wahlsprüche gelautet. Vor der Victoria-Station in London, von wo Hunderttausende Engländer in den Krieg zogen, erinnert eine Statue an General Foch. Das Fleckchen Erde, auf dem die Statue steht, ist französisches Territorium. Auf dem Sockel stehen folgende Worte: »Ich bin mir bewusst, dass ich nun Großbritannien genauso diene, wie ich stets meinem Land gedient habe.«

Der französische General Ferdinand Foch; auf dem Bild links ist er mit dem amerikanischen General John Pershing zu sehen.

PROTAGONISTEN

JOHN PERSHING

Als im Frühjahr 1917 John Pershing zum Oberbefehlshaber der amerikanischen Streitkräfte ernannt wurde, die nach Frankreich geschickt werden sollten, war noch viel Organisationsarbeit zu leisten. Pershing tat alles in seiner Macht Stehende, damit die Vereinigten Staaten eine Armee nach Europa schickten, die der großen Nation würdig war. Er selbst war sowohl mit der Kriegführung auf der Basis von Schützengräben als auch den Prinzipien der offenen Feldschlacht vertraut. Geboren wurde Pershing 1860 in Missouri. Mit 26 wurde er Offizier der Kavallerie, danach lehrte er Militärwissenschaft. Als die USA eine imperialistischere Politik zu verfolgen begannen, nahm Pershing 1898 am Krieg gegen Spanien teil und kämpfte auch auf den Philippinen. Im März 1905 verfolgte er als militärischer Beobachter die Operationen der Japaner in der Mandschurei während deren Krieg gegen Russland. Im März 1916, als Europa bereits vom Krieg erschüttert war, kommandierte er eine Strafexpedition in Mexiko, nachdem die Banden von Pancho Villa die amerikanische Stadt Columbus überfallen hatten. Danach kam der Große Krieg. Nachdem Pershing mit seinen Truppen in Europa angekommen war, setzte er sich dafür ein, dass die amerikanischen Streitkräfte möglichst geschlossen agierten und nicht als bloße Ergänzung für die verschiedenen Armeen der Alliierten herangezogen wurden. Gegen den Widerstand des französischen und englischen Oberkommandos setzte Pershing sein Anliegen durch. Nach der Niederlage vom Mai 1918 und mehr noch während der Gegenoffensive im Sommer sollte sich der Beitrag der amerikanischen Truppen als entscheidend erweisen. Die amerikanischen Soldaten waren noch nicht von dem langen, zermürbenden Krieg gezeichnet, sodass ihre Moral und ihr Siegeswille ungebrochen war. Im Sommer 1918 war Pershing mit seiner 1. Armee im Bereich St. Mihiel postiert, unweit der Mosel, die direkt ins Herz Deutschlands führt. Haig und Foch forderten Pershing auf, seine Truppen um etwa 100 km Richtung Verdun zu verschieben, um so eine gemeinsame Offensive der Alliierten zu ermöglichen. Pershing stimmte zu, schlug jedoch vor, die Deutschen auch in seinem Frontabschnitt zu bekämpfen. Und tatsächlich führte die erste unabhängige amerikanische Offensive bei St. Mihiel dazu, dass die Deutschen sich ziemlich ungeordnet aus ihren Stellungen zurückziehen mussten. Es war dies in gewisser Weise die Geburtsstunde einer neuen militärischen Großmacht.

Oben, von links nach rechts: John Pershing bei seiner Ankunft in Frankreich. Daneben: Amerikanische Infanterie im Juli 1918. Darunter die berühmte Aufforderung von Uncle Sam, *sich der US Army anzuschließen. Links: Eine Ehrenmedaille für die Mütter der amerikanischen Soldaten.*

LLOYD GEORGE
Der Kriegsminister und spätere Premierminister David Lloyd George (im Bild nebenan) bemühte sich, den Einfluss der Militärs auf die Politik in Grenzen zu halten.

»DER TIGER«
In Zeiten großer Unruhen im französischen Heer vertraute Frankreich wieder einmal auf die Persönlichkeit des 76-jährigen Clemenceau.

es nur logisch, dass Bethmann-Hollweg im Juli 1917 vom Kaiser durch Georg Michaelis ersetzt wurde, der den Militärs als willkommenes Werkzeug ihrer Politik diente.

DER KRIEGSEINTRITT DER USA

Am 26. Juni 1917 landete die erste Division des Expeditionskorps in Frankreich, das die Vereinigten Staaten nach Europa entsandten, um auf Seiten der Entente-Mächte in den Krieg einzutreten. Die Kriegserklärung an Deutschland erfolgte am 2. April, die an Österreich-Ungarn erst am 7. Dezember. Mit Bulgarien und dem Osmanischen Reich hielten die USA die normalen Beziehungen aufrecht. Präsident Wilson wollte den Krieg der Vereinigten Staaten nämlich nicht vollständig mit jenem der Entente-Mächte gleichsetzen, sondern in mancher Hinsicht seine eigene Linie verfolgen.
Der Kriegseintritt der USA war allerdings erst nach einigem Zögern erfolgt. 1914, im Jahr des Kriegsausbruchs, hatte die Vorsicht der Isolationisten und der Neutralisten überwogen. Auch in den folgenden drei Kriegsjahren hatte Amerika es vorgezogen, eine überparteiliche Position einzunehmen und sein politisches Gewicht auf der internationalen Bühne als Vermittler einzusetzen, wenngleich nach dem von Deutschland verschuldeten Untergang der *Lusitania* 1915 die Spannungen zwischen diesen beiden Ländern deutlich zugenommen hatten.
In Wirklichkeit verhielten sich die USA jedoch nicht völlig neutral – ließen sie doch den Entente-Mächten eine gewaltige wirtschaftliche Hilfe in der Höhe von rund zwei Milliarden Dollar zukommen. Noch Ende 1916 wurde der soeben wiedergewählte Präsident Woodrow Wilson von Deutschland, das eine diplomatische Lösung anstrebte, als möglicher Vermittler empfangen.
Es waren vor allem wirtschaftliche und politische Interessen, die die Verfechter der amerikanischen Neutralität verfolgten, denn der Handel der USA mit Südamerika profitierte von der wirtschaftlichen Schwäche Europas. Außerdem wurden Frankreich und Großbri-

PROTAGONISTEN

WOODROW WILSON wurde 1856 als Sohn eines presbyterianischen Pastors in Staunton, Virginia, geboren. Er war Universitätsdozent für Jura und Politikwissenschaften und von 1902 bis 1910 Rektor der Universität von Princeton. 1910 wurde er zum Gouverneur von New Jersey gewählt und gewann 1912 mit Unterstützung des progressiven Flügels der Demokratischen Partei die Wahl zum Präsidenten der Vereinigten Staaten. Während seiner beiden Amtsperioden erweiterte er die Machtbefugnisse des Präsidenten und bemühte sich, die amerikanischen Werte des 19. Jahrhunderts hochzuhalten. Sein Ruhm als progressiver Präsident wurde getrübt durch die wiederholten Interventionen in Mittelamerika und die Einmischung in den mexikanischen Bürgerkrieg. Wilson, der bezüglich des Großen Krieges ursprünglich für eine neutrale Haltung der USA eintrat, sprach sich nach seiner Wiederwahl 1917 für einen Kriegseintritt aus, betonte dabei aber die eigenständige Linie seines Landes gegenüber den Entente-Mächten. Nach Kriegsende versuchte er die europäischen Mächte in eine »neue Diplomatie« im Rahmen des Völkerbundes einzubinden, bekam für seine Pläne jedoch nicht die Unterstützung des amerikanischen Kongresses. In der Folge wurde er in den Wahlen von 1920 geschlagen. Wilson starb 1924 in Washington.

DIE »MARINES«
Dieses Plakat wirbt für den Eintritt in das hoch angesehene US-Marinekorps.

BESUCH
Vertreter aus Amerika bei einem Besuch der österreichischen Linien an der Ostfront. Die Kriegserklärung der USA an Österreich erfolgte erst am 7. Dezember 1917. Wilsons Haltung entsprach nicht ganz der der Entente-Mächte.

tannien mit Fortdauer des Krieges zunehmend von den Importen aus Amerika abhängig. Die Handelsbilanz 1916 zeigte, dass Großbritannien sich bei den USA hoch verschuldet hatte, sodass es nunmehr erstmals in der Geschichte zu einer Umkehr der Schuldenverhältnisse gekommen war. Ein weiteres Argument gegen den Kriegseintritt war, dass das multikulturelle Amerika aus Einwanderern aus Russland, Italien, Deutschland, Polen und Irland bestand – also aus Angehörigen jener Länder, die einander in Europa erbittert bekämpften. Man war sich deshalb nicht sicher, ob diese Neo-Amerikaner sich nicht doch zu stark in ihrer alten Heimat verwurzelt fühlten, was die Einheit der amerikanischen Nation gefährdet hätte.

WILSONS RECHTFERTIGUNG

Die Wende kam mit der Bestätigung Wilsons als Präsident der Vereinigten Staaten. Am 1. Februar 1917 erklärte Deutschland den uneingeschränkten U-Boot-Krieg. Doch diesmal nahmen die USA eine klare Haltung ein: Schon am 3. Februar brachen sie die diplomatischen Beziehungen mit dem Deutschen Reich ab und traten im April in den Krieg ein. Zu den Befürwortern des Kriegseintritts, die im totalen U-Boot-Krieg eine Provokation sahen, gesellte sich nun auch die Republikanische Partei sowie die Großindustriellen und die Militärs, die in der Intervention eine Möglichkeit sahen, die Führungsrolle in der kapitalistischen Welt zu übernehmen.

Für den Kriegseintritt wurden dieselben wirtschaftlichen und politischen Gründe ins Treffen geführt, die noch wenige Jahre zuvor für eine Nichteinmischung sprachen. Wenn die Entente-Mächte den Krieg verloren, so würden sie niemals in der Lage sein, die Kriegsschulden zurückzuzahlen. Der U-Boot-Krieg der Deutschen gefährdete die wirtschaftlichen Beziehungen Amerikas mit Europa. Außerdem würde Deutschland im Falle eines Sieges zu einer allzu starken Wirtschaftsmacht aufsteigen. Schließlich hätte das hartnäckige Festhalten an der Neutralität auch das politische Prestige Amerikas

DIE »SAMMIES«
Eine Gruppe von amerikanischen Soldaten bei ihrer Ankunft in Frankreich. Die »Sammies«, wie man sie sogleich allerorts nannte, wurden mit Begeisterung empfangen. Bis 1918 sollten nicht weniger als 1.500.000 amerikanische Soldaten nach Europa kommen.

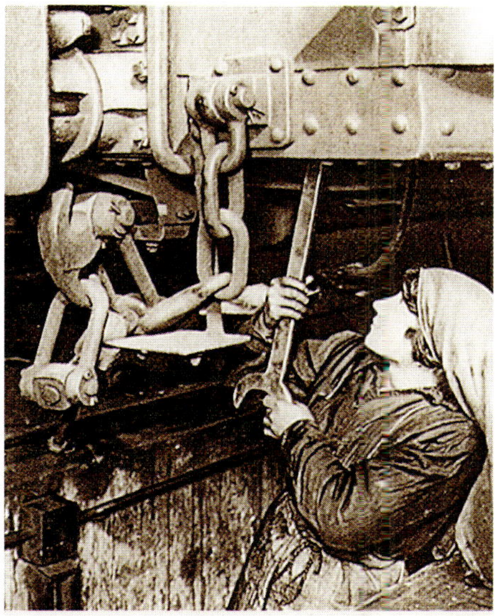

FRAUEN IM KRIEG

Der Krieg brachte es mit sich, dass die Männer an die Front gingen und erst nach Monaten oder Jahren, wenn überhaupt, wieder zurückkamen. Die Frauen blieben indessen mit den Alten und den Kindern zurück und mussten sich allein behaupten.
Mit der gewaltigen Steigerung der Waffenproduktion wurden auch immer mehr Männer in den Fabriken benötigt. Ebenso dringend wurden jedoch Männer an der Front gebraucht. Die Alten sowie die Jugendlichen, die noch zu jung für die Front waren, wurden zur Feldarbeit eingesetzt. Die verbleibenden Fabriksarbeiter reichten nicht aus – und so wurden die Frauen in nur wenigen Jahren zu äußerst wichtigen Arbeitskräften für den Krieg. War den Frauen bis dahin nur die Rolle der Mutter, Ehefrau oder Tochter zugedacht, so konnten sie nun zeigen, dass sie auch als Arbeiterinnen einiges zu leisten im Stande waren. Nicht wenige Bäuerinnen zogen in die Stadt, um in den Fabriken zu arbeiten.
In Großbritannien gab es 800.000 Arbeiterinnen, während sich in Italien die Zahl der in der Kriegsindustrie tätigen Frauen innerhalb von zwei Jahren verdoppelte. Die zusätzliche Aufgaben, die den Frauen übertragen wurden, erweiterten ihren Horizont und regten sie an, den Weg der persönlichen Entwicklung bis hin zu größerem politischen Bewusstsein zu beschreiten. Viele Protestkundgebungen, in denen die Frauen Brot und größere finanzielle Unterstützung forderten, zeugten von ihrem mittlerweile selbstbewussteren Auftreten. In jenen Ländern, wo die Emanzipation der Frau weiter fortgeschritten war und die katholische Kirche weniger Einfluss hatte, waren bereits im vorigen Jahrhundert Frauenverbindungen gegründet worden, wie etwa jene von Emmeline Pankhurst in Großbritannien, die für die Gleichbehandlung der Geschlechter und das Frauenwahlrecht kämpfte. Als es um die Frage des Kriegseintritts ging, sprachen sich die Feministinnen in Großbritannien wie in den USA *dafür* aus, um das Vorurteil zu entkräften, dass das weibliche Geschlecht grundsätzlich pazifistisch veranlagt sei, aber auch um die politische Reife und Zuverlässigkeit der Frauen zu beweisen.

Die Frauen und der Krieg (von oben nach unten und von links nach rechts): Arbeiterin in der Pariser Metro; beim Bau eines Grabens in Italien; Arbeiterinnen in einer Mine in England; in einer deutschen Waffenfabrik. Oben: Emmeline Pankhurst, Anführerin der Frauenbewegung.

TSCHECHO-SLOWAKEI
Eine Gruppe von tschechoslowakischen Soldaten (in französischer Uniform) an der Westfront. Viele tschechoslowakische Soldaten, die entweder aus dem österreichischen Heer desertiert waren oder in Kriegsgefangenschaft gerieten, wurden später von der Entente in Italien, Frankreich und Russland (gegen die Bolschewiken) eingesetzt.

WENN ICH EIN MANN WÄRE ...
»... würde ich zur Navy gehen«, lautet die Botschaft dieses amerikanischen Plakates zur Anwerbung von Freiwilligen.

und seine Rolle als Vermittler beeinträchtigt. Wilson präsentierte den Kriegseintritt als einen Kreuzzug für die Demokratie und gegen die autoritären Machthaber der Mittelmächte. Mit der Leitung des Expeditionskorps, das 1918 nicht weniger als 1.500.000 Mann umfasste, betraute er General Pershing, einen Veteranen aus den Kriegen in Kuba und Mexiko.

Der Kriegseintritt der USA brachte den Entente-Mächten nicht nur militärische Verstärkung, sondern auch neue Argumente für diesen Krieg. Wilson, der den Kriegseintritt als eine Mission zur Verteidigung des internationalen Rechts, der Demokratie sowie der Freiheit und Selbstbestimmung der Völker hinstellte, lieferte den Entente-Mächten somit im Nachhinein eine Rechtfertigung für diesen Krieg, den diese durchaus auch um ihrer eigenen imperialistischen Interessen willen führten. Die USA hatten auch Jahrzehnte später noch die Tendenz, ihre Machtpolitik mit solch hehren Motiven zu versehen.

Schon im August hatte der Kongress einer Neuorganisation der Armee zugestimmt – doch die allgemeine Wehrpflicht wurde erst nach der Kriegserklärung eingeführt. Es sollte allerdings einige Zeit dauern, bis sich der Kriegseintritt der neuen Macht entscheidend auswirkte.

Der Beitrag der USA war vor allem an der Westfront hoch willkommen, wo die Truppen auf beiden Seiten bereits zutiefst erschöpft waren. Die amerikanischen Streitkräfte waren ausgeruht, optimistisch und ließen den Glauben an den Sieg wieder aufleben, der den europäischen Soldaten im Schlamm der Schützengräben bereits abhanden gekommen war. Vor allem aber brach-

VERHÖR
Russische Offiziere, die in österreichische Gefangenschaft gerieten, beim Verhör. Der Ausstieg des bolschewikischen Russland aus dem Krieg erlaubte es den Mittelmächten, einen Großteil ihrer Truppen von der Ostfront abzuziehen, um sie an der Westfront bzw. in Italien einzusetzen. Auf diese Weise konnte der Kriegseintritt der USA für eine gewisse Zeit ausgeglichen werden.

EIN ERTRÄGLICHERES LEBEN AN DER FRONT
Dem neuen General Armando Diaz fiel die Aufgabe zu, nach der Niederlage von Karfreit die italienische Armee neu zu organisieren. Dabei ging Diaz mehr auf die Bedürfnisse seiner Soldaten ein und sorgte mit verschiedenen Zugeständnissen, wie z.B. Zeitungen, Theateraufführungen (links die Ankündigung einer solchen Veranstaltung) und häufigerem Heimaturlaub für ein »humaneres« Leben an der Front.

ten sie auch die Gewissheit mit, dass nun schier unerschöpfliche Ressourcen zur Verfügung standen.

DAS SCHICKSAL DER KRIEGSGEFANGENEN

Am Ersten Weltkrieg nahmen nicht nur Millionen von Soldaten teil – es gab auch Hunderttausende, zuletzt sogar Millionen von Kriegsgefangenen. Trotz der Konvention von Den Haag, die vor dem Krieg unterzeichnet worden war und in der man sich verpflichtet hatte, den Kriegsgefangenen ein Mindestmaß an menschenwürdigen Bedingungen zuzugestehen, herrschten in den Kriegsgefangenenlagern unbeschreibliche Zustände. Niemand wusste zwar, dass es im Zweiten Weltkrieg noch um einiges schlimmer kommen sollte – doch insbesondere die britischen und indischen Soldaten, die in Mesopotamien in türkische Gefangenschaft gerieten, hatten Schreckliches zu erdulden und starben zu Tausenden an Krankheiten und Unterernährung.
Oftmals mussten die Gefangenen zur Arbeit auf dem Feld oder in der Fabrik antreten, um jene zu ersetzen, die nun an der Front kämpften. Besonders bei den Mittelmächten spitzte sich die Lage 1916 dramatisch zu: Die Seeblockade tat ihre Wirkung, und in den Gefangenenlagern von Mauthausen bis Rastatt herrschte Hunger. 1917 konnte ein Gefangener, der Schwerstarbeit leisten musste, mit höchstens 1000 Kalorien pro Tag rechnen. Das Rote Kreuz organisierte Lebensmittel- und Kleiderlieferungen, während Frankreich und Großbritannien richtiggehende Versorgungswege einrichteten, die sie Russland und Serbien zur Verfügung stellten. Ab 1917 war es dank eines in Bern vereinbarten Abkommens möglich, jene Gefangenen auszutauschen, die älter als 48 Jahre und mindestens 18 Monate inhaftiert waren.
Bei der Behandlung der Gefangenen verdiente vor allem Italien wenig Lob. Da die italienische Heeresleitung große Angst vor Verrat hatte, wollte sie keinerlei Austausch von Gefangenen gestatten. Das Rote Kreuz durfte nur den Offizieren Hilfe zukommen lassen. Für den

PROTAGONISTEN

ARMANDO DIAZ
wurde in Neapel in eine Familie von Militärs und Richtern geboren. Er studierte an der Militärakademie in Turin und machte rasch Karriere in der Armee. Er war Kommandant eines Regiments im Krieg in Libyen und wurde daraufhin Sekretär von Generalstabschef Pollio, später auch von dessen Nachfolger Cadorna. 1915 übernahm er das Kommando über die 23. Armee, die er mit viel Geschick führte. Er erwies sich als überaus fähiger Kommandeur, der beständig optimale Resultate bei geringen Verlusten erzielte. Außerdem maß er den Bedürfnissen seiner Soldaten große Bedeutung bei und war davon überzeugt, dass man mehr mit dem Herzen als mit Härte kommandieren sollte. Nach der schweren Niederlage von Karfreit löste er Cadorna als Oberbefehlshaber der Streitkräfte ab. Es zeigte sich, dass er der richtige Mann in dieser letzten Phase des Krieges war. Diaz hielt nichts von der Strategie seines Vorgängers, der die Offensive

um jeden Preis gesucht hatte. Dafür zeichnete er sich durch großes Einfühlungsvermögen für die Anliegen der Soldaten aus und besaß außerdem die Fähigkeit zur Zusammenarbeit mit der Politik, sodass er in Italien überaus populär wurde. Diaz war ab 1918 Senator und später Kriegsminister in der ersten Regierung Mussolinis. 1924, vier Jahre vor seinem Tod, wurde er zum Marschall ernannt.

EIN UNGELÖSTES PROBLEM
Zwei Bilder von russischen Kriegsgefangenen an der Ostfront. Keiner der Krieg führenden Staaten hatte eine Lösung für das Problem parat, das sich aus der außergewöhnlich großen Zahl von Kriegsgefangenen ergab.

einfachen Soldaten gab es nur die Pakete, die die Familie ihm schickte, welche selbst nur das Wichtigste zum Leben hatte. Auch war es verboten, zu Gunsten von Kriegsgefangenen Spenden zu sammeln. Nach der schweren Niederlage von Karfreit wurden diese Maßnahmen mit der klaren Absicht verschärft, die angeblich Schuldigen für diese Niederlage zu bestrafen.

Die Zahlen sind erschreckend: So kehrten etwa von den mindestens 600.000 italienischen Soldaten, die in Kriegsgefangenschaft gerieten, rund 100.000 nicht mehr nach Hause zurück, was etwa einem Viertel der im Krieg Gefallenen entspricht. 90.000 fielen dem Hunger und der Kälte zum Opfer. Die, die zurückkehrten, mussten eine erneute Internierung in einem Lager über sich ergehen lassen; dort wurden sie ausführlich verhört und mussten glaubhaft machen, dass sie keine Deserteure waren und sich auch nicht mit dem Virus des Kommunismus angesteckt hatten.

Beide Blöcke betrachteten sogar Zivilisten von feindlichen Nationen als Kriegsgefangene. So blieben etwa in der Nähe von Berlin 4000 britische Zivilisten während des gesamten Krieges interniert. Einige Deutsche, die in Großbritannien lebten, wurden nach Wakefield in der Grafschaft Yorkshire deportiert. Ein besonderes Schicksal hatte das besetzte Belgien zu erleiden, wo die deutsche Besatzungsmacht keinen klaren Unterschied zwischen Zivilisten und Soldaten machte. Wenn es zu Übergriffen kam, wurde dies von der alliierten Propaganda oft ausgeschlachtet. Vor allem war es aber die armenische Bevölkerung, die durch die grausamen Repressalien der Türken ein schlimmes Schicksal zu erleiden hatte.

Ein besonders anschauliches Bild dafür, wie auch Zivilisten in das Kriegsgeschehen hineingezogen wurden, liefert die Geschichte des bekannten belgischen Historikers Henri Pirenne, der 1916 nach Holzminden deportiert wurde. Pirennes 19-jähriger Sohn war bereits in den ersten Kriegstagen als Freiwilliger in der Schlacht an der Yser gefallen. Nachdem die Deutschen Belgien besetzt hatten, versuchten sie mit allen Mitteln, den pas-

NIEUPORT 28
Dieses Flugzeug war mit einem 160 bis 170 PS starken Motor des Typs Gnome Monosoupape ausgestattet und erreichte eine Höchstgeschwindigkeit von 196 km/h. Es war mit zwei Vickers-Maschinengewehren ausgerüstet. Die Vereinigten Staaten kauften 297 Stück dieses französischen Modells, das im Juni 1917 in Produktion ging und von den amerikanischen Fliegerstaffeln in Frankreich eingesetzt wurde.

DER KRIEG IST ZU ENDE
Die Kriegsgefangenschaft stellte oft den Beginn eines neuen Kampfes ums Überleben dar – galt es doch, sich in einer Umgebung zu behaupten, in der Tausende an Hunger und Krankheiten starben. So gab es in den Kriegsgefangenenlagern der Mittelmächte allein unter den italienischen Soldaten 100.000 Tote.

siven Widerstand der Bevölkerung zu brechen; u. a. wollten sie den Betrieb an der Universität mit Gewalt aufrechterhalten. Wer sich weigerte, wurde deportiert. In Holzminden versuchten die 8000 Inhaftierten so etwas wie ein Alltagsleben aufrechtzuerhalten und richteten Geschäfte und sogar eine Schule ein, wo Pirenne Geschichtsunterricht gab. Seine Aufzeichnungen aus jener Zeit *(Geschichte Europas)* stellten ein kleines Meisterwerk dar, das aus den Entbehrungen des Krieges geboren wurde.

IM LAGER
In der Kriegsgefangenschaft hatten die Soldaten neue Feinde, insbesondere Hunger und Krankheiten. Im Laufe des Jahres 1917 wurden die ohnehin bereits äußerst schwierigen Bedingungen für die Kriegsgefangenen noch härter – besonders in den deutschen Lagern, wo Nahrungsmittel aufgrund der Seeblockade immer knapper wurden.

Fight INFLUENZA with BRAND'S ESSENCE OF BEEF
Evening Standard
No. 29,428. LONDON, MONDAY, NOVEMBER 11, 1918. ONE PENNY.
END OF THE WAR
GERMANY SIGNS OUR TERMS & FIGHTIN
STOPPED AT 11 O'CLOCK TO-DAY.
TRIUMPHANT. FULL ARMISTICE
EVACUATION TO THE RH
BRIDGEHEADS FOR AL
HANDED OVER AND
SHIPS DISARMED.
PATRIATING PRISON
PER LA LIBERTA
DEL MONDO
SOTTOSCRIVE
AL PRESTI
NAZIONALE
DUDOVICH
QUARTA ARMATA

1918

Die letzten Gefechte

Im letzten Kriegsjahr machte sich eine zunehmende Kriegsmüdigkeit sowohl an der Front als auch im Inneren der Krieg führenden Länder bemerkbar. Seit dem Frühling 1917 wurde ganz Europa von immer neuen Streikwellen heimgesucht. Steigende Preise und niedrige Löhne sorgten für immer härtere Lebensbedingungen.

Überall gingen Arbeiter und vor allem auch Frauen auf die Straße, um gegen den Krieg und seine Folgen zu demonstrieren. Man verlangte nichts anderes als Brot und Frieden. Anfang 1918 war auf allen Seiten tiefe Erschöpfung eingetreten.

Bisher waren alle Versuche gescheitert, eine Lösung auf dem Verhandlungsweg zu finden; so hatte es beispielsweise im Januar 1916 einen inoffiziellen Vermittlungsversuch der USA gegeben, der ebenso wenig eine Lösung brachte wie das Friedensangebot Deutschlands im Dezember 1916. Wenig später, im Juni 1917, kamen Signale in diese Richtung von der Sozialistischen Internationale, und im Juli 1917 verabschiedete der Deutsche Reichstag eine Resolution, die einen Frieden ohne Annexionen forderte.

STURMTRUPPEN
(vorhergehende Seite) Trotz der wirtschaftlichen Krise war das deutsche Heer auch 1918 noch äußerst schlagkräftig.

EDDIE RICKENBACKER
Das amerikanische Fliegerass erzielte nicht weniger als 26 Abschüsse in vier Monaten.

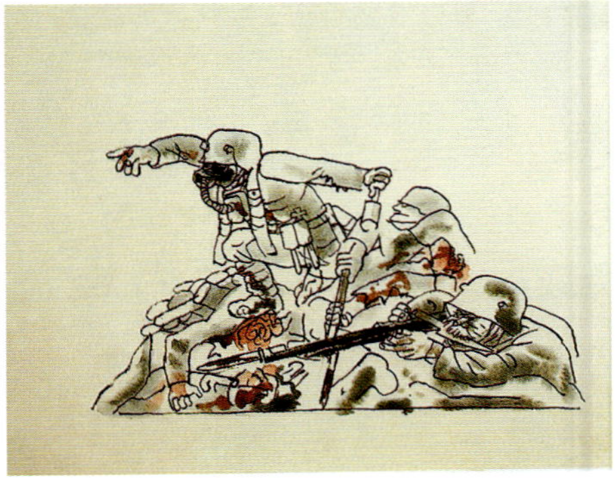

GEORGE GROSZ UND DER KRIEG
Diese Zeichnung von George Grosz stellt Soldaten beim Angriff dar.

DIE 14 PUNKTE WILSONS

Am 8. Januar 1918 unterbreitete der amerikanische Präsident Wilson, der auf die Rolle seines Landes als Schiedsrichter für den Frieden in Europa hinwies, einen neuen Vorschlag. Seine *Vierzehn Punkte* enthielten einerseits Themen, die den Amerikanern besonders wichtig waren, wie die freie Schifffahrt und die Beseitigung von Zollschranken, andererseits aber auch eine Reihe von Vorschlägen zur Lösung des europäischen Konflikts: Elsass-Lothringen sollte an Frankreich zurückgegeben werden, die Völker der österreichisch-ungarischen Monarchie sollten das Recht auf Selbstbestimmung erhalten, Serbien sollte Zugang zum Meer erhalten, Polen sollte als unabhängiger Staat wiederhergestellt werden, und schließlich sollten auch die Grenzen Italiens verändert werden. Doch solange Deutschland Belgien und die Industriegebiete Frankreichs besetzt hielt, war an erfolgreiche Verhandlungen nicht zu denken. Die Mittelmächte standen zwar am Rande des Zusammenbruchs, waren aber nicht bereit, aufzugeben. Die Deutschen trachteten nach wie vor, den englisch-französischen Widerstand zu brechen, bevor die amerikanischen Truppen eintrafen, während die österreichischen Streitkräfte die italienischen Stellungen an der Piave zu durchbrechen suchten. Doch es sollte weder das eine noch das andere Vorhaben gelingen.

Während in Frankreich immer weitere amerikanische Truppen und Waffen eintrafen, wendete sich auch im Nahen Osten das Blatt endgültig zu Gunsten der Alliierten. Auch die deutschen Militärberater vermochten das Vordringen der Engländer nicht mehr zu stoppen. Gleichzeitig gelang es den Italienern, die bei Karfreit so schwer geschlagen worden waren, ihre Truppen an der Piave neu zu formieren. Und während Deutschland und Österreich bereits die letzten Kräfte aufbieten mussten, erhielten die Alliierten Verstärkung aus den Kolonien sowie von Seiten der Vereinigten Staaten.

DIE LETZTE OFFENSIVE
Ein schweres Feldgeschütz vom Kaliber 21 cm wird an die Front geschleppt. Ludendorffs Offensive begann am 21. März 1918 um 9.40 Uhr. Die deutsche Infanterie ging an der Somme zum Angriff über, nachdem die alliierten Stellungen fünf Stunden lang mit Artilleriefeuer belegt wurden.

WAFFEN

TORPEDOBOOTE

Vor Kriegsbeginn war Italien noch im Dreibund mit Deutschland und Österreich-Ungarn verbunden, sodass die Aufgabe der italienischen Marine vor allem darin bestanden hätte, Operationen gegen die französischen Häfen zu starten und das Tyrrhenische Meer zu verteidigen. Nach dem Kriegseintritt auf Seiten der Entente-Mächte wurde jedoch die Adria zum bevorzugten Kriegsschauplatz. 1915 hatte die italienische Marine die Aufgabe, die Evakuierung der serbischen Armee zu organisieren. Der Beitrag der italienischen Flotte bestand dabei vor allem darin, die eigenen und alliierten Frachtschiffe zu sichern, die Männer, Material und Lebensmittel transportierten und denen die feindlichen Seestreitkräfte mit U-Booten und leichten Einheiten auflauerten, um überraschend zuzuschlagen. In der Adria fanden jedoch kaum klassische Seeschlachten statt; man beschränkte sich vielmehr auf Überraschungsangriffe – eine Taktik, auf die die italienische Kriegsmarine sich immer besser einzustellen vermochte, wobei sie auch neue Waffen entwickelte. So griffen die Italiener unter Raffaele Paolucci und Raffaele Rossetti 1918 in den letzten Kriegstagen den k. u. k. Adriahafen Pola an, wobei sie durch ein Torpedoboot das Schlachtschiff *Viribus Unitis* versenken konnten. Der Krieg in der Adria wurde jedoch vor allem von den Schnelltorpedobooten beherrscht, wie sie von der *Società veneziana automobili nautiche* (SVAN) konstruiert wurden.

Diese schwer bewaffneten »MAS« *(Motobarca Armata SVAN)*, waren vor allem für die Jagd auf U-Boote vorgesehen. Wesentliche Merkmale dieses von Attilio Bisio konstruierten Fahrzeuges waren sein geringer Tiefgang und sein stromlinienförmiger Bau, der bei höherer Geschwindigkeit von Vorteil war. Zwischen 1916 und 1918 wurden 244 solcher Motorboote in verschiedenen Varianten in Dienst gestellt, die an neun Basen stationiert waren; von diesen Stützpunkten befanden sich drei in der venezianischen Lagune, eine in Ancona, eine in Bari und vier an der Straße von Otranto, wo die österreichischen U-Boote auf dem Weg ins Mittelmeer durchkommen mussten. Nachdem die Italiener bereits am 7. bzw. 26. Juni 1916 im Hafen von Durazzo zwei Dampfer hatten versenken können, griffen sie am 10. Dezember 1917 unter Kommandant Luigi Rizzo den Hafen von Triest an, wo sie das Panzerschiff *Wien* außer Gefecht setzten.

Ihren wohl größten Erfolg erzielten die MAS jedoch am 9. bzw. 10. Juni 1918 vor der Insel Premuda. Zwei Motorboote unter dem Kommando von Rizzo bzw. Giuseppe Aonzo stießen dort auf eine österreichische Formation. Die beiden Schlachtschiffe *Szent Istvan* und *Tegetthoff* waren, begleitet von einem Zerstörer und sechs Torpedobooten, aus Pola ausgelaufen, um gegen die U-Boot-Sperre vorzugehen, die seit Kriegsbeginn in der Straße von Otranto errichtet war.

Die beiden Boote ließen sich auf ein Gefecht mit dem übermächtigen Verband ein und errangen einen unerwarteten Sieg; von zwei Torpedos getroffen, sank schließlich die *Szent Istvan*, eines der Prunkstücke der österreichisch-ungarischen Flotte. Dieser Erfolg war für die Italiener in zweifacher Hinsicht sehr wichtig: einerseits wurden die österreichischen Seestreitkräfte abgehalten, weitere Einheiten in die Adria zu entsenden, und andererseits erhielten die Truppen, die der bevorstehenden österreichischen Offensive an der Piave entgegensahen, moralischen Aufschwung.

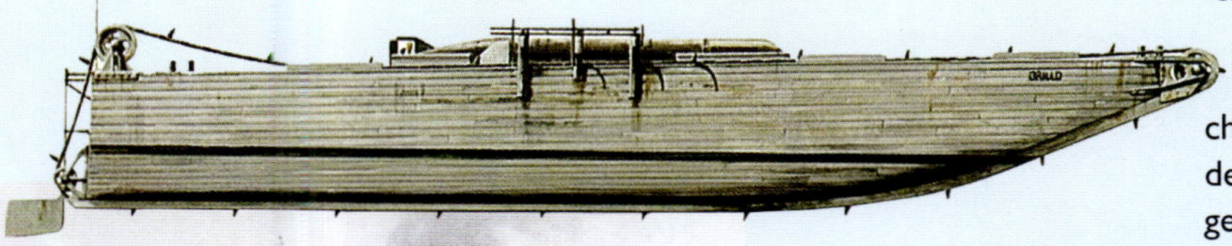

Von oben nach unten: Diese Darstellung zeigt die Versenkung der Szent Istvan *durch zwei italienische Torpedoboote; ein MAS-Torpedoboot des Typs »Grillo« aus dem Jahr 1917 sowie unten das Schlachtschiff* Szent Istvan.

MASSENGRÄBER
Ein amerikanischer Priester spricht ein Gebet für zwölf Männer, die in einem Feldlazarett gestorben sind.

FLAMMENWERFER
Deutsche Soldaten üben den Umgang mit dem Flammenwerfer. Im Laufe des Krieges wurde diese Waffe von den ersten Modellen auf Rädern ständig weiterentwickelt, sodass sie später leichter und handlicher war.

DIE LETZTE OFFENSIVE

Die deutschen Streitkräfte erhielten jedoch noch einmal Auftrieb – und zwar durch den Umstand, dass nach der Unterzeichnung des Friedensvertrages von Brest-Litowsk am 3. März die Ostfront weggefallen war. Und so setzte der deutsche Generalstab noch einmal alles auf eine Karte und unternahm an der Westfront eine groß angelegte Offensive. Man verfolgte dabei die Taktik, die feindlichen Stellungen einem kurzen, aber überaus heftigen Artilleriefeuer auszusetzen, ehe die Infanterie losstürmte. Im März startete Ludendorff seine große Offensive, die eine Entscheidung im Westen erzwingen sollte.
Ludendorff hatte zu diesem Zweck eine neue Taktik entwickelt, die darin bestand, kleine Gruppen von Soldaten mit Lastwagen rasch zu jenen Frontabschnitten zu befördern, wo der Feind am verwundbarsten zu sein schien. Der Angriff, der auf die englisch-französischen Stellungen zwischen Arras und Fère unternommen wurde, brachte einen durchschlagenden Erfolg. Innerhalb einer Woche gelang es den deutschen Truppen, die feindlichen Linien zu durchbrechen und 65 km vorzudringen. Einen solchen Erfolg hatte es in den vier Kriegsjahren zuvor nie gegeben.
Ludendorff konnte mit seiner Strategie in der Pikardie und der Champagne einige Erfolge erzielen, wo es den Deutschen immer wieder gelang, in die feindliche Front einzubrechen.
Die deutschen Truppen griffen die Engländer im Frontabschnitt Montdidier an (21. März bis 6. April), um kurz darauf, am 9. April, eine Offensive in Flandern zu beginnen. Am 27. Mai begann eine dritte große Offensive zwischen Soissons und Reims, wo die Kämpfe bis zum 11. Juni wüteten.
Im Juni hatten die Deutschen bereits Hunderttausende Gefangene gemacht und rund 2500 Geschütze erbeutet. Sie drangen zwar Stück für Stück vor, waren jedoch nicht in der Lage, die gegnerische Front aufzurollen und zum Bewegungskrieg überzugehen. Zu diesem Zeitpunkt wusste noch niemand, dass die Deutschen mit diesen Angriffsbemühungen ihre Möglichkeiten erschöpft hatten.

FIAT 18 BL
Dieses Modell war der bevorzugte Lastwagen der italienischen Armee. Der Führersitz ist von einem Schutzdach aus Leinwand überdeckt, die Reifen sind aus Vollgummi, die Ladekapazität beträgt vier Tonnen. Das Fahrzeug wurde von einem 40 PS starken Fiat-Benzinmotor angetrieben und erreichte eine Höchstgeschwindigkeit von 22 km/h. Der FIAT 18 BL war durchaus auch geländetauglich. Das Modell wurde bis zum Zweiten Weltkrieg eingesetzt.

KRIEG UND LITERATUR

Der Große Krieg veranlasste manchen, zur Feder zu greifen: Neben Briefen und Erinnerungen wurden auch zahlreiche Gedichte und Romane verfasst, die dieses Ereignis zum Thema hatten. Viele dieser Werke wurden noch während des Krieges veröffentlicht. So mancher, der selbst aktiv an den Kämpfen teilgenommen hatte, verarbeitete seine Erfahrungen in Form von Tagebüchern, Erinnerungen, Gedichten oder Erzählungen. Manche dieser Werke waren wohl eher konventionell und erregten kaum Aufsehen – andere aber, wie *Leu feu* von Henri Barbusse (1916) wurden rasch populär. Manche der Kriegsdienst leistenden Poeten schufen in dieser Zeit kleine Meisterwerke – so etwa Guillaume Apollinaire, der 1918 seine *Calligrammes* verfasste; Giuseppe Ungaretti schrieb 1916 seine ersten Gedichte, die in dem Band *Il porto sepolto* zusammengefasst wurden und die eine bemerkenswerte Verdichtung der Kriegsereignisse darstellen. Auch nach dem Krieg wurden noch zahlreiche Werke verfasst, die den Krieg zum Thema hatten. Neben vielen eher mittelmäßigen Arbeiten von Kriegsheimkehrern wurden auch Romane veröffentlicht, die auf eindrucksvolle und beklemmende Weise die Grausamkeit und Absurdität des Krieges aufzeigten. Bücher wie *Im Westen nichts Neues* des deutschen Autors Erich Maria Remarque (1929) erregten großes Aufsehen. Das Gleiche gilt für das ebenfalls 1929 erschienene Buch *Good-bye to all that* des englischen Autors Robert Graves oder die gesammelten Erinnerungen von T. E. Lawrence, die 1927 unter dem Titel *Die sieben Säulen der Weisheit* erschienen. Solche Werke von Schriftstellern, die den Krieg selbst miterlebt hatten, sind oftmals mehr als nur Erfahrungsberichte über das Soldatenleben – es kommt darin eine ganz eigene bittere bis ironische Sprache zum Vorschein, nicht selten auch eine schonungslose Offenheit und Intimität, die den Leser unmittelbar anspricht und berührt. Dies gilt auch für Arbeiten, die nicht zu internationalen Bestsellern wurden, wie etwa die Bücher von Pietro Jahier und Emilio Lussu, die aus italienischer Sicht über den Krieg in den Alpen berichteten.

Die literarische Verarbeitung der Kriegsereignisse brachte manchen Autor dazu, ein Thema aufzugreifen, das in der Dichtkunst und der erzählenden Literatur des 20. Jahrhunderts große Bedeutung gewinnen sollte – das Thema der Einsamkeit des Menschen, der in der Grausamkeit der Geschichte verloren ist. Dieses Gefühl findet man in den Gedichten von Thomas S. Eliot *(The waste land,* 1922) ebenso wie in den Romanen von Ernest Hemingway (*A farewell to arms – In einem anderen Land,* 1929) und Boris Pasternak (*Doktor Schiwago,* geschrieben zwischen 1946 und 1955).

Von links oben nach rechts unten: Giuseppe Ungaretti, Robert Graves, Rupert Brooke, Erich Maria Remarque, Guillaume Apollinaire, Wilfred Owen, Henri Barbusse, Ernest Hemingway. Brooke und Owen starben ebenso an der Front wie in Frankreich Charles Péguy und in Italien Scipio Slataper.

DIE LETZTE OFFENSIVE
Unter dieser Parole startete Ludendorff im Frühling 1918 seine große Offensive an der Westfront. Sie stellte eine taktische Meisterleistung dar und brachte auch einige bemerkenswerte Erfolge an der Marne – doch die deutschen Truppen hatten nicht mehr die Kraft, um noch einmal eine Wende herbeizuführen.

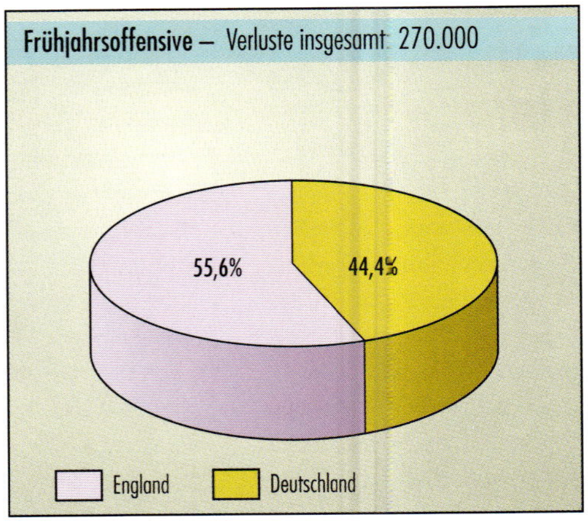

DIE ALLIIERTEN HALTEN STAND

Die deutsche Armee verfügte nicht mehr über die Mittel, um die anfänglichen Erfolge fortzusetzen. Im Sommer, als die Alliierten ihre Gegenoffensive starteten, waren Ludendorffs Truppen völlig erschöpft, der Nachschub blieb aus, und auch der Glaube an den Sieg war geschwunden. Franzosen und Engländer organisierten inzwischen ihre Kommandostruktur neu und betrauten General Foch mit dem Oberkommando, während die Amerikaner immer neue Truppen nach Europa brachten. Trotz einiger beachtlicher Teilerfolge hatten die Deutschen ihre strategische Situation nicht nennenswert verbessern können. Die alliierte Front hielt dem Ansturm stand, und auch Paris war nicht dem Feind in die Hände gefallen, woran sich auch nichts mehr ändern sollte.

Auch an der italienischen Front gelang den Mittelmächten kein entscheidender Schlag. In der Adria mussten sie die Angriffe der italienischen MAS-Schnellboote hinnehmen; die italienischen Seestreitkräfte griffen immer wieder Pola, den Kriegshafen der österreichisch-ungarischen Flotte, an und schafften es unter anderem, das Panzerschiff *Wien* zu versenken. Am 10. Juni 1918 setzten die Italiener vor Premuda das Panzerschiff *Szent Istvan* außer Gefecht. Nachdem die k. u. k. Streitkräfte ihre Truppen von der aufgelösten Ostfront abziehen konnten, setzten sie ihr gesamtes Potenzial an der Italienfront ein. Am 15. Juni begann schließlich die große Offensive, mit der die österreichischen Truppen den Durchbruch auf der Hochebene von Assiago sowie am Monte Grappa anstrebten. Außerdem hatte man vor, die Piave zu überqueren und in Richtung Treviso vorzustoßen. Mehrere Tage hindurch versuchten die österreichischen Truppen, die Piave zu überschreiten, doch nach jedem Vordringen wurden sie gleich wieder auf ihre Ausgangsstellungen zurückgeworfen. Die italienischen Streitkräfte waren neu formiert und zuversichtlich, und auch der Wettergott war auf ihrer Seite, als am 23. Juni heftige Regenfälle die Flüsse über die Ufer treten ließen, sodass einige der Kriegsbrücken weggerissen wurden. All diese Umstände zwangen die österreichischen Truppen schließlich zum Rückzug.

RÜCKZUG
Die deutschen Truppen überqueren den Maas-Aisne-Kanal; sie bedienen sich dabei der Überreste einer Brücke, die von den Alliierten auf dem Rückzug gesprengt worden war. Der Vorstoß der Deutschen wurde von australischen Truppen auf dem letzten Gebirgskamm vor Amiens gestoppt.

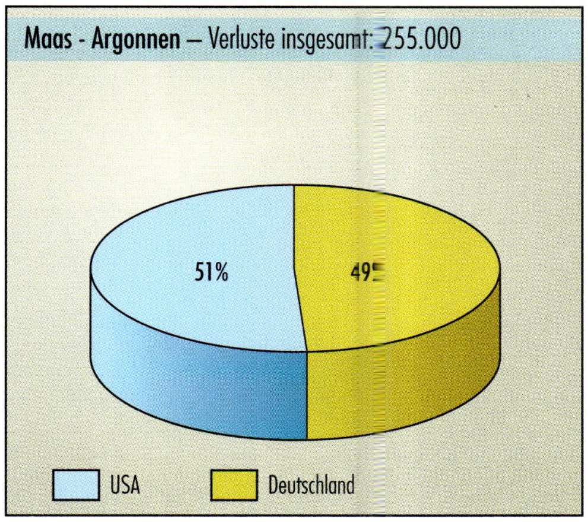

PANZER A7
Britische Offiziere posieren vor einem außer Gefecht gesetzten deutschen Panzer. Es sollte den Deutschen im Verlauf des Krieges nicht mehr gelingen, leistungsfähige Panzer zu produzieren. Der A7 war mit einer 57-mm-Kanone und sechs Maschinengewehren ausgerüstet und nahm eine Besatzung von 18 Mann auf. Er war jedoch ein langsames und äußerst störungsanfälliges Fahrzeug.

SCHLACHTEN

AN DER PIAVE

Frühling 1918. Trotz der Schwierigkeiten, in denen die Mittelmächte steckten, konnten die deutschen Truppen mit ihrer Offensive beachtliche Erfolge erzielen: 140.000 französische Soldaten waren außer Gefecht, und man kam immer näher an Paris heran. In diesem Moment starteten die österreichischen Truppen ihre Offensive an der italienischen Front.

Die Niederlage von Karfreit zuvor hatte nicht nur innerhalb der Streitkräfte, sondern auch in der Regierung Italiens zu Erschütterungen geführt. Doch allmählich erfing sich das Land wieder, und im Frühling 1918 waren die italienischen Truppen neu formiert, nachdem die Front mit 300.000 Mann und 3000 Geschützen verstärkt worden war. Im Frühling 1918 lag eine neue Offensive der österreichischen Armee in der Luft. Der französische General Foch, der für die Koordinierung zwischen den alliierten Streitkräften zuständig war, schlug eine Präventivoffensive vor – doch General Diaz entschied sich für die vorsichtigere Variante und bereitete sich sorgfältig auf den österreichischen Angriff vor. Diese defensive Strategie sollte schließlich zum Erfolg führen. Vom 15. bis 23. Juni überschritten die österreichischen Truppen unter Feldmarschall Conrad von Hötzendorf und Feldmarschall Boroevic von Bojna an mehreren Punkten die Piave, wurden jedoch schon nach kurzer Zeit wieder über den Fluss zurückgedrängt. Am Abend des 23. Juni konnte General Diaz schließlich die Nachricht des italienischen Sieges abschicken: »Vom Montello bis zum Meer wird der Feind von unseren tapfer kämpfenden Truppen zurückgedrängt und zieht sich nun fluchtartig über die Piave zurück.«

In der Schlacht an der Piave verlor die österreichische Armee 150.000 Mann, während die Verluste auf italienischer Seite 90.000 Mann ausmachten. Durch diese Niederlage musste die österreichisch-ungarische Armee die Initiative an der Italienfront endgültig abgeben. Die Italiener hatten die Invasion der k. u. k. Truppen in die venezianische Ebene abwenden können. Diese Schlacht bildete die Voraussetzung für den Sieg der Alliierten bei Vittorio Veneto, der den Zusammenbruch der Mittelmächte besiegelte.

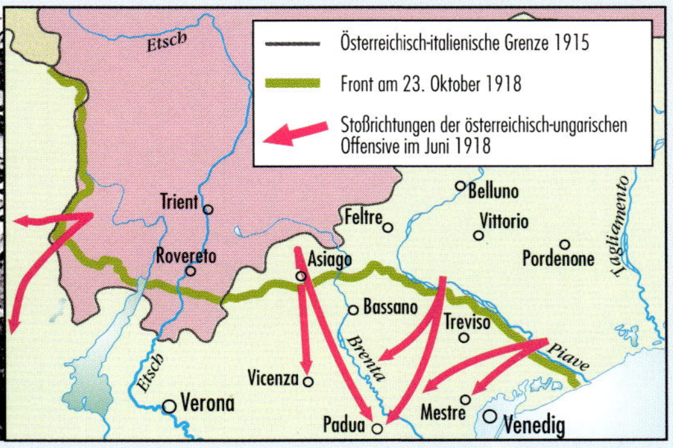

Links: Italienische Truppen marschieren über die Hochebene von Asiago. Oben: Österreichische Stellung in den Alpen (1918).

SCHLACHTEN

AMIENS

Die Schlachten des Jahres 1918 hatten nicht mehr viel mit denen von 1914 gemein; in vielerlei Hinsicht handelte es sich bereits um eine Art Generalprobe der Strategien, die später im Zweiten Weltkrieg angewendet werden sollten. Für einen guten Teil dieser Neuerungen auf dem Schlachtfeld war die deutsche Armee verantwortlich. Doch die Alliierten lernten aus den Niederlagen und passten sich rasch an neue Gegebenheiten an. Dies wurde beispielsweise am 8. August 1918 an der Front von Amiens deutlich, dem »schwarzen Tag« des deutschen Heeres. An einem Frontabschnitt, der sich über rund 20 km erstreckte, tauchten plötzlich um 4.20 Uhr morgens ohne jedes vorhergehende Artilleriefeuer 414 Panzer aus dem Nebel auf, gefolgt von sieben Infanteriedivisionen. An den Tagen zuvor waren die Deutschen durch bewusst durchgeführte Truppenmanöver sowie durch absichtlichen Funkverkehr zweier kanadischer Divisionen in Flandern irregeführt worden, sodass die deutschen Generäle den Angriff der Alliierten viel weiter nördlich erwarteten. Außerdem achteten die Alliierten peinlich genau darauf, dass die geplante Offensive, die von Franzosen, Engländern, vor allem aber Australiern, Neuseeländern und Kanadiern durchgeführt werden sollte, bis zum Beginn absolut geheim blieb.

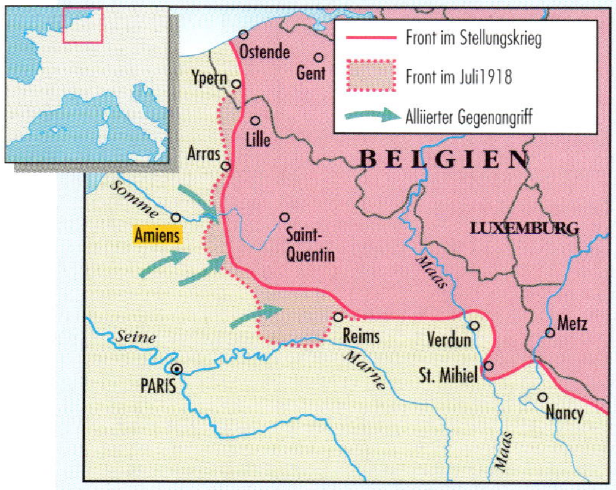

Die Überraschung war tatsächlich perfekt, als die Artillerie von General Budworth den Panzern den Weg ebnete. Die Flugzeuge der *Royal Air Force* zogen im Tiefflug über das Gebiet, um die feindlichen Schützengräben unter Beschuss zu nehmen. Die leichten Whippet-Kampfwagen, die mit drei bis vier Maschinengewehren bestückt und bis 13 km/h »schnell« waren, also der doppelten Geschwindigkeit eines Mark IV, tauchten überall an der Front auf, gefolgt von Infanterie. Mit Hilfe des Funks klappte die Koordination perfekt: Die Flugzeuge erkundeten, wo sich der Widerstand der feindlichen Truppen konzentrierte und lenkten das Artilleriefeuer dorthin. Die Panzerwagen wiederum waren in der Lage, Luftunterstützung anzufordern. Natürlich handelte es sich noch nicht um die Zusammenarbeit, wie man sie später in den Jahren 1939-1945 erlebte – all das ging 1918 noch viel langsamer vor sich –, doch für damalige Verhältnisse war die Kooperation bereits äußerst effektiv. Natürlich muss man auch einräumen, dass die deutschen Truppen von der vorangegangenen Frühjahrsoffensive ausgelaugt waren. Vor allem die britische Kavallerie konnte sich bei diesem Angriff auszeichnen: Das 15. und 19. Husarenregiment brach 1,5 km in die feindlichen Linien ein und verschanzte sich, bis schließlich Verstärkung eintraf. Bereits am frühen Nachmittag hatten die Alliierten alle Punkte besetzt, die man vorher anvisiert hatte. Der Großteil der Australier war 10 km vorangekommen. Die deutschen Truppen erlitten an diesem Tag große Verluste – insgesamt 27.000 Tote und Verwundete und 16.000 Gefangene. Ludendorffs Heer war im Begriff, auseinander zu fallen; der Vormarsch der Alliierten war ab nun unaufhaltsam.

Links: Deutsche Kriegsgefangene beim Abmarsch von der Front. Oben: Ein leichter Panzerwagen, wie er 1918 an der Front von Amiens zum Einsatz kam.

SIR JOHN MONASH
Die acht Divisionen des australischen Armeekorps unter Sir John Monash sollten eine herausragende Rolle beim Sieg der Alliierten in den Argonnen spielen.

NIEUPORT BEBÉ
Die Nieuport 11, ob ihrer geringen Größe »Bebé« (Baby) genannt, wurde in Italien häufig eingesetzt, wo sie mit französischer Genehmigung von Macchi gebaut wurde.

DIE ENTSCHEIDENDE OFFENSIVE

Im Juli standen die Deutschen immer noch an der Marne, so wie vier Jahre zuvor. Und wie schon 1914 wurden sie auch jetzt am Vordringen gehindert. Der alliierte Oberbefehlshaber Foch startete eine Gegenoffensive, in deren Verlauf französische und marokkanische Truppen die Angreifer über die Marne zurückjagten. Die zweite Schlacht an der Marne, vom 15. bis 26 Juli, bedeutete für Deutschland den Anfang vom Ende. Die Alliierten hatten nun eindeutig die Initiative übernommen, und von nun an waren es die Generäle Haig und Foch, die den Ton angaben.

Die Alliierten verfügten über ein erdrückendes Übergewicht an Material, insbesondere an Panzern und Flugzeugen, aber auch an Truppen, seit die Vereinigten Staaten in den Krieg eingetreten waren. Vor allem aber wussten alle Beteiligten, dass – je länger der Krieg dauerte – die Alliierten einen immer größeren Vorteil bekämen, da die amerikanischen Truppen noch nicht vom Krieg ausgelaugt waren. Nach den Gefechten vom 25. Juli schrieb ein niedergeschlagener deutscher Soldat: »Ich glaube nicht, dass wir hier noch einmal herauskommen. Die amerikanische Armee ist mit einer Million Mann gekommen. Das alles ist einfach zu viel.« Für die alliierten Truppen begann nun eine Gegenoffensive, die bis zum schlussendlichen Sieg nicht mehr abriss.

Foch war sich dessen bewusst, dass nun der Zeitpunkt für einen groß angelegten Angriff gekommen war. Am 8. August starteten die Alliierten einen Vorstoß, der zur Schlacht von Amiens führte, wo die deutsche Front zusammenbrach. Die englischen Streitkräfte schlugen eine tiefe Bresche in die feindlichen Linien, und für die Deutschen begann ein langsamer, aber unaufhörlicher Rückzug. Bald schon fragten sich viele auf deutscher Seite – und das sowohl an der Front als auch in der Heimat –, welchen Sinn es noch hatte, einen Krieg weiterzuführen, der eindeutig verloren war.

Am 12. September mussten die Deutschen auch bei St. Mihiel dem Ansturm der Amerikaner weichen. Weitere alliierte Offensiven drängten die deut-

ST. MIHIEL
Amerikanische Artillerie im Einsatz bei St. Mihiel. Die Schlacht von St. Mihiel begann am 12. September und endete mit einer deutschen Niederlage. Unter den amerikanischen Truppen, die bei diesem Angriff im Einsatz waren, befanden sich auch zwei Männer, die im Zweiten Weltkrieg eine herausragende Rolle spielen sollten: Douglas McArthur als Kommandant einer Brigade und George Patton an der Spitze eines französisch-amerikanischen Panzerzugs.

SOLDATEN VORWÄRTS!
Nach der Niederlage von Karfreit (Caporetto) versuchte man in Italien, die Bedeutung der Landesverteidigung noch stärker zu betonen.

CHÂTEAU THIERRY
Im Frontabschnitt Château Thierry hatten die amerikanischen Soldaten im Sommer 1918 heftige Kämpfe zu bestehen.

schen Truppen auch im Norden zurück, wo sie sich vier Jahre lang unangefochten gehalten hatten. Schließlich mussten die Deutschen den Norden Frankreichs sowie den Westen Belgiens räumen.

DER ZUSAMMENBRUCH DER MITTELMÄCHTE

Es sollte nicht lange dauern, bis die Mittelmächte sowohl militärisch als auch politisch am Ende waren. Im August machte Kaiser Wilhelm II. ein Waffenstillstandsangebot – in der Absicht, Zeit zu gewinnen und seine Truppen neu formieren zu können. Die Alliierten lehnten klarerweise ab – ihr Ziel war die bedingungslose Kapitulation der Mittelmächte. Am 14. September durchbrachen die Alliierten die bulgarische Front im Abschnitt Makedonien, sodass Bulgarien einen Waffenstillstand schloss.
Die Niederlage Bulgariens entzog Deutschland die Erdölreserven, die für die Weiterführung des Krieges unerlässlich gewesen wären. Das deutsche Oberkommando erkannte, dass die Vorräte nur noch für etwa eine Woche reichten. Ludendorff sah ein, dass ein Sieg nun unmöglich war und dass es – auch um die innere Ordnung nicht zu gefährden – unerlässlich war, den Krieg zu beenden; so riet er schließlich dem Kaiser, ein neues Kabinett zu bilden, das dem Reichstag verantwortlich sein sollte, und unverzüglich Friedensverhandlungen anzustreben.
Ludendorff versuchte auf diese Weise, von der militärischen Niederlage abzulenken, indem er jenen Mythos zu stricken begann, der später als »Dolchstoßlegende« bekannt werden sollte; demzufolge sei es der sozialistische Umsturz gewesen, der das Land in den Ruin getrieben und die militärische Niederlage ausgelöst hätte. In Wirklichkeit war Deutschlands militärische Niederlage jedoch längst besiegelt gewesen – auch wenn der Untergang des Kaiserreiches dem unausweichlichen Triumph der Alliierten vorausgegangen war und eine Besetzung Deutschlands verhinderte. Als am 3. Oktober Fürst Max von Baden zum Kanzler einer Koalitionsregierung ernannt wurde, waren die alliierten Streitkräfte bereits dabei, eine entscheidende Bresche in die deutschen Verteidigungslinien zu schlagen.

TRIENT IST BEFREIT
Am 3. November 1918 zog eine Reiterschwadron aus Alessandria in Trient ein. Dies war der Höhepunkt der italienischen Offensive in Richtung Vittorio Veneto. Gleichzeitig landete eine Abteilung der Gebirgsjäger im Hafen von Triest. Am Tag darauf unterzeichnete Österreich-Ungarn den Waffenstillstandsvertrag.

KRIEGSARCHIVE: ANLEIHEN

Der Krieg stellte enorme Ansprüche an die jeweilige Volkswirtschaft, sodass alle beteiligten Länder Anleihen ausgaben, um Geld aufzutreiben. Nach dem Krieg griff man zu ähnlichen Maßnahmen in Form von Wiederaufbauanleihen. **1. FONCIÉRE** – Plakat für die Ausgabe von Kriegsanleihen, in diesem Fall in Ungarn. **2. SIEGESANLEIHEN** – Wer in solche Anleihen investiert, der unterstützt den Kampf für den freien Handel – das sollte dieses amerikanische Plakat ausdrücken. **3. WEIHNACHTEN IM FELD** – In Deutschland gab es eine Sammelaktion, die es ermöglichen sollte, zu Weihnachten 1917 Geschenke an die Front zu schicken. **4. WOHLTÄTIGKEITSCHOR** – Dieser Frauenchor in New York unterstützte die »Amerikanischen Anleihen für die Freiheit«. **5. 6. DAS SCHICKSAL ITALIENS** – Zwei Werbeplakate für italienische Kriegsanleihen: Im ersten Fall wird auf den Eintritt Italiens in eine internationale Front hingewiesen; das zweite Plakat spricht das Gewissen der Landsleute an.

DIE HINDENBURG-LINIE
Kanadische Truppen vor dem entscheidenden Angriff auf die Hindenburglinie.

REVOLTE IN KIEL
Die Kieler Matrosen waren es, die die Novemberrevolte in Deutschland auslösten.

COLT 1911
Magazintasche für einen Colt 1911, mit dem die amerikanischen Offiziere ausgerüstet waren.

DAS ENDE DER HABSBURGER

Im Nahen Osten war es General Allenby, der den entscheidenden Schritt zum Sieg über die türkisch-deutschen Streitkräfte unternahm – in einer Offensive, die als strategische Meisterleistung gilt. Am 19. September begannen die englischen Truppen mit heftigem Artilleriefeuer, während zwei Infanteriekorps den Weg für die Kavallerie öffneten. Diese verfolgte, von Panzerwagen unterstützt, die zurückweichenden türkischen Truppen. Allenby marschierte schließlich auf Damaskus und Beirut, die am 1. bzw. 2. Oktober eingenommen wurden. An der Seite der Engländer kämpften die arabischen Truppen, die von T. E. Lawrence vereint wurden. Am 30. Oktober ergab sich schließlich die türkische Tigris-Armee.

An der italienischen Front wartete General Diaz bis zum 24. Oktober, ehe er – genau ein Jahr nach der verheerenden Niederlage von Karfreit – seine Offensive startete. Nach erbitterten Gefechten am Monte Grappa und an der Piave erlitten die österreichischen Truppen eine schwere Niederlage, in deren Folge die Italiener Venetien besetzen konnten. Während sich in den österreichischen Marinestützpunkten von Triest bis Pola Soldatenräte bildeten, erreichten die italienischen Einheiten am 3. November Trient und auch Triest. Tags darauf waren die Kämpfe zwischen Österreich und Italien zu Ende. Am 11. November dankte Kaiser Karl I. ab, der 1916 Franz Joseph auf den Thron gefolgt war. Er verzichtete damit auf die Herrschaft über ein großes Vielvölkerreich, das jedoch schon nicht mehr bestand. Bereits während der letzten Kriegsmonate hatten sich die unterdrückten Völker gegen die Monarchie erhoben, während die politischen Vertreter der Kroaten, Slowenen, Slowaken, Tschechen und Ungarn ihre Kontakte mit den Entente-Mächten verstärkten. Sie wollten ihre Ansprüche und das Recht auf Selbstbestimmung einfordern.

DER LETZTE AKT

In Deutschland forderte Reichskanzler Max von Baden Kaiser Wilhelm II. auf, abzudanken, um den angesichts

PROTAGONISTEN

FRANCESCO BARACCA

Geboren 1888 in Lugo di Romagna, studierte er an der Militärschule in Modena, die er als Leutnant der Kavallerie verließ. Bald jedoch wandte er sich der Fliegerei zu, deren Möglichkeiten er früh erkannte. 1915 wurde er beauftragt, die Verteidigung gegen die österreichische Luftwaffe zu organisieren. Auch auf der Gegenseite wurden die akrobatischen Leistungen bewundert, die Baracca mit seiner Nieuport, welche ein auf den Hinterbeinen stehendes Pferd zierte, zu Wege brachte. Während des Rückzugs bei Karfreit zeichneten sich Baracca und seine Staffel durch ihre besonders waghalsigen Einsätze aus, mit denen die eigene Infanterie gedeckt und der Feind im Tiefflug mit dem Maschinengewehr beschossen wurde. Sein letztes feindliches Flugzeug, das 34., schoss er am 15. Juni 1918 in der Schlacht an der Piave ab. Vier Tage später, bei einem Einsatz am Montello, wurde Baracca in der Luft von zwei feindlichen Gewehrkugeln getroffen: die eine drang in den Tank ein, die andere traf ihn am Kopf und verwundete ihn tödlich.

SCHLACHTEN

VITTORIO VENETO

Die Schlacht von Vittorio Veneto beschloss den Krieg zwischen Österreich und Italien und trug durch ihren Ausgang wesentlich zum Erfolg der Entente-Mächte bei. Unmittelbar nach dem Zusammenbruch der Bulgarienfront Mitte September 1918 sah General Diaz den Augenblick für eine entscheidende Offensive gekommen. Die österreichische Armee hatte bei ihrem missglückten Versuch im Juni, die Piave zu überqueren, große Verluste erlitten. Die Entwicklung an der Westfront, wo die Deutschen sich auf dem Rückzug befanden, machte Österreichs Situation noch schwieriger.
Es dauerte Monate, bis die Alliierten und die italienische Regierung General Diaz überzeugt hatten, in die Offensive zu gehen – doch der Oberbefehlshaber der italienischen Armee wollte sicher gehen, dass seine Truppen sowohl von ihrer Stärke als auch der Bewaffnung her im Stande waren, ihre Aufgabe zu erfüllen. Im Herbst konnte Italien insgesamt 57 Divisionen aufbieten (51 italienische und sechs alliierte), die über 7700 Geschütze und 1745 Minenwerfer verfügten. Die österreichischen Streitkräfte waren in etwa gleich stark. Heftiger Regen verzögerte die italienische Offensive, die schließlich am 24. Oktober begann. Zu diesem Zeitpunkt war genau ein Jahr seit der verheerenden Niederlage der italienischen Truppen bei Karfreit vergangen. Der Operationsplan sah zunächst einen Scheinangriff auf der Hochebene von Assiago sowie südlich des Montello vor, durch den die feindlichen Armeen, die Venetien und das Trentino besetzten, gespalten werden sollten. Die ersten beiden Tage der Offensive wurden vor allem durch den ständigen Regen und das Hochwasser der Piave erschwert. Einige der Brücken, die die Italiener errichtet hatten, wurden weggerissen. In der Nacht vom 24. auf den 25. Oktober waren die italienischen Brückenköpfe am Westufer ernstlich bedroht, doch am 25. erfolgte dann der Vorstoß der italienischen Truppen in sechs verschiedenen Richtungen. Die österreichisch-ungarischen Streitkräfte hielten dem ersten Ansturm stand, bekamen dann aber den Befehl, sich an die Landesgrenzen zurückzuziehen. Der Eisenbahnknoten Vittorio Veneto, eines der großen Ziele der italienischen Offensive, wurde am 29. Oktober eingenommen. Die Italiener folgten den auf dem Rückzug befindlichen k. u. k. Truppen und erreichten wenig später, am 3. November, Trient und auch Triest. Noch am selben Tag wurde in Padua der Waffenstillstandsvertrag zwischen Österreich-Ungarn und Italien unterzeichnet; mit 4. November, 15 Uhr, war damit der Krieg zwischen den beiden Ländern offiziell beendet.

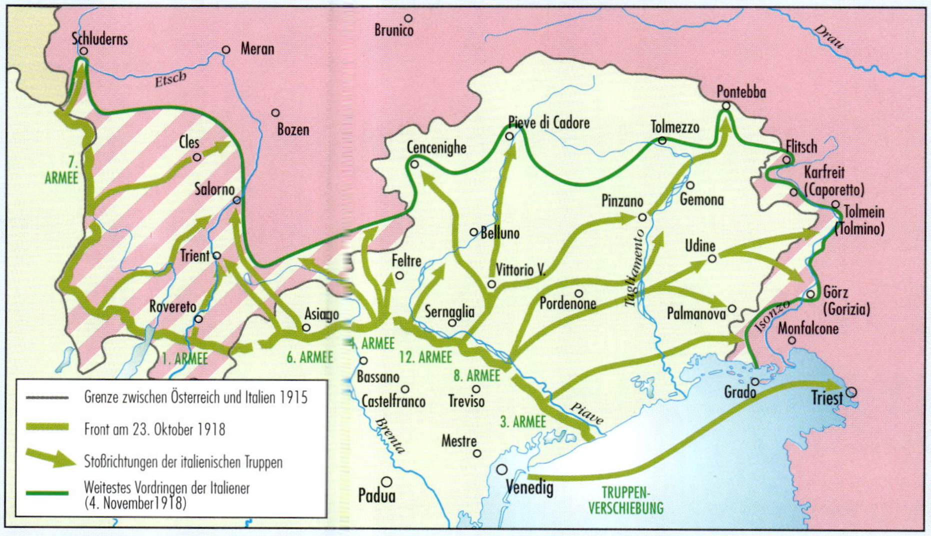

Oben: Titelbild der Zeitung La Ghirba, *einer der Schützengrabenzeitungen, die an der italienischen Front entstanden. Darunter: Ehrenmedaille für die Soldaten der italienischen 4. Armee. Links: General Diaz zusammen mit einem der Kommandeure der englischen Truppen an der Piave.*

EINE VERLORENE GENERATION
Als der Krieg zu Ende war, wurde eine erschütternde Opferbilanz gezogen. Neben den fast neun Millionen Toten, die insgesamt zu beklagen waren, macht auch die riesige Heerschar an Verwundeten, Verstümmelten und Kriegsgefangenen das enorme Ausmaß der Katastrophe deutlich.

ENTENTE	Soldaten insgesamt	Verluste insgesamt	Verluste
Belgien	267.000	13.716	93.061
Großbritannien	8.904.467	908.371	3.190.235
Frankreich	8.410.000	1.357.800	6.160.800
Griechenland	230.000	5.000	27.000
Italien	5.615.000	650.000	2.197.000
Japan	800.000	300	1.210
Montenegro	50.000	3.000	20.000
Portugal	100.000	7.222	33.291
Rumänien	750.000	335.706	535.706
Russland	12.000.000	1.700.000	9.150.000
Serbien	707.343	45.000	331.106
USA	4.355.000	116.516	323.018
TOTAL	*42.188.810*	*5.142.631*	*22.064.427*

MITTELMÄCHTE	Soldaten insgesamt	Verluste insgesamt	Verluste
Österreich-Ungarn	7.800.000	1.200.000	7.020.000
Bulgarien	1.200.000	87.500	266.919
Deutschland	11.000.000	1.733.700	7.142.558
Türkei	2.850.000	325.000	975.000
TOTAL	*22.850.000*	*3.386.200*	*15.404.477*

der Unruhen drohenden revolutionären Zusammenbruch zu verhindern. Doch der Kaiser weigerte sich, und es kam zu Aufständen, die sich bereits seit einiger Zeit angekündigt hatten. Schon im Januar 1917 waren in Berlin, Bremen, Essen und Hamburg Streiks mit aller Härte niedergeschlagen worden. Es kam nun Ende Oktober 1918 zur Meuterei von Matrosen der deutschen Hochseeflotte in Wilhelmshaven, die sich rasch zu einer regelrechten Revolte entwickelte. Anfang November hissten die Matrosen von Kiel die rote Fahne, und wenig später schloss sich ihnen der Rest der Flotte an. Die revolutionäre Bewegung dehnte sich weiter aus, und bald waren Bremen, Hamburg und Lübeck in der Hand der Matrosen und Arbeiter. Am 7. November wurde die Republik Bayern ausgerufen, und tags darauf flammte auch in Köln, Düsseldorf, Koblenz und Mainz die Revolution auf. Der *Spartakusbund,* der schon 1916 von Rosa Luxemburg und Karl Liebknecht gegründet worden war, drängte nun darauf, eine proletarische Revolution zu verwirklichen.

Der Kaiser verzichtete schließlich am 9. November auf den Thron – die Dynastie der Hohenzollern musste sich somit von der Herrschaft über Deutschland verabschieden, und so wurde noch am selben Tag die Republik ausgerufen. Am 11. November unterzeichnete die neue Regierung unter dem Sozialdemokraten Friedrich Ebert den Waffenstillstandsvertrag mit den Alliierten. Nach 51 Monaten war der Krieg zu Ende.

Wie viele Menschen im Krieg ums Leben gekommen waren, sollte sich auch später nicht mit Sicherheit feststellen lassen. Man schätzt jedoch, dass rund neun Millionen Soldaten auf den Schlachtfeldern gefallen sind. Über sechs Millionen wurden im Krieg verstümmelt. Man rechnet, dass im Großteil der beteiligten Länder jede Familie zumindest einen Angehörigen oder Freund verloren hat.

Der Große Krieg war zu Ende – doch es erwuchsen rasch neue gravierende Probleme im politischen, gesellschaftlichen und wirtschaftlichen Leben der einzelnen Staaten, die für Europa und die Welt schwerwiegende Folgen haben sollten. Das erste Problem, vor dem man stand, war jedoch, einen gerechten Frieden zu schließen.

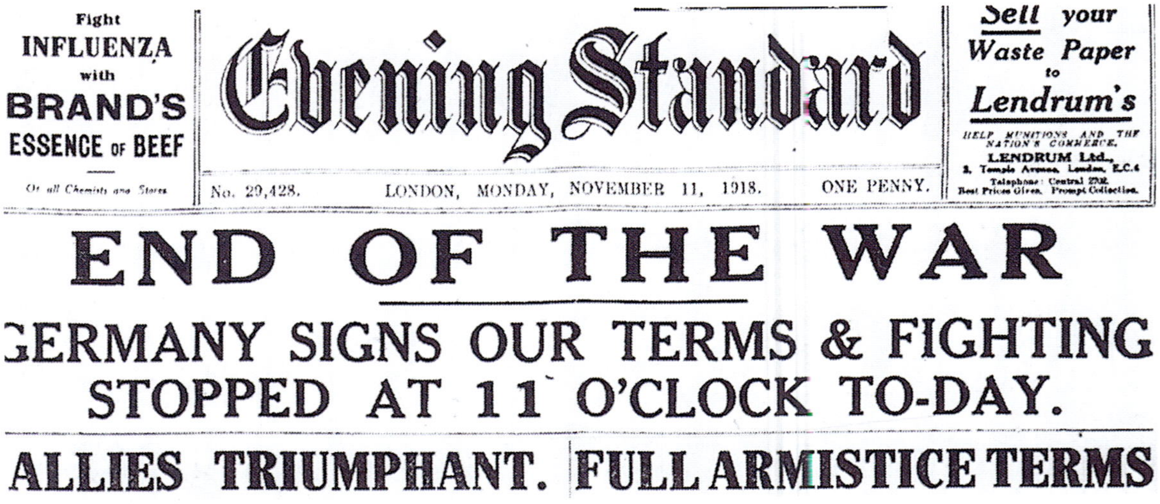
Fight INFLUENZA with BRAND'S ESSENCE OF BEEF

Of all Chemists and Stores

Evening Standard

No. 29,428. LONDON, MONDAY, NOVEMBER 11, 1918. ONE PENNY.

Sell your Waste Paper to Lendrum's

HELP MUNITIONS AND THE NATION'S COMMERCE.

LENDRUM Ltd.

END OF THE WAR

GERMANY SIGNS OUR TERMS & FIGHTING STOPPED AT 11 O'CLOCK TO-DAY.

ALLIES TRIUMPHANT. FULL ARMISTICE TERMS

DER KRIEG IST ZU ENDE
Am 11. November 1918 verkündete die Londoner Tageszeitung Evening Standard *das Ende der Kampfhandlungen. Der Waffenstillstand wurde um 5.05 Uhr in einem Eisenbahnwagen in Rethondes, im Wald von Compiègne, unterzeichnet und trat um 11 Uhr in Kraft.*

REVOLUTION!
Als am 28. Oktober der Befehl zum Auslaufen kam, widersetzten sich die Matrosen von Kiel: Dies war der Beginn der Revolution, die den Kaiser schließlich am 9. November zum Abdanken zwang.

KAPITULATION!
Deutsche Kriegsgefangene verlassen die Front. Der Widerstand der Mittelmächte ist gebrochen.

DER SCHIFFSFRIEDHOF VON SCAPA FLOW

In der Meeresbucht von Scapa Flow zwischen der südlichen Orkney-Insel, nördlich des schottischen Festlandes: Aufgrund ihrer strategischen Lage war diese Bucht in einem entlegenen Winkel Europas sowohl im Ersten als auch im Zweiten Weltkrieg eine Basis der *Royal Navy*. Heute beherbergt diese Bucht ein faszinierendes Unterwassermuseum. Darin finden sich neben vielen anderen Erinnerungsstücken auch die Wracks einiger der schönsten und eindrucksvollsten deutschen Schiffe aus dem Ersten Weltkrieg. Dies ist alles, was von der deutschen Kriegsmarine noch übrig ist, die die Seeherrschaft der britischen *Grand Fleet* auf eine harte Probe stellte.

Nach der Schlacht am Skagerrak lag die deutsche Hochseeflotte bekanntlich lange Zeit untätig in den Heimathäfen der Ostsee vor Anker. Als die Deutschen unter Zusicherung des Waffenstillstands einwilligten, die Flotte an die Sieger auszuliefern, wurden die Schiffe nach Scapa Flow gebracht. Es handelte sich um neun Schlachtschiffe, fünf schwere Kreuzer, acht leichte Kreuzer und 50 Zerstörer, die von den deutschen Besatzungen, von Engländern bewacht, überführt wurden.

Am 21. Juni 1919, als der Waffenstillstand zwischen Deutschland und den Siegermächten ablief, erhielt der Führer des Verbandes, Konteradmiral Ludwig von Reuter, keine Nachricht aus Berlin – und so fürchtete er, dass Deutschland sich wieder im Krieg befände und dass die Engländer sich der deutschen Flotte bemächtigen könnten. Er konnte nicht wissen, dass es sich lediglich um ein Problem der Nachrichtenübermittlung handelte und dass der Waffenstillstand verlängert worden war, um den Abschluss der Verhandlungen in Versailles zu ermöglichen.

Und so gab Reuter seinen Leuten die Anordnung, die eigenen Schiffe zu versenken. Neun deutsche Matrosen starben bei dieser Aktion; sie waren die letzten Opfer dieses Krieges. Unter den versenkten Schiffen befanden sich die leichten Kreuzer *Dresden, Brummer* und *Köln*, der schwere Kreuzer *Karlsruhe* und auch die Schlachtschiffe *Kronprinz Wilhelm, König* und *Markgraf*, die Königinnen der Hochseeflotte, die nun für immer auf dem Grund der Bucht von Scapa Flow ruhen sollten, um von Tauchern aus aller Welt bestaunt zu werden.

Einige Bilder von der deutschen Flotte, die sich in der Bucht von Scapa Flow selbst versenkte. Links: die Baden. *Oben, von links nach rechts: Deutsche Matrosen, die von englischen Schiffen mit Rettungsbooten geborgen werden; die Selbstversenkung der* Seydlitz.

BIRRA
PUNTIGAM
ITALIA O MORTE
ITALIA O MORTE
VIVA
GABRIELE D'ANNUNZIO
CHI FIUME FERISCE
DI FIUME PERISCE.
LIFEBUOY
SOAP
ROYAL
DISINFECTANT

Der Friede, der keiner war

Als die Schrecken des Krieges vorüber waren, hegten die einzelnen Völker recht unterschiedliche Erwartungen und Hoffnungen, was ihre Zukunft betraf. Alle hatten sie jedoch den Wunsch, einen Weg einzuschlagen, der einen solchen Krieg nicht mehr zulassen würde. Dass man aber den unterlegenen Nationen die alleinige Schuld am Großen Krieg zuschrieb, sollte keine günstigen Bedingungen für einen dauerhaften Frieden schaffen.

Am 8. Januar 1918 veröffentlichte der amerikanische Präsident Woodrow Wilson sein *14-Punkte-Programm,* in dem die Position der USA zum Weltkrieg dargelegt war und das eine Basis für die nachfolgenden Friedensverhandlungen bildete. Grundlage dieses Programms waren das Recht der Völker auf Selbstbestimmung sowie die Gewährleistung eines freien Handels zwischen allen Ländern, ohne jegliche Schutzzölle. Wilsons Programm war zwar durchaus auf das Wohl der gesamten Staatengemeinschaft ausgerichtet, es drückten sich jedoch darin gewiss auch die Interessen der Wirtschaftsmacht USA aus, die von einem uneingeschränkten Handel nur profitieren konnte.

FEIER
(vorhergehende Seite): Der Krieg ist zu Ende, und die Pariser feiern zusammen mit den Soldaten auf den Straßen.

EIN HISTORISCHES EREIGNIS
Alliierte Soldaten und Offiziere verfolgen neugierig die Ankunft der verschiedenen Delegationen, die zur Friedenskonferenz in Versailles kommen. Die Zeitung Le Petit Journal *widmete dem Ereignis am 25. Mai 1919 die Titelseite (rechts).*

DIE FRIEDENSVERHANDLUNGEN

Die Friedenskonferenz begann am 18. Januar 1919 im Spiegelsaal des Schlosses von Versailles in Paris. Am Tisch saßen jedoch nur die Vertreter der Sieger; die unterlegenen Nationen waren nicht zugelassen – sie mussten die fünf Verträge so unterschreiben, wie man sie ihnen vorsetzte. Der Friede wurde also von den Siegern diktiert. Es waren 27 Länder, die an den Verhandlungen beteiligt waren – doch die wesentlichen Beschlüsse wurden von den »Großen Vier« gefasst, nämlich Wilson, Clemenceau, Lloyd George und Orlando.

Am 28. Juni 1919 wurde zwischen den Alliierten und Deutschland der Frieden von Versailles geschlossen. Deutschland musste Elsass und Lothringen an Frankreich zurückgeben, es musste weiters Posen, Westpreußen und Oberschlesien an Polen abtreten und darüber hinaus auf seine Kolonien verzichten. Danzig wurde zur freien Stadt erklärt und das Saargebiet für 15 Jahre unter die Verwaltung des Völkerbundes gestellt. Deutschland musste die Alleinschuld am Krieg auf sich nehmen und wurde aus diesem Grund zu hohen Reparationsleistungen verpflichtet. Außerdem musste Deutschland fast sein gesamtes Kriegsmaterial abliefern, den Großen Generalstab auflösen und sich auf ein Berufsheer von höchstens 100.000 Mann beschränken, das über keine Panzer, Luftwaffe oder schwere Artillerie verfügen durfte.

Am 10. September 1919 unterzeichnete schließlich Österreich den Friedensvertrag von St. Germain. Aus den Ruinen der österreichisch-ungarischen Monarchie ging nicht nur die Republik Österreich hervor, sondern auch die Republik Tschechoslowakei sowie ein Königreich, welches neben Serbien und Montenegro auch jene slawischen Länder umfasste, die vorher zur Monarchie gehört hatten. Österreich musste das Trentino, Südtirol, Görz, Triest und Istrien an Italien abtreten. Offen blieb hingegen noch die Zukunft Dalmatiens, das nach dem Lon-

VERHANDLUNGSTISCH DER SIEGER
28. Juni 1919: Die deutschen Delegierten Johannes Bell und Hermann Müller unterzeichnen den Vertrag von Versailles in Anwesenheit der Vertreter der Siegermächte. Die Szene ist hier auf einem Ausschnitt eines Bildes von Sir William Orpen dargestellt.

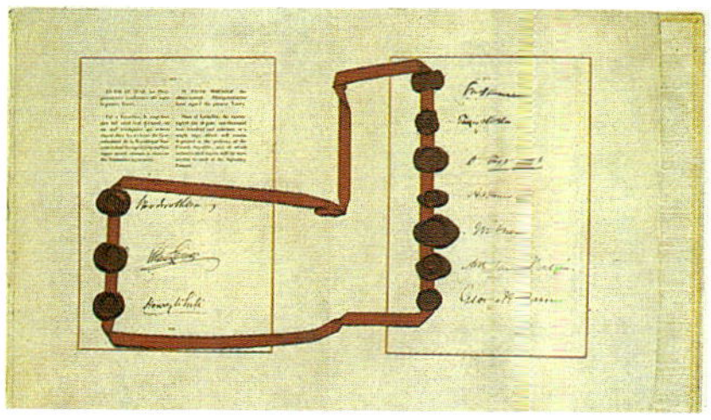

VITTORIO EMANUELE ORLANDO
Die italienische Delegation wurde von Ministerpräsident Vittorio Emanuele Orlando angeführt – hier mit französischen Soldaten.

UNTERSCHRIFTEN OHNE WERT
Die Unterschriften der amerikanischen Delegierten unter dem Vertrag von Versailles sollten sich als wertlos herausstellen: Der amerikanische Kongress weigerte sich, den Vertrag zu ratifizieren.

doner Vertrag zu Italien hätte kommen sollen, das aber nun von Jugoslawien gefordert wurde.

Am 27. November 1919 unterzeichnete Bulgarien den Friedensvertrag von Neuilly, in dem das Land gezwungen wurde, Gebiete an Rumänien, Jugoslawien und Griechenland abzutreten. Am 4. Juni 1920 wurde im Friedensvertrag von Trianon die Zukunft Ungarns geregelt, wo die Alliierten mit Hilfe der tschechischen und rumänischen Armee die bolschewikische Räteregierung unter Béla Kun niedergeworfen hatten, die dieser nach dem Zerfall der Doppelmonarchie gebildet hatte.

Schließlich wurde am 10. August 1920 der Friedensvertrag von Sèvres mit der Türkei unterzeichnet, der den Untergang des Osmanischen Reiches besiegelte. Als neue Staaten gingen daraus Syrien, Palästina, Transjordanien und Mesopotamien hervor, mit deren Verwaltung Frankreich bzw. Großbritannien betraut wurden. Die Türkei verlor außerdem Thrakien und die ägäischen Inseln an Griechenland, während Türkisch-Armenien zum selbstständigen Staat wurde.

WILSONS PLAN SCHEITERT

Während der Friedensverhandlungen erreichte Präsident Wilson, dass die Satzung des Völkerbundes von der Vollversammlung der Versailler Friedenskonferenz angenommen wurde. Mit dem Völkerbund wollte man eine Organisation schaffen, die die Beziehungen zwischen den Nationen auf eine völlig neue Grundlage stellen sollten, damit in der Zukuft stets eine friedliche Beilegung von zwischenstaatlichen Konflikten gewährleistet wäre. Doch so eindrucksvoll die Grundsätze des neuen Instruments auch waren – die politische Wirklichkeit sowie der Geist des Diktatfriedens von Versailles waren nicht damit im Einklang, sodass seine Wirkung beschränkt blieb.

So waren die Möglichkeiten des neu geschaffenen Völkerbundes von An-

DER VÖLKERBUND

In der Konferenz von Paris, die am 18. Januar begann und an der nur die 27 Siegerstaaten teilnahmen, wurde die Karte Europas neu gezeichnet. Während des Krieges hatten die Alliierten immer wieder das Recht der Völker auf Selbstbestimmung betont. Wie die lange Liste der neu entstandenen Staaten zeigte, blieb man diesem Prinzip auch tatsächlich treu. Ein größeres Problem stellten jedoch die *Vierzehn Punkte* des amerikanischen Präsidenten Wilson dar, die einen dauerhaften Frieden sichern sollten. Besondere Bedeutung hatte dabei der Vorsatz, eine Organisation zu schaffen, mit deren Hilfe eventuelle Konflikte zwischen den Völkern gewaltfrei gelöst werden sollten. Zu diesem Zweck wurde der *Völkerbund* gegründet. Die neue Organisation musste jedoch schon kurz nach ihrer Gründung einen schweren Rückschlag hinnehmen, als der amerikanische Senat sich 1920 weigerte, den Vertrag von Versailles zu ratifizieren. Der Völkerbund, dessen Sitz sich in Genf befand, setzte sich im Wesentlichen aus der Generalversammlung und dem Völkerbundsrat zusammen, welcher aus vier ständigen (Frankreich, Großbritannien, Italien und Japan) und vier (später neun) nichtständigen Mitgliedern bestand, die für drei Jahre gewählt wurden.

Schon die Aufteilung des Osmanischen Reiches bzw. die Neuordnung des Nahen bzw. Mittleren Ostens machte deutlich, dass die neugeschaffene Organisation ihrer Aufgabe nicht gewachsen war. Die Region wurde in Mandatsgebiete unterteilt, mit deren Verwaltung die beiden wichtigsten europäischen Großmächte betraut wurden; so ging der Norden Syriens und der Libanon an Frankreich, während Großbritannien Mesopotamien, den Süden Syriens, Arabien und Palästina erhielt. Wichtigstes Kriterium für die Grenzziehung waren die Erdölinteressen der westlichen Mächte. Ein Problem bestand jedoch vor allem in Palästina – insbesondere nachdem der britische Außenminister Arthur James Balfour 1917 eine Erklärung abgegeben hatte, nach der in Palästina eine nationale Heimstätte der Juden errichtet werden könne.

In dieser und anderen Fragen gelang es dem Völkerbund nicht, eine wirkungsvolle Vermittlungstätigkeit aufzunehmen. Ein Nachteil war auch, dass die Organisation erst relativ spät die besiegten Länder in ihren Reihen aufnahm; so wurde etwa Deutschland erst 1926 aufgenommen, es schied jedoch nach Hitlers Machtübernahme 1933 wieder aus. Deutschlands Sitz im Rat fiel an die seit dem 30. Dezember 1922 bestehende Sowjetunion.

Ein Nachteil des Völkerbunds war auch, dass er über keine militärischen Mittel zur Umsetzung seiner Beschlüsse verfügte, sodass er in entscheidenden Situationen wirkungslos blieb. Dies zeigte sich u. a. auch in den Dreißigerjahren angesichts des aufkommenden Nationalsozialismus. Der Völkerbund wurde 1946 aufgelöst und durch die *Vereinten Nationen* ersetzt.

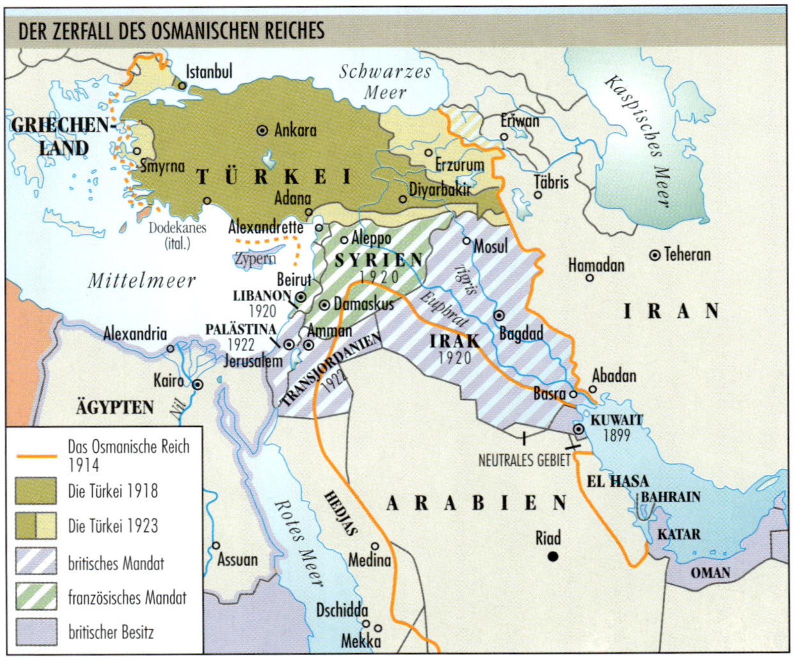

UM DIE FRÜCHTE DES SIEGES GEBRACHT
Vittorio Emanuele Orlando (auf dem Bild links als Zweiter von links im Gespräch mit Lloyd George, zusammen mit Clemenceau und Wilson) und die italienische Delegation verließen die Konferenz von Versailles, um gegen die Haltung der Alliierten bezüglich Fiume zu protestieren. Italien feierte ihn wie einen Sieger, was sich auch in dieser Titelseite des Domenica del Corriere *ausdrückte.*

fang an gering, da er über kein geeignetes Werkzeug zur Intervention verfügte. Und gerade die USA, die so sehr für die Schaffung des Völkerbundes eingetreten waren, verließen die Organisation schon bald wieder. Die amerikanische Öffentlichkeit sowie der Kongress weigerten sich mehrheitlich, Wilsons Linie einer aktiven Außen- und Friedenspolitik weiter zu verfolgen. Bei den Wahlen von 1920 wurde der Kandidat der Demokraten, der Wilsons Grundsätze vertrat, von dem Republikaner Warren Harding besiegt. Einmal mehr hatten sich jene isolationistischen Strömungen durchgesetzt, die gegen eine Einmischung der USA in europäische Angelegenheiten waren und die Interessen des Landes vor allem im pazifischen und südamerikanischen Raum sahen. Und so traten die USA wieder aus dem Völkerbund aus und gingen allein in die *Roaring Twenties*.

DIE ILLUSIONEN SCHWINDEN

Am Ende der Friedensverhandlungen sah so mancher seine Hoffnungen bitter enttäuscht. So hatte Italien auf die Umsetzung des Londoner Vertrages gepocht, an den sich der amerikanische Präsident jedoch nicht gebunden fühlte. Ministerpräsident Orlando und Außenminister Sonnino sahen sich mit Präsident Wilsons Anschuldigung konfrontiert, die Rechte anderer Völker zu verletzen – und auch Lloyd George und Clemenceau versagten den Italienern die Unterstützung.

Die tiefsten Meinungsverschiedenheiten traten in der Frage der Adriagebiete zu Tage; so forderte Italien Dalmatien sowie die Stadt Fiume, die sich 1918 selbst als italienisch erklärt hatte. Die italienischen Delegierten verließen die Konferenz – eine dramatische Geste, die für das Land schwerwiegende Folgen haben sollte; so teilten die anderen Nationen in Italiens Abwesenheit die ehemaligen deutschen Kolonien unter sich auf.

Das enttäuschende Ergebnis schürte den Nationalismus im Land, und so nahm eine Gruppe von Italienern, angeführt von dem Dichter Gabriele D'Annunzio im September 1919, die Stadt Fiume im Handstreich. Es breitete sich in Italien immer mehr das Gefühl aus, dass

PROTAGONISTEN

VITTORIO EMANUELE ORLANDO

Geboren 1860 in Palermo, dem Jahr, als Garibaldi siegreich in Neapel einzog. Vittorio Emanuele Orlando gehörte somit zur Generation von Politikern, die nach der italienischen Einheitsbewegung geboren wurden. Mit 22 Jahren wurde er Dozent für Verfassungsrecht und trat wenig später in die Politik ein. 1897 wurde er als liberaler Abgeordneter gewählt. In der Folge wurde er in den Regierungen von Giolitti, Salandra und Boselli nacheinander Minister für Justiz, Unterricht und Inneres. Nach der Niederlage von Karfreit wurde Orlando vom König anstelle Bosellis zum Ministerpräsidenten ernannt. 1919 legte er infolge einer Auseinandersetzung mit dem amerikanischen Präsidenten Wilson in Versailles das Amt nieder. 1931 zog er sich auch aus dem Universitätsbetrieb zurück,

um nicht den Faschisten den Eid leisten zu müssen. 1946 wurde er in die Verfassung gebende Versammlung gewählt. Orlando starb 1952 in Rom.

DER SPARTAKUS-AUFSTAND
Im Januar 1919 warfen deutsche Truppen (hier auf dem Alexanderplatz in Berlin) mit aller Härte den Aufstand des Spartakusbundes nieder. Die Anführer der Erhebung, Karl Liebknecht und Rosa Luxemburg, wurden von Rechtsradikalen ermordet.

man um die Früchte des militärischen Erfolges betrogen worden war.

EINE INSTABILE ORDNUNG

Die Selbstbestimmung der Völker war zwar eine zentrale Frage der Friedensverhandlungen – dennoch wurde sie da und dort auf nicht ganz eindeutige Weise gelöst. So fanden sich schließlich dreieinhalb Millionen Sudetendeutsche im tschechoslowakischen Staat wieder – ein Schicksal, das sie mit einer halben Million Ungarn teilten.

Den Kroaten und Slowenen wiederum gelang es mit viel Geschick, das Prinzip von Wilson für ihre Zwecke zu nutzen. Sie hatten zwar auf Seiten Österreichs gekämpft, doch nun stellten sie sich auf die Seite des siegreichen Serbien, um so jenes südslawische Reich zu gründen, das von manchen seit langem angestrebt worden war.

Alles in allem kann man sagen, dass das Problem der unterdrückten Völker, in deren Namen die Alliierten nicht zuletzt auch diesen Krieg geführt hatten, durch die Friedensverträge nicht wirklich gelöst wurde – ja, in mancher Hinsicht hatte man die Probleme eher vertieft als bereinigt.

Auch die Hoffnungen der Araber sollten sich nicht erfüllen. Das große arabische Reich blieb ein Traum – und so griff 1920 Emir Feisal erneut zu den Waffen, diesmal gegen die Entente-Mächte, die de facto die neuen Herrscher waren. Die Niederlage, die die Araber bei Maysalun gegen die englisch-französischen Truppen erlitten, zeigte deutlich, wem der Nahe Osten jetzt in Wirklichkeit gehörte.

Und schließlich blieb auch die deutsche Frage durch die Friedensbeschlüsse ungelöst. Aus den revolutionären Erhebungen in Kiel, München und Berlin (1918) sowie der Niederwerfung des *Spartakusaufstandes* unter Rosa Luxemburg und Karl Liebknecht im Januar 1919 war eine sozialdemokratisch regierte Republik hervorgegangen, die jedoch auf schwachen Beinen stand und überdies unter den erniedrigenden Friedensbedingungen litt. Doch die Alliierten konnten in ihrem Kampf gegen den Kommunismus auf Deutschland nicht verzichten. Die

DEN KRIEG FORTSETZEN?
Amerikanische Soldaten an Bord des Kreuzers Des Moines *in Richtung Archangelsk. 8500 alliierte Soldaten wurden nach Russland geschickt, um gegen die bolschewikische Regierung zu kämpfen. Die Erschöpfung nach dem gerade zu Ende gegangenen Krieg verhinderte jedoch, dass die Alliierten ihre Intervention in Russland zu Ende führten.*

D'ANNUNZIO IN FIUME

Die Stadt heißt heute Rijeka und gehört zur Republik Kroatien – doch als typische Grenzstadt stand der Adriahafen Fiume einst im Rampenlicht der Geschichte. Im Londoner Vertrag von 1915 wurde beschlossen, dass Fiume – obwohl mehrheitlich mit italienischer Bevölkerung – der einzige Hafen der Donaumonarchie bleiben sollte; damals hatte man noch die Absicht, Österreich-Ungarn zwar zu verkleinern, aber im Wesentlichen bestehen zu lassen. Nach dem Ende des Krieges führte der Zerfall der Monarchie und das Entstehen eines jugoslawischen Staates zu einer völlig neuen Situation. Jugoslawien forderte nun jene Gebiete, die im Londoner Vertrag Italien zugesprochen worden waren, während Italien seinerseits Anspruch auf Fiume stellte. Der wachsende Nationalismus in Italien bestärkte den Widerstand gegen die bestehenden Grenzen. Nachdem die italienische Delegation in ihrer Enttäuschung über die Haltung der Alliierten die Friedenskonferenz verlassen hatte, breitete sich im Land immer mehr das Gefühl aus, um die Früchte des Sieges betrogen worden zu sein. Diese Stimmung begünstigte jene Gruppe von glühenden Nationalisten, die der Ansicht waren, dass nun angesichts der ängstlichen Haltung der Regierung ein beherztes Vorgehen nötig sei. So kam es nicht unerwartet, dass am 12. September 1919 eine Gruppe ehemaliger Kämpfer im italienischen Befreiungskrieg sowie von Offizieren und Soldaten der Armee, angeführt von dem Dichter Gabriele D'Annunzio, in Fiume einmarschierte und die Stadt besetzte. Für die Regierung Nitti war das ein schwerer Schlag, zumal die Aktion von konservativen Kreisen der Armee und mächtigen Industriellen unterstützt wurde. Außerdem betrachteten auch Vertreter der revolutionären gewerkschaftlichen Arbeiterbewegung die Entwicklung in Fiume mit einiger Sympathie. Erst mit der Ablösung von Nitti und der neuen Regierung unter Giolitti konnte die Krise bewältigt werden. Im November 1920 wurde ein Übereinkommen mit Jugoslawien geschlossen, in dem Fiume zum Freistaat erklärt wurde. D'Annunzio und seine Leute weigerten sich zunächst, den Vertrag zu akzeptieren, sahen sich jedoch im Dezember gezwungen, der Gewalt zu weichen und die Stadt aufzugeben.

Oben: Giovanni Giolitti 1920. Darunter: Fiume während der italienischen Besetzung; eine nationalistische Demonstration in Rom. Links: Gabriele D'Annunzio in Legionärsuniform.

DIKTATFRIEDEN
Deutschland empfand die harten Friedensbedingungen, die die Allierten den Deutschen aufzwangen, als unzumutbar und erniedrigend. Diese Bedingungen bargen schon den Keim eines künftigen Revanchismus in sich. Nebenan: Ein Kriegsheimkehrer auf den Straßen Berlins, der von Almosen lebt. Rechts: Demonstration gegen den Friedensvertrag von Versailles 1919.

wirtschaftlichen und gesellschaftlichen Strukturen des Landes waren intakt, was einen späteren militärischen Revanchismus durchaus möglich machte.
Deutschland war zwar gezwungen, die Friedensbeschlüsse hinzunehmen, ohne sie jedoch wirklich zu akzeptieren. Während die westlichen Grenzen des Landes im Vertrag von Locarno vom 16. Oktober 1925 endgültig festgelegt wurden, blieb die Frage der Ostgrenze ebenso offen wie das Problem der deutschen Minderheiten, die außerhalb des Vaterlandes lebten.
Die neue politische Ordnung war also nicht in der Lage, politische Stabilität sowie ein friedliches Zusammenleben der Völker zu garantieren – im Gegenteil, die Situation war nun sogar noch explosiver als vor dem Krieg. Die folgenden Jahre waren geprägt durch einen verstärkten Nationalismus, wie er etwa in der Türkei unter Atatürk, in Polen unter Pilsudsky oder in Ungarn unter Horthy zu Tage trat. Und aus der Enttäuschung Italiens und der Erniedrigung Deutschlands erwuchsen zwei politische Systeme, die sich als besonders folgenschwere Irrwege herausstellen sollten – der Faschismus und der Nationalsozialismus.

DER LANGE SCHATTEN DES KRIEGES

Als der Krieg zu Ende ging, war die politische Situation in Europa bereits völlig auf den Kopf gestellt. Das zaristische Russland, die k. u. k. Monarchie und das deutsche Kaiserreich, die drei Säulen der mittel- bzw. osteuropäischen Ordnung, waren verschwunden. An ihre Stelle traten das sowjetische Russland, das alle Voraussetzungen einer Großmacht hatte, der nunmehr sehr kleine österreichische Staat und das von Unruhen geschüttelte Deutschland der Weimarer Republik. England zog sich nun wieder aus den europäischen Angelegenheiten zurück, während Frankreich sich zwar als Dreh- und Angelpunkt des europäischen Gleichgewichts betrachtete, aber so wie alle anderen Kriegsteilnehmer unter den Nachwirkungen des Krieges zu leiden hatte.
In ganz Europa waren die Auswirkungen des Krieges zu spüren. Zu den Männern, die auf den Schlachtfeldern

BESTÄTIGUNG DES TÜRKISCHEN STAATES
Im Frieden von Lausanne (1923) wurde die türkische Frage gelöst. Zwei Jahre lang hatten die Türken gegen die Besetzung durch Griechenland gekämpft, die dem Friedensvertrag von Sèvres (1920) gefolgt war, ehe Kemal Pascha das Land befreien konnte. In Lausanne wurde die Türkei in ihren heutigen Grenzen anerkannt.

AUFRUF AN DAS VOLK
Dieses sowjetische Plakat wirbt für die Alphabetisierungskampagne, die von der russischen Regierung gestartet wurde.

DIE NEUE WELT
Mit dieser Fotografie wurde 1926 für den Ford T »Roadster« geworben. Nach dem Krieg gingen die Vereinigten Staaten mit voller Kraft in die Roaring Twenties.

DIE SPANISCHE GRIPPE

So gewaltig die Opferbilanz des Ersten Weltkrieges auch ausfiel – sie sollte von einem anderen, nicht minder schrecklichen Ereignis noch übertroffen werden: In den Jahren 1918/19 wurde die Welt von einer furchtbaren Grippeepidemie heimgesucht, die innerhalb weniger Monate mehr Menschenleben forderte als der Krieg zuvor. Vergleichbare Pandemien hatte es in der Geschichte nur zweimal gegeben – einmal im 6. Jahrhundert, als rund hundert Millionen Menschen an der Pest starben, und später in den Jahren 1347-1350, als die europäische Bevölkerung in Massen dem »Schwarzen Tod« zum Opfer fiel.

Schätzungen zufolge starben 1918/19 weltweit rund 20 Millionen Menschen an der Grippe – möglicherweise noch mehr, da man aus Asien und Afrika keine genauen Zahlen kannte.
In nur vier Monaten wurde die Hälfte der Weltbevölkerung mit dem geheimnisvollen Virus angesteckt, dessen Herkunft ungeklärt blieb. Obwohl als *Spanische Grippe* bekannt, stammte die Krankheit nicht aus Spanien; sie soll vielmehr zum ersten Mal in Kansas, USA, aufgetreten sein – und zwar in einem überfüllten Armeelager, wo 1918 107 Patienten mit den Symptomen einer schweren Grippe registriert wurden. Der Virus breitete sich rasch im Lager aus, während die Überlebenden nach Europa geschickt wurden, wo sie für die Verbreitung des Virus sorgten.
So plötzlich der Virus aufgetreten war, so überraschend und restlos verschwand er auch wieder. Einige Wissenschaftler sind jedoch der Ansicht, dass der Virus möglicherweise irgendwo auf der Erde im Stillen überlebt hat und auf eine Gelegenheit wartet, um wieder aktiv zu werden. Erst vor einigen Jahren hat man die Möglichkeit erhalten, die *Spanische Grippe* näher zu studieren, als in Norwegen die in der Kälte konservierten Leichen von sieben Opfern der Grippe gefunden wurden. Möglicherweise ist die molekulare Struktur des Virus in diesen Bedingungen so weit erhalten geblieben, dass sie nun endlich genau analysiert und erfasst werden kann.

Links: Zu den unzulänglichen Mitteln, die Ausbreitung der Grippe zu bekämpfen, zählte das Versprühen von Desinfektionsmitteln, in diesem Fall in den Straßen Londons. Mitte: Werbung für eine Seife zur Zeit des Krieges.

DIE JÜDISCHE FRAGE
Am 2. November 1917 sorgte eine Erklärung des britischen Außenministers Balfour (nebenan) für eine Stärkung der zionistischen Bewegung. Im Laufe des Krieges gründete Zeev Jabotinsky eine jüdische Abteilung innerhalb der britischen Armee (rechts). Damals begann das Problem zwischen Juden und Arabern in Palästina.

gefallen waren, kamen nun die zahlreichen Opfer von Epidemien, die sich aufgrund der mangelnden Ernährung und Hygiene rasch ausbreiten konnten. 1918 und 1919 starben in Europa nicht weniger als sechs Millionen Menschen an einer furchtbaren Grippeepidemie, der so genannten *Spanischen Grippe*. Aber auch Tuberkulose, Typhus und Cholera waren vor allem in Mitteleuropa weit verbreitet.
Die Kriegsjahre hatten sowohl für Sieger als auch Besiegte schwerwiegende Folgen. Vier Jahre lang war der europäische Handel außer Kraft gesetzt, fruchtbares Land war zerstört worden und blieb für lange Zeit ungenutzt. Die Industrie war zwar mächtig angewachsen, jedoch fast ausschließlich zur Erzeugung von Kriegsgerät, das in Zeiten des Friedens unbrauchbar war. Die Industrie litt jedoch ebenfalls unter den Zerstörungen des Krieges oder unter dem Mangel an Rohstoffen. Fünf lange Jahre waren die Alliierten auf Importe angewiesen – und nach dem Krieg änderte sich daran nichts: So gut wie alle Länder waren von Importen abhängig, was schließlich zu einem Ansteigen der Preise und einer wachsenden Inflation führte, die Ersparnisse und Löhne auffraß.

DIE NEUE WELT

Mitte des 19. Jahrhunderts war das alte Europa das Zentrum der Welt gewesen. Andere Länder – von Amerika bis zum Fernen Osten – dienten Europa entweder als Absatzmarkt oder als Rohstofflieferant. In den Zwanzigerjahren des 20. Jahrhunderts war Europa ein völlig verarmter Kontinent. Die wirtschaftlichen Zentren der Welt lagen längst anderswo.
Japan lieferte an China, Indien und Indochina jene Güter, die Europa nicht mehr zu liefern im Stande war. Russland entwickelte sich währenddessen ebenfalls zu einer großen Wirtschaftsmacht. Und in Lateiname-

VOM KRIEG GEZEICHNET
Zu den Opfern des Krieges gehören nicht nur die rund neun Millionen Toten, sondern auch die Hunderttausenden Soldaten, die verstümmelt in die Heimat zurückkehrten. An diesen Menschen, die häufig Frontkämpferverbände gründeten, war auch im Frieden noch die Grausamkeit des Krieges ersichtlich.

DENKMÄLER FÜR DIE GEFALLENEN

In vielen Ländern wird noch heute der Soldaten gedacht, die – oft als ganz junge Männer – im Ersten Weltkrieg gefallen sind. Zu diesem Zweck wurden Gedenktage eingerichtet, wie etwa der *Waffenstillstandstag* in Frankreich, *ANZAC Day* in Australien, *Remembrance Sunday* in Großbritannien und der *Memorial Day* in den USA. In Italien wird der Gefallenen am 4. November, dem Jahrestag des Sieges, gedacht. An diesen Tagen werden vor allem von Seiten der Verbände ehemaliger Soldaten an den Denkmälern Blumen niedergelegt, um die Erinnerung an die Gefallenen wach zu halten.

In Frankreich wurden nach dem Krieg über 35.000 solcher Denkmäler errichtet – ein besonders imposantes an dem Platz, wo einst eine der blutigsten Schlachten des gesamten Krieges stattgefunden hatte: in Verdun. In Italien wurden viele solcher Denkmäler insbesondere in der Ära des Faschismus errichtet – und zwar in den Städten genauso wie in kleinen Dörfern. Der Faschismus sah sich als Behüter der Erinnerung, sodass die Inschriften auf solchen Monumenten aus Marmor oder Bronze nicht selten von der typisch faschistischen Rhetorik geprägt waren. Vor allem in den Jahren zwischen 1925 und 1928 wurden einige sehr bekannte Denkmäler dieser Art errichtet; hier ist vor allem das Monument von Redipuglia zu nennen, wo der Friedhof »der Unbesiegbaren« der 3. Armee aus dem Jahr 1923 erweitert und die imposante Treppe der Hunderttausend geschaffen wurde, deren Einweihung 1938 erfolgte. Auf all den vielen großen und kleinen Denkmälern, die in jener Zeit in Italien errichtet wurden, sind die Namen der Gefallenen für gewöhnlich in hierarchischer Ordnung angegeben – vom obersten Offizier bis hinunter zum kleinsten Soldaten, sodass auch im Tod keine Gleichheit herrscht. In den Inschriften wird vor allem der Patriotismus und das Heldentum der Soldaten betont, während das Leid, das durch ihren Tod hervorgerufen wurde, kaum Erwähnung findet. Die hoch aufgerichteten Statuen der Denkmäler drücken vor allem Stolz über die Taten der Soldaten aus und lassen wenig Platz für Trauer über deren viel zu frühen Tod.

Auf den französischen Denkmälern zu Ehren der Gefallenen sind diese patriotischen Töne allerdings weniger stark ausgeprägt. Hier ließ der weniger autoritäre Staat auch andere, pazifistischere Tendenzen zu, wie sie im Italien des Faschismus undenkbar gewesen wären. Gerade dadurch, dass die Gefallenen nicht ausnahmslos zu Helden stilisiert werden, sind solche Denkmäler oft viel berührender und lösen beim Betrachter auch heute noch eine Wirkung aus. Und so findet man durchaus auch Denkmäler, in deren Inschriften der Krieg auf das Schärfste verurteilt und als eine Geißel angeprangert wird, die nichts als Tod und Verzweiflung über die Menschen bringt.

Oben: Blumen auf dem Grab des unbekannten Soldaten, in diesem Fall in den Zwanzigerjahren in Paris. Links: Eines der vielen Monumente, die in den Dreißigerjahren in Italien zu Ehren der Gefallenen errichtet wurden. Mitte links: ein englischer Soldatenfriedhof.

NEUE FRAUEN
Auf diesem französischen Plakat aus dem Jahr 1925 wird das Wahlrecht für Frauen gefordert. Als der Krieg zu Ende war, versuchte man, die Frauen in ihre traditionelle Rolle als Hausfrau zurückzudrängen – doch einige grundlegende Änderungen blieben dennoch nicht aus: So erlangten in England die Frauen 1918 das Wahlrecht, auf das die französischen Frauen bis 1945 warten mussten.

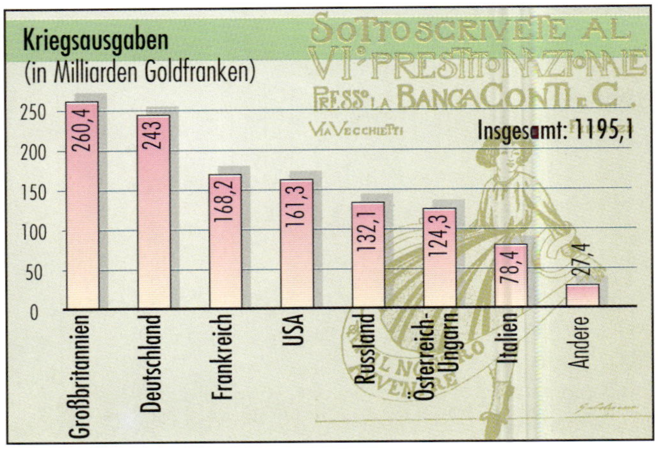

rika hatte sich die Aufmerksamkeit schon während des Krieges von Europa auf die USA verlagert; so war es nur logisch, dass sich die Investitionen der USA in Lateinamerika nach dem Krieg deutlich erhöhten. Die Vereinigten Staaten, die über fast die Hälfte der weltweiten Goldreserven verfügten, waren nun endgültig zur führenden Wirtschafts- und Finanzmacht aufgestiegen.

Auch in politischer Hinsicht war Europas Vormachtstellung nicht mehr unumstritten. Ab 1919 begann das englische Dominion Indien Widerstand zu leisten, und auch im französischen Indochina kam es zu Unruhen. Währenddessen griff im Nahen Osten unter Türken und Arabern ein immer stärkerer Nationalismus um sich. Überall in den Kolonialreichen machten sich erste Anzeichen von Unabhängigkeitsbewegungen bemerkbar. Auslösende Faktoren für diese Entwicklung waren vor allem die Teilnahme vieler Einwohner der Kolonien am Krieg, weiters das Ideal von der Selbstbestimmung der Völker, die Versprechen, die den Kolonien von Seiten der Sieger gemacht, aber nicht eingehalten wurden, und nicht zuletzt auch die Botschaft, die von der *Oktoberrevolution* ausging. Die bolschewikische Revolution übte jedoch vor allem auf das Proletariat der westlichen Welt eine große Faszination aus, wo die wirtschaftliche Krise sich zunehmend auch auf die Politik auswirkte und für eine wachsende Kluft zwischen den gesellschaftlichen Schichten sorgte.

Auch die bäuerliche Bevölkerung, die bislang stets abseits der großen Ereignisse geblieben war, hatte an der Front nicht nur die Schrecken des Krieges, sondern erstmals so etwas wie Solidarität erlebt und dadurch ein gewisses politisches Verständnis gewonnen. Die Arbeiterbewegung entwickelte sich ihrerseits weiter und wurde sich ihrer tragenden Rolle in jedem einzelnen Land immer mehr bewusst. Die Klassengegensätze wurden immer ausgeprägter; das Proletariat begann darum zu kämpfen, selbst die Richtung der Politik zu bestimmen, und wandte sich dabei gegen das Bürgertum, das als parasitäre Klasse und Auslöser des Krieges angesehen wurde. Das zunehmende Klassenbewusstsein ließ die

PROTAGONISTEN

KEMAL PASCHA

Geboren 1881 in Saloniki, besuchte er später die Militärschule des Osmanischen Reiches. Seine fortschrittlichen Ideen brachten ihn 1904 ins Gefängnis – doch er setzte seine politische Aktivität fort und gründete 1906 den Geheimbund *Heimat und Freiheit*. Nach der Revolution von 1908 kam es jedoch zu Unstimmigkeiten mit den Führern der *Jungtürken*, darunter auch Enver Pascha, deren Deutschland-freundliche Haltung er ebenso ablehnte wie den Panislamismus. Kemal Pascha nahm am Krieg von 1911/12 gegen Italien in Libyen und am Zweiten Balkankrieg (1913) teil. Während des Ersten Weltkrieges befehligte er türkische Truppen an allen wichtigen Fronten – vom Kaukasus über Gallipoli bis Palästina. Nach der Kapitulation 1918 verkörperte er für viele Türken den Stolz der eigenen Nation. 1920 kam er an die Spitze der Regierung und schaffte es im Lauf der beiden folgenden Jahre, mit seinen Truppen das Land von den griechischen Besatzern und der Kontrolle durch die Alliierten zu befreien. 1923 wurde er von der neu gegründeten türkischen Republik zum Präsidenten auf Lebenszeit gewählt, worauf er eine grundlegende Europäisierung des Landes einleitete. Kemal Atatürk, der »Vater der Türken«, wie er genannt wurde, starb 1938.

AUFBRUCHS-STIMMUNG IN DEN KOLONIEN
Truppen aus Indochina in Frankreich (1918): Der Blutzoll, den die Kolonien im Krieg zu bezahlen hatten, war einer der Auslöser für das Aufkommen von Unabhängigkeitsbewegungen.

HERREN DES NAHEN OSTENS
Beirut: In Anwesenheit von General Gouraud wird die Gründung des Libanon (unter französischer Schirmherrschaft) proklamiert.

Arbeiter mehr politische Rechte fordern und zu neuen Mitteln im Kampf um eine Verbesserung ihrer Bedingungen greifen; so wurde der Streik nicht mehr nur eingesetzt, um Lohnforderungen durchzusetzen, sondern auch als eine wirkungsvolle Waffe im politischen Kampf.

Eine weitere Gruppe begann sich ihrer gesellschaftlichen Bedeutung bewusst zu werden: die Frauen. Hatte man sie während des Krieges noch gebraucht, um in der Produktion an die Stelle der Männer zu treten, die an die Front mussten, so wurden sie nach Kriegsende wieder in ihre traditionellen Rollen gedrängt. Doch die Frauen hatten an Selbstbewusstsein gewonnen und unternahmen die ersten Schritte in Richtung *Emanzipation*. In England erlangten sie schon 1918 das Wahlrecht – ein Trend, dem sich auch autoritäre Regierungen letztlich nicht verschließen konnten; so gestand etwa die Türkei unter Kemal Atatürk den Frauen 1934 das Wahlrecht zu. Während des Krieges hatten die Regierungen den Soldaten immer wieder Versprechungen gemacht, um ihre Moral hochzuhalten. Man stellte eine Verteilung von Land in Aussicht und versprach, die Arbeiter künftig durch Aktien am Gewinn der Unternehmen zu beteiligen. Alles in allem sollten Reformen im Sinne der ärmeren Schichten durchgeführt werden. All diese Versprechen weckten natürlich einige Erwartungen bei jenen, die auf dem Schlachtfeld ihr Leben für das eigene Land eingesetzt hatten. Als der Krieg zu Ende war, wurden nicht nur die Versprechungen nicht eingehalten – die wirtschaftliche Situation war sogar noch schwieriger als zuvor: Es herrschten Arbeitslosigkeit und Inflation, sodass die realen Löhne immer niedriger wurden und die Ersparnisse schrumpften. Vor diesem Hintergrund war es nicht verwunderlich, dass es immer häufiger zu sozialen Konflikten kam – und in manchen Ländern wie Italien und Deutschland sogar teilweise zu revo-

DAS KÖNIGREICH DER SLAWEN
Serbische Flüchtlinge auf einer Fotografie von Lewis Hine: Als Königreich der Serben, Kroaten und Slowenen ging Jugoslawien aus den Trümmern der Donaumonarchie hervor. Der junge Staat war nicht nur mit dem Problem des Wiederaufbaus konfrontiert, sondern auch mit den Ansprüchen der italienischen Regierung in dieser Region.

DER KRIEG IM FILM

Auch im Film wurde der Große Krieg bald zum Thema. Bereits 1918 griffen Abel Gance *(J'accuse)* und Charlie Chaplin *(Gewehr über)* diesen Stoff auf. Oft wurden Romane als Ausgangsmaterial für einen Film gewählt; so wurde *In einem anderen Land* von Ernest Hemingway sowohl von Frank Borzage (1929) als auch Charles Vidor (1957) auf die Leinwand gebracht. Der Roman *Den Teufel im Leib* von Radiguet wurde 1947 von Claude Autant-Lara unter dem Titel *Stürmische Jugend* verfilmt. Bisweilen wurde auch das abenteuerliche Leben von Berühmtheiten oder Helden aus dem Ersten Weltkrieg als Stoff gewählt, wie z. B. im Fall von *Mata Hari* von George Fitzmaurice (1931) mit Greta Garbo, oder *Mademoiselle docteur* von G.W. Pabst (1936), ein Stoff, der 1979 im Film *Fräulein Doktor* von Alberto Lattuada wieder aufgegriffen wurde; ein weiteres Heldenschicksal wurde von Corman in dem Film *Manfred von Richthofen – der rote Baron* (1970) behandelt. Manche dieser Filme spielen vor einem besonders exotischen Hintergrund, wie dies etwa bei *African Queen* von John Huston der

Fall ist. Bemerkenswert ist vielleicht, dass der Erste Weltkrieg oft in Filmen thematisiert wird, in denen man ihn nicht unbedingt erwarten würde; der Schützengraben wird dann zum Symbol für die Grausamkeit des Krieges und für die Schrecken des 20. Jahrhunderts insgesamt. Ein Beispiel für einen solchen Film ist *Twelve Monkeys* von Terry Gilliam, wo Bruce Willis eine Zeitreise unternimmt, die ihn u. a. in einen Schützengraben des Jahres 1916 führt.

Wir wollen im Folgenden eine natürlich willkürliche Auswahl von zehn Filmen treffen, die sich auf besonders bemerkenswerte Weise mit dem Thema »Erster Weltkrieg« auseinander setzen:

1. *Shoulder arms (Gewehr über)* von Charlie Chaplin (USA, 1918). Mit einem bitteren Lächeln erzählt dieser Film die tragische Geschichte von Charlie als Tommy, der sich mit einer etwas extravaganten Ausrüstung durchschlägt; neben seinem Gewehr hat er auch Kaffeekanne und Mausefalle bei sich, um den Schrecken des Krieges zu trotzen.
2. *Im Westen nichts Neues* von Lewis Milestone (USA, 1930). Der Große Krieg aus dem Geist der Weimarer Republik betrachtet. Ein Film, der dem Roman von Remarque (1929) um nichts nachsteht, was man von dem Remake von Delbert Mann (1979) leider nicht sagen kann.
3. *Die große Illusion* von Jean Renoir (Frankreich, 1937). Edelmut, sozialistische Gedanken und Menschlichkeit – von Renoirs Genie zu einem großen Film vereint.
4. *Sergeant York* von Howard Hawks (USA, 1941). Der Große Krieg aus amerikanischer Sicht: Die wahre Geschichte von Alvin York, der zuerst den Kriegsdienst aus Überzeugung verweigern will, sich dann aber an der Front bewährt, obwohl er dem Krieg weiter ablehnend gegenübersteht.
5. *Wege zum Ruhm* von Stanley Kubrick (USA, 1957). Der Film über den Großen Krieg – doch das französische Publikum bekam ihn erst 1975 zu sehen. Zur Zeit des Algerienkrieges wurde die Antikriegsbotschaft des Films sowie sein zynischer Angriff auf die Hierarchie innerhalb des Militärs nicht gern gesehen.
6. *Man nannte es den Großen Krieg* von Mario Monicelli (Italien/Frankreich, 1959). Der beste italienische Film über den Ersten Weltkrieg, eine Tragikomödie, die mit der Erschießung der beiden »Helden« Gassman und Sordi endet.
7. *Lawrence von Arabien* von David Lean (GB, 1962). Ein schöner Film mit außergewöhnlicher Besetzung.
8. *Bataillon der Verlorenen* von Francesco Rosi (Italien, 1971). Filmische Umsetzung des etwas komplexeren Romanes von Emilio Lussu (1937).
9. *Gallipoli* von Peter Weir (USA, 1981). Erschütternder Antikriegsfilm, aber auch eine Verbeugung des australischen Regisseurs vor den Opfern des australisch-neuseeländischen ANZAC-Korps.
10. *Das Leben und nichts anderes* von Bertrand Tavernier (Frankreich, 1989). Philippe Noiret mit der Aufgabe, Kriegsopfer zu identifizieren. Der Film macht deutlich, dass erst nach dem Krieg zu ermessen ist, wie viel Leid und Schmerz er hervorruft.

Oben: Lew Ayres (links) in Im Westen nichts Neues *von Lewis Milestone. Links: Mel Gibson in* Gallipoli *von Peter Weir.*

BERLIN 1928
Der deutsche General von Mackensen (links), einer der Helden des Großen Krieges, bei einer Versammlung des paramilitärischen Verbandes Stahlhelm *(nebenan). Damals, 1928, kursierte die Dolchstoßlegende, derzufolge nicht die deutsche Armee den Krieg verloren hätte, sondern sozialistische Verräter aus den eigenen Reihen für die Niederlage Deutschlands verantwortlich gewesen seien. Durch solche bewusst geschürten Stimmungen wurde die ohnehin schon instabile Weimarer Republik weiter geschwächt.*

lutionären Unruhen. Die Verschärfung des Klassenkampfes versetzte die Herrschenden in einige Unruhe, sodass man bald mit Zugeständnissen an die Arbeiter, bald mit harten Repressionen reagierte.
Auch das Bürgertum hatte durch den Krieg eine Veränderung erfahren. Der Wirtschaftsliberalismus, den diese Schicht stets vertreten hatte und der bereits vor der Jahrhundertwende in eine Krise geraten war, sollte durch den Krieg vollends scheitern. Das Eingreifen des Staates in die Wirtschaft und das gesellschaftliche Leben wurde immer notwendiger. Nun versuchte das Bürgertum die staatlichen Interventionen auch nicht mehr zu verhindern – im Gegenteil, man forderte geradezu einen starken Staat, der in der Lage sei, die bestehenden gesellschaftlichen Verhältnisse aufrechtzuerhalten.
In vielen Ländern verstärkten sich jedoch auch die nationalistischen Tendenzen. So breiteten sich vor allem in Frankreich, Deutschland, Italien, Österreich, Ungarn und Polen innerhalb des Kleinbürgertums nationalistische Ideen aus. Dabei ging es u. a. darum, allen linken bzw. gesellschaftsverändernden Kräften mit Gewalt entgegenzutreten, damit die Einheit der Nation gestärkt und jeder Klassenkampf erstickt werde.
Das Europa des 19. Jahrhunderts gehörte endgültig der Vergangenheit an; egal ob politische Stukturen, gesellschaftliches Zusammenleben, moralische Werte oder Alltagsleben – nichts war mehr wie vorher. Die wichtigste Veränderung war, dass nun die Massen ins politische und soziale Leben eingetreten waren. Die folgenden Jahre sollten von Unsicherheit, Krisen und falschen Hoffnungen geprägt sein, ehe schließlich – zwei Jahrzehnte nach dem Großen Krieg – ein neuer weltweiter Krieg ausbrach, der sich als noch verheerender erweisen sollte.

COMPIÈGNE 1940
Mehr als 20 Jahre waren seit dem Ende des Großen Krieges vergangen, doch ein Teil Deutschlands hatte nie vergessen, welch harte und erniedrigende Friedensbedingungen man 1918 hatte hinnehmen müssen. Im selben Wagon, in dem einst der Vertrag unterzeichnet worden war und den Frankreich als eine Art Nationaldenkmal aufbewahrte, wurde Frankreich nun von Hitler zur Kapitulation gezwungen. Damals, im Juni 1940, befand sich die Welt mitten in einem neuen albtraumhaften Krieg.

Chronologie
Kriegserklärungen
Namenregister

1914

CHRONOLOGIE

28. Juni: Erzherzog Franz Ferdinand von Österreich wird zusammen mit seiner Gemahlin Sophie in Sarajevo von dem serbischen Studenten Gavrilo Princip ermordet.

23. Juli: Österreich-Ungarn stellt Serbien ein Ultimatum.

28. Juli: Österreich-Ungarn erklärt Serbien den Krieg und beginnt mit ersten Angriffen.

30. Juli: Das zaristische Russland beginnt mit der Mobilmachung, um Serbien zu unterstützen.

1. August: Deutschland, das durch den *Dreibund* mit Österreich-Ungarn und Italien verbündet ist, erklärt Russland den Krieg. Damit setzt es den Bündnismechanismus der Alliierten in Gang.

2. August: Frankreich, das sich in der so genannten *Entente cordiale* mit Großbritannien und Russland verbündet hat, beginnt mit der Mobilmachung seiner Streitkräfte. Das Osmanische Reich schließt einen Geheimvertrag mit Deutschland, während Italien sich vorerst neutral erklärt.

3. August: Deutschland erklärt Frankreich den Krieg.

4. August: Deutschland marschiert gemäß dem Schlieffen-Plan in Belgien ein. Wegen der Neutralitätsverletzung Belgiens erklärt nun auch Großbritannien Deutschland den Krieg. Die Vereinigten Staaten bekräftigen ihre Neutralität.

5. August: Montenegro erklärt Österreich-Ungarn den Krieg.

6. August: Österreich-Ungarn erklärt Russland den Krieg, während Serbien seine Kriegserklärung an Deutschland übermittelt.

12. August: Großbritannien und Frankreich erklären Österreich-Ungarn den Krieg. Montenegro erklärt Deutschland den Krieg.

20. August: Nach der Eroberung von Lüttich marschieren die deutschen Truppen nun auch in Brüssel ein.

21.-23. August: Das deutsche Heer besiegt die französischen Truppen bei Charleroi. Die Deutschen dringen in Lothringen ein und erreichen die Linie Lunéville-Blamont. Japan erklärt Deutschland den Krieg. Österreich-Ungarn erklärt Japan den Krieg.

26.-30. August: An der Ostfront besiegt Hindenburg die russischen Truppen bei Tannenberg. Mit der Schlacht bei den Masurischen Seen Anfang September kann die Gefahr eines russischen Vormarsches abgewendet werden.

5.-13. September: In der ersten Marneschlacht erringen die Franzosen einen grandiosen Sieg an der Westfront. Von Moltke wird als Generalstabschef durch Falkenhayn abgelöst.

8.-12. September: Russische Truppen schlagen das österreichische Heer bei Lemberg und dringen bis zu den Karpaten vor.

9. Oktober: Nach zwölftägiger Belagerung erobern deutsche Truppen Antwerpen, das letzte Bollwerk Belgiens.

20. Oktober: An der Westfront prallt das britische Expeditionskorps mit den deutschen Truppen bei Ypern in Flandern zusammen. Die Schlacht von Ypern dauert bis 18. November. Der Bewegungskrieg kommt zum Stillstand, der Stellungskrieg beginnt.

1. November: Das deutsche Kreuzergeschwader unter Admiral von Spee versenkt einige britische Panzerkreuzer von Admiral Cradock in einem Seegefecht bei Coronel an der chilenischen Küste.

6. November: Österreichisch-ungarische Truppen marschieren in Belgrad ein.

5. November: Großbritannien erklärt der Türkei den Krieg und annektiert Zypern.

3. Dezember: Die Serben beginnen bei Arangjelovac südlich von Belgrad die Gegenoffensive unter General Putnik, worauf sich die Österreicher aus Belgrad zurückziehen müssen.

8. Dezember: Das britische Kreuzergeschwader unter Admiral Sturdee besiegt die von Admiral von Spee kommandierte deutsche Flotte in der Seeschlacht bei den Falklandinseln.

1915

CHRONOLOGIE

Januar: Kämpfe an der Westfront in den Argonnen.

24. Januar: Die englische *Grand Fleet* schlägt die deutsche Hochseeflotte an der Doggerbank in der Nordsee. Die britische Flotte bricht den Kampf ab, nachdem ihr Schlachtkreuzer *Lion* gesunken ist. Deutschland verliert zwei Panzerkreuzer.

Februar: An der Westfront unternehmen die britisch-französischen Armeen Offensiven gegen die deutschen Stellungen, jedoch ohne durchschlagenden Erfolg. Währendessen erobern Hindenburgs Truppen Ostpreußen. Deutschland beginnt den U-Boot-Krieg mit der Einschränkung, dass Schiffe neutraler Staaten verschont werden.

22. April: In der Schlacht bei Ypern an der Westfront setzen die Deutschen erstmals Chlorgas ein.

25. April: Alliierte Truppen landen auf der türkischen Halbinsel Gallipoli. Es gelingt ihnen jedoch nicht, die türkischen Streitkräfte zu besiegen und Istanbul einzunehmen.

26. April: Die italienische Regierung schließt in London einen Geheimvertrag mit Frankreich und Großbritannien, in dem sich die Entente-Mächte bei einem Kriegseintritt Italiens bereit erklären, Italien bestimmte Gebiete zu überlassen.

2. Mai: Deutsch-österreichische Truppen starten eine Großoffensive gegen die russischen Stellungen im polnischen Frontabschnitt Gorlice-Tarnow und fügen Russland eine schwere Niederlage zu. In der Folge wird Galizien von den Mittelmächten besetzt.

4. Mai: Italien kündigt den Dreibundvertrag auf.

7. Mai: Ein deutsches U-Boot versenkt den Passagierdampfer *Lusitania*. Angesichts der heftigen Reaktionen der Vereinigten Staaten auf den Tod von 128 amerikanischen Passagieren verspricht Deutschland, keine Passagierschiffe mehr anzugreifen.

9. Mai-25. Juni: Britische und französische Truppen greifen die deutschen Stellungen im Artois an.

23. Mai: Italien erklärt Österreich-Ungarn den Krieg. Einen Tag später überschreiten italienische Truppen die österreichische Grenze.

22. Juni: Deutsch-österreichische Truppen erobern Lemberg zurück.

23. Juni: Italienische Truppen unternehmen den ersten Angriff auf die österreichischen Stellungen am Isonzo.

3. Juli: Deutsche Truppen greifen an der Weichsel an und dringen Richtung Warschau vor.

18. Juli-3. August: Zweite Isonzoschlacht.

21. August: Italien erklärt dem Osmanischen Reich den Krieg.

5.-8. September: Repräsentanten der verschiedenen sozialistischen Parteien, die gegen den Krieg sind, treffen sich in Zimmerwald, Schweiz.

5. Oktober: Alliierte Truppen landen in Saloniki, um Serbien zu Hilfe zu eilen und gegen Bulgarien gewappnet zu sein, das am 14. Oktober an der Seite der Mittelmächte in den Krieg eintritt. Am 6. Oktober beginnt die Offensive der Mittelmächte gegen Serbien, die mit der Auflösung der serbischen Armee in den letzten Novembertagen endet.

18. Oktober-4. November: Italienische Streitkräfte starten einen weiteren Angriff am Isonzo (dritte Isonzoschlacht).

10. November-2. Dezember: Wieder rennen italienische Truppen gegen die österreichischen Stellungen am Isonzo an (vierte Isonzoschlacht).

10. Dezember: Das alliierte Expeditionskorps in Gallipoli beginnt den Truppenabzug von der Halbinsel, der im Januar 1916 abgeschlossen wird. Feldmarschall French, der das britische Expeditionskorps befehligt hat, wird durch General Haig abgelöst.

Dezember: Türkische Einheiten belagern die Stadt Kut-el-Amara in Mesopotamien, wohin sich die englischen Truppen unter General Townshend zurückgezogen haben.

1916

CHRONOLOGIE

8.-9. Januar: Die alliierten Streitkräfte räumen die Halbinsel Gallipoli und geben damit den Kampf um die Dardanellen auf.

11. Januar: Österreichisch-ungarische Truppen besetzen Montenegro.

Februar: Den russischen Truppen gelingt es, die türkischen Streitkräfte unter Enver Pascha zu stoppen und einen Gegenangriff im Kaukasus zu unternehmen, in dessen Verlauf sie die armenische Stadt Erzurum einnehmen.

21. Februar: Beginn der deutschen Großoffensive auf Verdun.

11.-16. März: Italienische Streitkräfte scheitern zum fünften Mal am Isonzo.

April: Frankreich und Großbritannien schließen ein Abkommen, in dem es um die Aufteilung des Osmanischen Reiches geht, sobald dieses besiegt wäre.

29. April: Die seit Monaten von türkischen Truppen in der Stadt Kut-el-Amara eingeschlossenen britisch-indischen Streitkräfte kapitulieren. Rund 10.000 Mann gehen in türkische Gefangenschaft.

15. Mai: Österreich-Ungarn beginnt die so genannte »Strafexpedition« gegen Italien, in deren Verlauf es gelingt, die italienischen Stellungen im Frontabschnitt Asiago zu durchbrechen.

31. Mai: Die deutsche Hochseeflotte und die britische *Grand Fleet* stehen einander in der Schlacht am Skagerrak gegenüber. Diese erste große Seeschlacht endet unentschieden.

1. Juli: Um den Ansturm der deutschen Truppen an der Festung von Verdun zu schwächen, beginnen englische Truppen mit einem Angriff an der Somme.

4.-8. August: In der sechsten Isonzoschlacht gelingt es den italienischen Streitkräften, den stark befestigten Brückenkopf Görz einzunehmen.

28. August: Rumänien tritt auf Seiten der Entente-Mächte in den Krieg ein. Italien erklärt Deutschland den Krieg. Deutschland erklärt Rumänien den Krieg.

29. August: Der deutsche Generalstabschef Falkenhayn, dem es nicht gelungen ist, Verdun einzunehmen, wird durch Generalfeldmarschall Hindenburg ersetzt.

September: Die russischen Streitkräfte unternehmen mehrere Offensiven und fügen dem k. u. k. Heer eine schwere Niederlage zu. Im Zuge eines deutschen Gegenangriffes wird der Vormarsch der russischen Truppen jedoch gestoppt.

15. September: In der Schlacht an der Somme setzt Großbritannien erstmals Panzerwagen ein.

14.-17. September: Zum siebten Mal greifen italienische Truppen die Stellungen der österreichisch-ungarischen Armee am Isonzo an.

Oktober: Russische Truppen durchbrechen die österreichischen Stellungen und dringen bis zu den Karpaten vor. T. E. Lawrence unterstützt die Araber bei deren Aufstand gegen die türkische Oberherrschaft.

9.-12. Oktober: Achte Schlacht am Isonzo.

31. Oktober-1. November: Neunte Schlacht am Isonzo.

19. November: Ein Durchbruchversuch der Briten an der Somme kann von den deutschen Truppen abgewehrt werden.

22. November: Kaiser Franz Joseph I. ist tot. Nachfolger wird dessen Großneffe Erzherzog Karl.

6. Dezember: Deutsche Truppen marschieren in Bukarest ein. Rumänien ist ausgeschaltet.

13. Dezember: General Nivelle übernimmt von General Joffre das Oberkommando über die französischen Streitkräfte.

15. Dezember: Im Frontabschnitt von Verdun haben die französischen Truppen alle Positionen zurückerobert und gegenüber Februar 5 km an Gelände gewonnen.

1917

CHRONOLOGIE

1. Februar: Deutschland erklärt den uneingeschränkten U-Boot-Krieg. Zwei Tage später brechen die Vereinigten Staaten die diplomatischen Beziehungen mit Deutschland ab.

3. März: Arz von Straußenburg wird zum Generalstabschef des österreichisch-ungarischen Armeeoberkommandos (AOK) ernannt und folgt damit General Conrad von Hötzendorf.

8. März (23. Februar): In Petrograd kommt es zu ersten Zusammenstößen zwischen dem Militär und streikenden Arbeitern, die sich am 10. März zu einem Generalstreik ausweiten.

11. März: Offensive der Briten in Mesopotamien. Nach der Eroberung von Kut-el-Amara marschieren britische Truppen in Bagdad ein.

15. März: Zar Nikolaus II. wird gezwungen abzudanken. Eine provisorische Regierung wird eingerichtet.

2. April: Die Vereinigten Staaten erklären Deutschland den Krieg. Präsident Wilson schließt sich jedoch nicht uneingeschränkt der Linie der Entente-Mächte an.

12. April: Österreichisch-ungarische Streitkräfte greifen bei Unter-Vertojba an.

16. April: Französische Truppen starten eine große Offensive an der Aisne. Die Schlacht am Chemin des Dames bringt den Alliierten keinen Erfolg.

29. April: General Pétain wird zum Oberbefehlshaber des französischen Heeres ernannt und ersetzt damit General Nivelle.

12. Mai-6. Juni: Zehnte Isonzoschlacht.

26. Juni: Die ersten amerikanischen Truppen unter dem Kommando von General Pershing landen in Frankreich.

1. Juli: General Brussilow startet an der russischen Südwestfront eine Offensive, um Galizien zurückzuerobern.

19. Juli: Deutsche Truppen gehen an der Ostfront zum Gegenangriff über. Die russischen Truppen werden weit zurückgedrängt.

31. Juli: Im Zuge einer britischen Offensive in Flandern beginnt die dritte Schlacht von Ypern, die jedoch keinen Durchbruch bringt.

1. August: Papst Benedikt XV. ruft alle Krieg führenden Länder auf, den Krieg ohne Gebietsansprüche zu beenden.

18. August-20. September: Italienische Truppen beginnen die elfte Isonzoschlacht, in der sie lediglich 6 km Boden zwischen Görz und Flitsch gewinnen.

3. September: Deutsche Truppen marschieren nach schweren Kämpfen in Riga ein.

15. Oktober: Mata Hari wird in Frankreich wegen Spionage zum Tod durch Erschießen verurteilt.

24. Oktober: Österreichische Truppen durchbrechen die italienischen Stellungen zwischen Flitsch und Tolmein und siegen bei Karfreit, was zum Zusammenbruch der italienischen Armee führt.

7. November: Staatsstreich der Bolschewiken gegen die Regierung Kerenski. Die Bolschewiken stürzen unter der Führung von Lenin und Trotzki die bürgerliche Regierung Kerenskis und übernehmen die Macht. Beginn der *Oktoberrevolution* in Russland.

8. November: Der Winterpalast in Petrograd wird gestürmt. Kerenski gelingt die Flucht.

9. November: General Armando Diaz löst General Cadorna als Oberbefehlshaber der italienischen Streitkräfte ab. Georges Clemenceau wird Ministerpräsident in Frankreich.

20. November: Großoffensive der Alliierten im Frontabschnitt Cambrai. Es kommt zur ersten Panzerschlacht der Weltgeschichte.

26. November: Die bolschewikische Regierung strebt Waffenstillstandsverhandlungen mit den Mittelmächten an.

7. Dezember: Die Vereinigten Staaten erklären Österreich-Ungarn den Krieg.

10. Dezember: Kapitän Luigi Rizzo dringt in den Hafen von Triest ein und versenkt den österreichischen Panzerkreuzer *Wien.*

15. Dezember: Russland und Deutschland schließen den Waffenstillstand von Brest-Litowsk.

1918

CHRONOLOGIE

3. Januar: Der amerikanische Präsident Woodrow Wilson präsentiert sein *14-Punkte-Programm.*

3. März: Russland und Deutschland unterzeichnen den Friedensvertrag von Brest-Litowsk.

21. März: Ludendorff startet die große Frühjahrsoffensive an der Somme im Frontabschnitt Montdidier. Die Alliierten treten den geordneten Rückzug an, während die deutschen Truppen auch in Flandern (9. April) und an der Aisne (27. Mai) angreifen. Die Durchbruchsschlacht zwischen Scarpe und Oise bringt den deutschen Truppen den erwarteten Erfolg.

26. März: General Ferdinand Foch wird zum Oberbefehlshaber der alliierten Streitkräfte ernannt.

10. Juni: Zwei Torpedoboote unter dem Kommando von Luigi Rizzo versenken das österreichisch-ungarische Schlachtschiff *Szent Istvan.*

15. Juni: Österreichisch-ungarische Truppen gehen zum Angriff über, um den Widerstand der Italiener an der Piave zu brechen – jedoch ohne Erfolg.

16. Juli: Zar Nikolaus II. wird mit seiner Familie in Jekaterinburg erschossen.

8. August: Die alliierten Streitkräfte eröffnen die Schlacht von Amiens.

9. August: Ein italienisches Fluggeschwader überfliegt Wien und wirft Tausende Flugzettel ab, in der die Wiener Bevölkerung zum Widerstand gegen den Krieg aufgefordert wird.

12. September: Sieg der Alliierten in der Schlacht von St. Mihiel.

29. September: Bulgarien unterzeichnet den Waffenstillstand.

1. Oktober: Arabische Truppen unter Faisal und Lawrence eröffnen die Schlussoffensive und marschieren in Damaskus ein.

3. Oktober: In Deutschland wird Prinz Max von Baden zum Reichskanzler einer Koalitionsregierung ernannt.

24. Oktober: Italienische Truppen gehen zur Schlussoffensive auf Vittorio Veneto über.

29. Oktober: Deutsche Matrosen meutern im Wilhelmshaven und Kiel.

30. Oktober: Das Osmanische Reich schließt in Mudros einen Waffenstillstand mit den Entente-Mächten.

2. November: Italienische Seestreitkräfte versenken das Panzerschiff *Viribus Unitis.*

3. November: Italienische Truppen marschieren in Trient ein und landen in Triest.

4. November: Österreich-Ungarn unterzeichnet den Waffenstillstand mit den Entente-Mächten in der Villa Giusti bei Padua. Revolutionäre Unruhen in Deutschland.

9. November: Kaiser Wilhelm II. dankt ab. In Berlin wird die Weimarer Republik ausgerufen.

11. November: Deutschland und die Entente-Mächte unterzeichnen den Waffenstillstand von Rethondes. Kaiser Karl I. von Österreich-Ungarn verzichtet auf den Thron.

12. November: Die Republik Österreich wird ausgerufen.

14. November: Die Republik Tschechoslowakei wird ausgerufen.

16. November: Die Republik Ungarn wird ausgerufen.

Januar 1919: In Paris werden die Friedensverhandlungen eröffnet. In den fünf Friedensverträgen müssen sich die besiegten Mittelmächte den Forderungen der siegreichen Entente unterwerfen: Deutschland im Friedensvertrag von Versailles im Juni; Österreich im Friedensvertrag von Saint Germain im September; Bulgarien im Friedensvertrag von Neuilly im November, Ungarn im Friedensvertrag von Trianon im Juni 1920 und das Osmanische Reich im Friedensvertrag von Sèvres im August 1920.

21. Juni 1919: Konteradmiral Reuter befiehlt in der Bucht von Scapa Flow die Selbstversenkung der deutschen Hochseeflotte, die laut Übereinkommen den Engländern übergeben werden soll.

1914 - 1918

KRIEGSERKLÄRUNGEN

1914

28.	Juli	Österreich-Ungarn an Serbien
1.	August	Deutschland an Russland
3.	August	Deutschland an Frankreich
3.	August	Deutschland an Belgien
4.	August	Großbritannien an Deutschland
5.	August	Montenegro an Österreich-Ungarn
6.	August	Österreich-Ungarn an Russland
6.	August	Serbien an Deutschland
12.	August	Montenegro an Deutschland
12.	August	Frankreich an Österreich-Ungarn
12.	August	Großbritannien an Österreich-Ungarn
23.	August	Japan an Deutschland
25.	August	Japan an Österreich-Ungarn
28.	August	Österreich-Ungarn an Belgien
2.	November	Russland an Türkei
2.	November	Serbien an Türkei
5.	November	Großbritannien an Türkei
5.	November	Frankreich an Türkei

1915

23.	Mai	Italien an Österreich-Ungarn
3.	Juni	San Marino an Österreich-Ungarn
21.	August	Italien an Türkei
11.	Oktober	Bulgarien an Serbien
15.	Oktober	Großbritannien und Montenegro an Bulgarien
16.	Oktober	Italien und Frankreich an Bulgarien

1916

9.	März	Deutschland an Portugal
15.	März	Österreich-Ungarn an Portugal
27.	August	Rumänien an Österreich-Ungarn
27.	August	Italien an Deutschland
28.	August	Deutschland an Rumänien
28.	August	Türkei an Rumänien
1.	September	Bulgarien an Rumänien

1917

6.	April	USA an Deutschland
7.	April	Panama und Kuba an Deutschland
29.	Juni	Griechenland an Deutschland, Österreich-Ungarn, Türkei, Bulgarien
22.	Juli	Siam an Deutschland und Österreich-Ungarn
4.	August	Liberia an Deutschland
14.	August	China an Deutschland und Österreich-Ungarn
26.	Oktober	Brasilien an Deutschland
7.	Dezember	USA an Österreich-Ungarn
10.	Dezember	Kuba an Österreich-Ungarn
16.	Dezember	Panama an Österreich-Ungarn

1918

23.	April	Guatemala an Deutschland
10.	Mai	Nicaragua an Deutschland und Österreich-Ungarn
25.	Mai	Costa Rica an Deutschland
12.	Juli	Haiti an Deutschland
19.	Juli	Honduras an Deutschland

Namenregister

WEITERE BÄNDE ZUR GESCHICHTE DES 20. JAHRHUNDERTS

An der Schwelle des 3. Jahrtausends blicken wir auf ein Jahrhundert zurück, das bewegter war als je eines zuvor. Zwei Weltkriege erschütterten den Planeten, Großreiche gingen unter, neue Nationen sind entstanden. Bahnbrechende Entdeckungen auf dem Gebiet der Medizin und der Technologie haben das Leben der Menschen in kurzer Zeit in einem nie gekannten Ausmaß verändert. Radio, Fernsehen und Telekommunikation sowie Straßen, Eisenbahnnetze und Flugzeuge brachten die Völker näher zusammen, während Ideologien und kulturelle Unterschiede sie weiter voneinander entfernten. Durch die zunehmende Informationsdichte wird der Mensch des 20. Jahrhunderts zu einem Weltbürger, der unterschiedliche Entwicklungen und ihre Auswirkungen in jeder Hinsicht in beispielloser Ganzheit und Komplexität erlebt.

Dieses Buch zieht Bilanz über ein bedeutungsreiches Jahrhundert und stellt einen klaren Bezug zwischen den Fakten und ihren politischen, wirtschaftlichen, kulturellen und gesellschaftlichen Auswirkungen her. Fünfzehn Kapitel, illustriert mit über 1000 großteils noch nie veröffentlichten Bildern, behandeln thematisch zusammengefasste Abschnitte, der Haupttext erzählt die Ereignisse in chronologischer Reihenfolge, während gesonderte Textpassagen und Bilder die wichtigsten Persönlichkeiten, wissenschaftlichen Entdeckungen und technologischen Neuerungen Revue passieren lassen. Im Anschluss an jedes Kapitel werden die wichtigsten Fakten in einer übersichtlichen Tabelle zusammengefasst. Umfassendes Wissen ist hier auf originelle Art zu hoch interessantem Lesestoff aufbereitet, das reichhaltige Namens- und Sachregister machen dieses Buch zu einem wertvollen Nachschlagewerk.

ISBN 3-7043-9009-7
480 Seiten, 23 x 27 cm,
durchgehend farbig, cell. Pappband

Nach einem gestellten Angriff auf den Sender Gleiwitz - mehrere Tote in polnischen Uniformen wurden der Presse gezeigt - verkündete Hitler am 1. September 1939: »Seit 4.45 Uhr wird zurückgeschossen…« Der Feldzug gegen Polen hat begonnen. Am 3. September erklären Großbritannien und Frankreich auf Grund ihres Beistandsvertrages mit Polen Deutschland den Krieg. Das war der Beginn des Zweiten Weltkrieges, der bisher größte militärische Konflikt in der Geschichte.
Er dauerte nahezu sechs Jahre. Soldaten und Zivilisten aus allen fünf Kontinenten nahmen daran teil. Fast fünfzig Millionen von ihnen verloren dabei ihr Leben. Ganze Städte und Landstriche wurden in einem noch nie dagewesenen Ausmaß zerstört. Der Aufstieg und Zusammenbruch ganzer Nationen und das Entstehen neuer Supermächte waren die Folge. Die Entwicklung und der Einsatz der Atombombe sowie der versuchte Genozid an einem Volk waren Ereignisse, die die Welt bis dahin nicht gekannt hatte. Mit über 300 Schwarzweiß- und Farbbildern werden die wichtigsten dramatischen Geschehnisse dieses Krieges sowie jener Personen geschildert, die ihn geprägt haben: Hitler, Stalin, Mussolini, Churchill, Rommel, Eisenhower, Montgomery, Roosevelt und De Gaulle, um nur einige von ihnen zu nennen. Farbige Landkarten ergänzen den lebhaft geschriebenen und informativen Text und führen den Leser durch die zahlreichen Schlachten zu Lande, zu Wasser und in der Luft.

ISBN 3-7043-6046-5
256 Seiten, 23,3 x 30,3 cm, durchgehend farbig, cell. Pappband

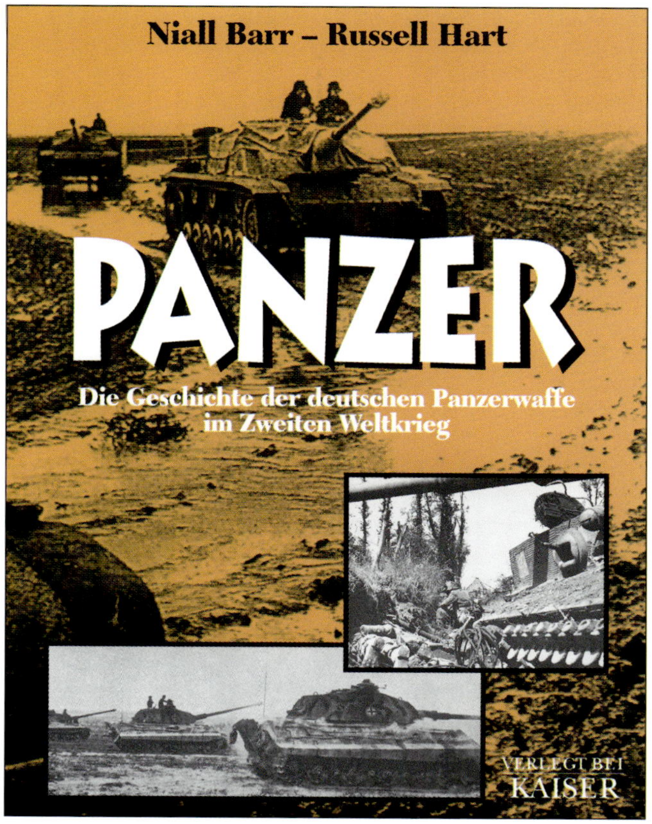

»Panzer« ist eine reich bebilderte Dokumentation über die Panzerstreitkräfte Deutschlands vor und während des Zweiten Weltkrieges.
Die dramatische Geschichte vom Aufstieg und Fall der Panzer, 1935 - 1945, wird mit Hilfe von 250 zum Großteil unveröffentlichten Bildern erzählt, darunter Fotografien, die Angehörige der Panzerstreitkräfte in Polen, Russland und Frankreich vom Blickpunkt des Soldaten aus aufgenommen haben, sowie dramatisches Bildmaterial von Panzerschlachten, besonders an der Ostfront. Auch die großen Panzerkommandeure wie Rommel, Guderian und Manstein werden vorgestellt. Das eindringliche Bildmaterial wird von Texten und kompetenten Kommentaren zweier Experten für Panzerwaffen beziehungsweise den Zweiten Weltkrieg erklärend begleitet.

ISBN 3-7043-6047-3
176 Seiten, 22 x 29 cm, 250 s/w Fotos, gebunden mit Schutzumschlag

Zusammen mit den römischen Legionen des Altertums sowie Napoleons »Grande Armee« wird die deutsche Armee des Zweiten Weltkrieges von Historikern als eine der größten Streitkräfte der Geschichte betrachtet.

Mit einer übersichtlichen Schilderung der Kriegsereignisse werden alle Schlachten und Feldzüge dargestellt, die die gefürchtete deutsche Wehrmacht im Verlauf des Zweiten Weltkrieges bestritt. 250 Abbildungen mit erläuternden Bildtexten ergänzen die Darstellung. Dieses bislang unbekannte Bildmaterial wurde erst kürzlich in den Archiven der früheren Warschauer-Pakt-Staaten entdeckt und in diesem Band erstmals veröffentlicht.

Für die Schilderung der Kriegsereignisse zeichnet Dr. John Pimlott verantwortlich, der als Experte für Fragen der Waffensysteme und der Kriegführung im 20. Jahrhundert bekannt ist.

ISBN 3-7043-6036-8
176 Seiten, 22 x 29 cm, 250 s/w Fotos, gebunden mit Schutzumschlag

Eines der dunkelsten Kapitel deutscher Geschichte ist die SS, Hitlers Instrument der Macht. Aus einer kleinen Zahl von Männern, der Leibwache Hitlers, der Schutzstaffel, entstand im Laufe der Jahre eine riesige Organisation, die fast alle Bereiche des Dritten Reiches durchdrang und beherrschte. Ihre Aufgabe war vor allem die innere Sicherheit, damit die Errichtung und Führung der Konzentrationslager sowie die Durchsetzung des mörderischen Rassenwahns der Nationalsozialisten.

Daneben besaß sie zahlreiche Wirtschaftsbetriebe oder war an ihnen beteiligt, und die Ausbeutung der KZ-Häftlinge führte zu riesigen Vermögensanhäufungen.

Hitlers Misstrauen gegenüber der Wehrmacht führte zur Entstehung der Waffen-SS. Körperlich und ideologisch gedrillt, kämpfte sie während des Krieges auf fast allen Kriegsschauplätzen heldenhaft, fast selbstmörderisch - und nur wenige überlebten. Die Waffen-SS war aber auch für zahlreiche Kriegsverbrechen verantwortlich.

Den Text ergänzen 220 Farb- und Schwarzweißfotos, zum Großteil erstmals veröffentlicht, und 25 Karten.

Die Kenntnis geschichtlicher Tatsachen soll nachfolgende Generationen gemahnen, einer ähnlichen Entwicklung energisch entgegenzutreten, damit sich so etwas nie mehr wiederholt.

ISBN 3-7043-6037-6
256 Seiten, 22 x 29 cm, s/w u. farbig illustriert, gebunden mit Schutzumschlag

Die Luftwaffe spielte zu Beginn des Zweiten Weltkrieges in Hitlers Blitzkriegstrategie eine wesentliche Rolle. Die Anfangserfolge, bei denen sie vor allem in den Feldzügen gegen Polen und Russland die gegnerische Luftflotte zum größten Teil bereits am Boden zerstören konnte und damit die Luftherrschaft eroberte, soll aber nicht darüber hinwegtäuschen, dass sie für einen länger andauernden Kampf nur unzureichend gerüstet war. Diese Schwäche wurde bereits beim Unternehmen »Adler«, dem Luftkrieg gegen England, offenbar.

Mit Fortdauer des Krieges lief auch die Rüstung der Alliierten auf Hochtouren, insbesondere Engländer und Amerikaner zerstörten in zunehmendem Ausmaß deutsche Industrieanlagen und Städte. Die gegen sie eingesetzte Jagdwaffe war trotz hoher Verluste und heldenhaften, manchmal sogar selbstmörderischen Einsatzes nicht in der Lage, entscheidend dagegenzuhalten. Auch die neuen, düsengetriebenen Jagdflugzeuge der Deutschen, die ihren Gegnern flugtechnisch überlegen waren, konnten keinen entscheidenden Umschwung herbeiführen.

So versank bei einem noch nie dagewesenen Luftkrieg halb Europa, insbesondere Deutschland, in Schutt und Asche. 250 Schwarzweißbilder, von denen 200 bisher noch nie veröffentlicht wurden, ergänzen anschaulich den aufschlussreichen Text.

ISBN 3-7043-6040-6
176 Seiten, 22 x 29 cm, 250 s/w Fotos, gebunden mit Schutzumschlag

Rund sechs Jahrzehnte sind vergangen, seit der Zweite Weltkrieg die Meere und Kontinente dieser Erde erfasste und Leid über Millionen Menschen brachte. Dieser Band vereint 300 ausgesucht gute Fotos, die besten, die es von der Kriegsmarine und ihren Schiffen gibt, mit einer kurzgefassten, übersichtlichen Darstellung und Wertung des Seekrieges 1939-1945. Von Cajus Bekker werden sie uns noch einmal vor Augen geführt: die Schlachtschiffe und Kreuzer, Zerstörer und Torpedoboote, Minensucher, U-Boote und Schnellboote - bei ihren Einsätzen auf den Weltmeeren und in den Küstengewässern Europas. Karten und Skizzen der wichtigsten Schiffstypen runden den Band ab.

ISBN 3-7043-6041-4
192 Seiten, 22 x 29 cm, 300 s/w Fotos, gebunden mit Schutzumschlag

Welche Flugzeugtypen einander gegenüberstanden und mit welchem Erfindungsgeist man immer bessere Typen schuf, schildert dieses Buch, genauso wie auch Piloten zu Wort kommen.
Die genaue technische Beschreibung der wichtigsten eingesetzten Flugzeugtypen der deutschen Luftwaffe, der RAF und der USAF zeigt, welch große Fortschritte im Flugzeugbau während des Zweiten Weltkriegs erzielt worden sind.
Zahlreiche, sehr eindrucksvolle farbige Abbildungen ergänzen die ausführlichen Texte. Nicht vergessen darf man dabei aber, welche immensen Zerstörungen durch diesen schrankenlosen Luftkrieg angerichtet wurden und welches Leid dies besonders der Zivilbevölkerung in ganz Europa brachte. Eine genaue Kenntnis der historischen Wahrheit und des Grauens des Kriegs - vor allem des Luftkriegs - soll dazu beitragen, aus der Geschichte zu lernen, damit ein so furchtbares Geschehen in Zukunft unter allen Umständen vermieden wird.

Aus dem Inhalt: Der Adlerangriff * London brennt * Spitfire contra Messerschmitt * Das Bomberkommando der RAF * Im Schutze der Nacht * Angriffsziel Deutschland * Luftkampf über dem Reich * Der Weg nach Berlin

ISBN 3-7043-6029-5
240 Seiten, 24 x 30,2 cm, durchgehend farbig, gebunden mit Schutzumschlag

Ein faszinierendes Kapitel des technischen Fortschritts in unserem Jahrhundert ist die Entwicklung immer schnellerer und kampfkräftigerer Flugzeuge. Wirtschaftliche und militärpolitische Gründe spielen hierbei eine ebenso entscheidende Rolle wie Erfindungsgeist und Forschungsdrang. Dieses Buch stellt, mit zahlreichen farbigen Bildern illustriert, die Flugzeuge vor, die in diesem Wettlauf um technischen Vorsprung am Himmel als Sieger hervorgingen und zu Schrittmachern in der Flugzeugentwicklung wurden.

Aus dem Inhalt: Die Phantom-Story * Die Geschichte der V-Bomber * Die MiG-21-Familie * NATO-Kampfflugzeuge * Sowjetische Bomberentwicklung * Lockheeds schwarze Schwestern * MiG 29 * Das schwarze Geschoss

ISBN 3-7043-6028-7
240 Seiten, 24 x 30,2 cm, durchgehend farbig, gebunden mit Schutzumschlag

Der Traum vom Fliegen ist so alt wie die Menschheit, aber erst in der zweiten Hälfte unseres Jahrhunderts wurde der zivile Luftverkehr zu einem weltumspannenden Netz ausgebaut. Wir können heute fast jeden Punkt der Erde in kürzester Zeit erreichen. Die großen Fortschritte im Flugzeugbau haben wesentlich dazu beigetragen. Waren bewährte Kampfflugzeuge Vorbild, so ging der zivile Flugzeugbau auch eigene Wege, denn hier waren nicht nur Schnelligkeit und große Reichweite, sondern besonders Sicherheit, Bequemlichkeit für die Passagiere und Wirtschaftlichkeit gefragt. Zahlreiche sehr eindrucksvolle farbige Abbildungen ergänzen den ausführlichen Text.

Aus dem Inhalt: Die unsterbliche DC-3 * Douglas DC-8: der Vollblutjet * Die Jumbo-Jet-Story * Schneller als der Schall: die Concorde * Großraumflugzeuge: die Airbusfamilie * Kritische Phasen beim Take-off * Die Lufthansa-Story * Swissair: Von den Alpen zum Amazonas …

ISBN 3-7043-6030-9
240 Seiten, 24 x 30,2 cm, durchgehend farbig, gebunden mit Schutzumschlag